그리스 로마 서사시

그리스 로마 서사시

일리아스에서 변신이야기까지

강대진 지음

북길드

| 개정판 저자의 말 |

 이 개정판은 이전에 《고전은 서사시다》라는 제목으로 출간되었던 책을, 출판사를 바꾸고 제목을 달리하여 다시 낸 것이다. 제목을 바꾼 이유는 이전 제목에 약간 오해의 여지가 있어서다. 그 제목은 원래 '고전에서 으뜸인 장르는 서사시다'라는 뜻으로 정한 것으로, 젊은이들 사이에 쓰는 표현으로 하자면 '고전이라면 당연히 서사시지!'라는 의미였다. 한데 사실 이런 식의 표현은 좀 속된 느낌이 있는데다가, 이따금 '모든 고전은 다 서사시나 다름없다'는 뜻으로 해석하는 사람까지 있어서 이번 기회에 (좀 심심하지만) 원래 의도가 잘 드러나는 제목으로 바꾸었다.
 내용은 이전과 크게 다르지 않다. 몇 군데 인용문을 더 넣고 그림들을 꽤 바꾸었으며, 마지막에 작품 구조에 대한 보충 설명을 덧붙였다는 게 좀 달라진 대목이다. 그리고 구조 설명에는 도식을 한번 넣어보았다. 이 책을 교재로 삼아서 강의하던 몇 년 사이에 각 작품의 구조를 그림으로 표현하면 어떨까 하는 생각이 떠올라서, 이번에 시도해본 것

이다. 문학작품을 도식화하는 것은 다소 비판의 여지가 있지만, 그래도 어떤 독자에게는 이해와 기억에 도움이 될 듯해서다.

지난 번 판에서는 내가 사용하는 희랍어 표기법에 대해 자세히 설명하지 않고 그냥 지나갔었는데, 혹시 의문을 갖는 독자가 있을 수 있으니 그냥 간단히 언급하겠다. 희랍어의 윕실론(υ)은 '위'로 적는다. 그래서 보통 '디오니소스'라고 적는 신의 이름은 이 책에서 '디오뉘소스'가 되었다. (이 표기법을 따르면 아킬레우스의 어머니 테티스Thetis와 원초적 바다의 여신 테튀스Tethys를 구별할 수 있다.) 그리고 같은 자음이 두 번 잇달아 나오면 그것을 모두 적었다. 그래서 보통 '오디세우스'라고 적는 인물(Odysseus)은 '오뒷세우스'가 되었다. 일본어를 좇아서 흔히 '아테네'라고 적는 도시 이름은 원래 희랍어대로 '아테나이'로, 이상하게도 단수형이 기본인 듯 된 '테베'는 복수형을 기본으로 취하여 '테바이'로 적었다. 라틴어 형태(또는 도리스 방언)를 좇아서 흔히 '크레타', '도도나', '아테나'로 적는 이름들은, 원래의 희랍어대로(또는 희랍 '표준어'인 앗티케 방언에 따라) '크레테', '도도네', '아테네'로 적었다.

이전 판 서문에서는 독자들로부터 여러 반응과 요구가 오고, 거기 맞춰 개정판을 준비하고 싶다는 뜻을 밝혔었는데, 우리 사정상 그런 기대는 무리였던 모양이다. 그저 이 책이 완전히 잊히지 않고 새 판을 내게 된 것을 감사하는 정도에서 그쳐야겠다. 그래도 판도라의 단지 속에 여전히 희망이 남아 있으니, 다시 한 번 뚜껑을 열어보고 싶다. 희망아, 나오너라!

이 책에 나온 정도의 정보는 상식이 되어버려서, 더는 이 책이 필요 없는 날이 오기를 희망한다.

2012년 8월

| 초판 저자의 말 |

　옛날, 그러니까 내가 아직 어린 학생이던 시절에는 교양 있는 사람이라면 당연히 문학을 알아야 하는 것으로 되어 있었고, 그러자면 기본적으로 읽어야 하는 책들의 목록이 있었다. 요즘은 사정이 어떤지 모르겠고, 또 기본 도서의 목록을 어떻게들 정하는지 모르겠지만, 옛날에는 대개 그 목록을, 전집을 내는 출판사들이 '정해'주었다. 어떤 영향력 있는 출판사가 전집을 내면 열정적인 독자들은 그 전집을 모두 읽기로 작정하기 마련인지라, 결과적으로 그 출판사 목록이 필독서 목록이 되는 셈이었다.
　요즘은 누구도 교양을 거들떠보지도 않고, 따라서 독서니, 문학이니 하는 것은 별 돈 되지 않는 한심한 짓으로 내몰린 지 한참 된 듯하다. 하지만 어쨌든 아직까지도 소수지만 책을 읽겠다는 '비현실적인' 사람들이 여전히 있고, 이들이 주로 이용하는 것은 여러 대학에서 정해 놓은 추천도서 목록인 모양이다. 지금 내가 이 책에서 소개하려는 것은 대개 그 목록들에 들어가는 책들이다.

그런데 사실 솔직하게 말해서 그런 목록에 올라 있는 책들은 읽기가 쉽지 않다. 그리고 더 솔직하게 말하자면 도대체 그 작품들을 왜 좋다고들 하는지 알 수 없는 경우가 많다. 이 책에 묶인 글들은 그런 분들을 돕자는 목적으로 쓰였다. 거듭 말하지만 이 글들은 직접 원전을 읽겠다는 사람들을 주된 독자로 상정하고 쓰인 것이다. 물론 이 바쁜 세상에 원본을 직접 확인하기란 어려울 것이고, 누군가 내용을 요약하고 핵심을 짚어주면 좋겠다고 생각할 분도 있을 것이다. 사실 나부터도, 내 전공이 아닌 분야에 대해서는 그렇다. 물론 이 책의 글들도 그런 역할을 할 수는 있겠지만 어쨌든 주된 독자는 직접 읽을 분들로 잡아놓았으니, 너무 그런 분들 위주로 얘기가 진행된다고 불평하시지는 말기 바란다. 내가 이런 경고를 하는 것은, 내가 자주 작품 전체를 한눈에 넣을 수 있도록 구조에 대해 언급하기 때문이다. 좋다는 책들을 소개하는 글들이 흔히 '구조가 탄탄하다'는 표현을 사용하는데, 그 '구조 탄탄'이 어떤 것인지 보여주자는 의도도 있다.

솔직히 시중에 나와 있는 '해제집'이란 것들을 보면 거의 모든 작품에 대한 소개말들이 비슷하다. 그래서 앞서 말한 '구조 탄탄' 외에도, '운명에 대한 심오한 통찰', '인간 내면에 대한 깊이 있는 탐색' 같은 말들이 단골로 쓰인다. 여기 소개하는 작품들에 대해서도 이 말들이 모두 적용될 텐데, 그런 일반적 평가들의 구체적인 근거들이 무엇인지도 여기서 확인하시기 바란다.

편집자께서는, 이 정도 내용이면 좀 더 자신 있게 '내가 이 작품들의 골격을 확실히 보여주고, 핵심을 다 요약해주겠다'고 선언해도 되지 않겠냐고 하시는데, 나로서는 그럴 배짱이 없다. 다만 이 책의 첫 독자께서 그런 반응을 보이셨다는 것만 '자랑삼아' 적어놓고 지나가기로 하자.

　여기 실린 글들은 애초에 격월간지 〈안티쿠스〉에 싣기 위해 준비했던 것들이다. 하지만 잡지에 싣는 글들에서는 분량의 제한 때문에 하고 싶은 말들을 다 할 수가 없었고, 또 자꾸 분량의 압박을 받다 보니 내 스스로 글에서 '기름을 빼고' 가능한 한 적은 분량에 많은 내용이 들어가게 글을 짰다. 그래서 어떤 독자는 내가, 독자들이 책 내용을 다 안다고 전제하고 글을 쓰고 있다고 항의하기도 했다. 다행히 원고를 단행본으로 다시 정리할 기회가 생겨서, 이번에는 그래도 좀 더 여유 있게 설명을 할 수 있게 되었다. 그렇지만 이 역시 조금은 분량의 제한을 받고, 또 독자들과 눈높이를 맞추는 과정에서 너무 어려운 논의들은 그냥 쉽게 지나가는 대목도 생기게 되었다. 그래서 사실 나로서는 하고 싶은 일이 하나 있는데, 책의 첫 판을 내고 나서, (혹시 그런 것이 존재하게 된다면) 둘째 판부터는 독자들의 질문과 그에 대한 대답을 뒤에 덧붙여나가는 식으로 했으면 어떨까 하는 것이다. 어쨌든 아직도 미진한 부분은 다음 기회까지 미뤄두기로 하자.

　중간 중간 인용된 원문은 주로 천병희 교수의 번역을 필요에 따라 조금씩 고쳐서 사용했다. 우리나라에 제대로 된 원전 번역은, 적어도 아직까지는 몇몇 경우를 제외하고는 이분의 것밖에 없기 때문이다. 독자께서 이 책의 글들을 보고서 원전을 찾아 읽을 의욕을 갖게 되고 그것을 실행한다면, 천병희 선생님의 오랜 수고의 결과를 빌려 쓴 것에 대한 조그만 갚음이 되지 않을까 한다. 부디 많은 분들께서 그리 하시길 기원한다.

　희랍어와 라틴어의 고유명사들은 '표준적인' 표기를 좇지 않고, 고전시대의 발음대로 적었다. 그렇게 적어야 하는 이유들은 다른 글들에서 여러 번 언급했으니 다시 반복하기는 좀 그렇고, 그저 이것이 전공자들이 옳다고 여기는 방식이라는 것만 강조해두자.

이 책을 준비하는 과정에 여러 분이 도움을 주셨다. 〈안티쿠스〉에서는 귀중한 지면을 내주셔서 글을 시작할 수 있었고, 김헌 박사께서는 그 글들을 책으로 묶는 일을 주선해주셨다. 서양고전학 협동과정의 두 후배, 김진식, 장시은 선생께서는 자료를 구해주시느라 큰 수고를 하셨다. 이 모든 분께 감사드린다.

그리고 독자들께 드리는 마지막 당부의 말씀은 이 책의 맨 끝부분에 있으니, 궁금하신 분은 거기를 보시기 바란다.

2006년 12월
강대진

| 차례 |

개정판 저자의 말 4
초판 저자의 말 6

I. 호메로스의 〈일리아스〉 ——— 15
죽음의 운명을 수용하라

〈일리아스〉는 같은 구절이 반복적으로 나오는 이야기 시다 18
〈일리아스〉의 주제는 트로이아 전쟁이 아니라, 아킬레우스의 분노다 20
〈일리아스〉를 혼란 없이 읽으려면 전투가 일어나는 날짜별로 나눠 읽어라 24
직유와 인물 소개는 단역들을 특징 있는 개인으로 만든다 30
맨 앞의 세 권과 맨 뒤의 세 권은 되돌이 구성을 이룬다 36
다른 부분은 유명한 장면들을 중심으로 보라 38
시인은 대조 기법으로 과거의 행복과 현재의 고통을 대비시킨다 45
〈일리아스〉는 인간들에게 운명을 받아들이라 말한다 49

II. 호메로스의 〈오뒷세이아〉 ——— 55
세상을 떠돌며 인간의 마음을 겪은 남자에 대하여

〈오뒷세이아〉는 세 부분으로 되어 있다 57
첫 부분에는 오뒷세우스가 등장하지 않는다 58
모험 이야기는 오뒷세우스의 입을 통해 1인칭으로 서술된다 60
오뒷세우스 일행, 환상의 세계로 들어가다 62
오뒷세우스, 동굴에 갇혀 '아무것도 아닌 존재'가 되다 63
오뒷세우스, 고향 앞에서 다시 밀려가다 69

식인 거인들에게 배 11척을 잃다 71
일행의 절반이 돼지로 변하다 73
오뒷세우스, 저승에 가다 75
'돛대에 몸을 묶고라도 세이렌들의 노래를 들어보리라' 78
카륍디스와 스퀼라 사이로 지나가다 80
태양신의 소들을 잡아먹다 81
칼륍소가 오뒷세우스를 감추다 83
오뒷세우스, '중간 지대'에 도착하다 84
수많은 도시를 보고, 사람들의 마음을 알게 된 영웅 89
돼지치기와 우정을 나누고 아들을 만나다 92
거지 영웅, 과녁을 꿰뚫다 95
복수극에 대한 한 가지 해석: 봄 축제에서 질서가 다시 서다 97
한 시인인가, 여러 시인인가? 100
페넬로페는 영원한 올리브 나무를 지키는 무서운 여신인가? 103
시인은 원래 어디서 〈오뒷세이아〉를 끝냈나? 104
〈일리아스〉와 〈오뒷세이아〉는 과연 같은 시인의 것인가? 105

III. 헤시오도스의 〈신들의 계보〉 ——— 107
우주와 신들의 탄생에 관하여

헤시오도스의 대표작은 〈신들의 계보〉와 〈일들과 날들〉이다 110
〈신들의 계보〉를 분석하는 여러 방식들 112
서시의 개인성: 개인의 탄생인가, 서사적 전략인가? 114
처음에 생겨난 것은 카오스, 가이아, 에로스였다 115
빛과 어두움, 부정적 개념들은 카오스의 자손이다 116
가이아가 산과 바다, 티탄들을 낳다 118
하늘과 땅이 나뉘다 120
거품에서 아프로디테가 태어나다 122
전반부의 중심: 바다의 자손들은 주로 요정들과 괴물들이다 127
티탄들에게서 세계 구성물들과 존귀한 여신들이 태어나다 130
크로노스가 자식들을 삼키다 132
전체의 중심: 프로메테우스가 제우스를 속이고, 여자가 생겨나다 135
올륌포스 신들이 티탄들과 전쟁을 벌이다 141

후반부의 중심: 티탄들이 타르타로스에 갇히다 143
제우스가 튀폰과 전쟁을 벌이다 144
통치권을 확립한 제우스가 많은 자식들을 낳다 147
헤시오도스가 암시적으로 지나간 영웅들의 행적은 아폴로도로스의 과제가 된다 151

IV. 헤시오도스의 〈일들과 날들〉 ——————— 153
인간은 어떤 질서에 따라 살아야 하는가?

〈일들과 날들〉에는 헤시오도스 개인에 대한 정보가 많이 들어 있다 157
〈일들과 날들〉은 저자가 자기 형제에게 충고하는 형식이다 157
좀 더 복잡해진 판도라 이야기: 인간은 왜 일을 해야만 살 수 있는가? 159
인간의 다섯 시대 이야기: 인간의 고통에 대한 다른 설명 161
매와 밤꾀꼬리의 우화: 정의는 일시적으로 약하나 결국에는 승리한다 165
첫 번째 충고들: 이렇게 행동하라 168
농사는 이렇게 지어야 한다 170
항해는 이렇게 하라 174
두 번째 충고들: 이런 식으로 행동하라 175
행사를 위한 날짜는 이렇게 택하라 176
근동과의 연관은 다음 기회에 178

V. 아폴로니오스의 〈아르고 호 이야기〉 ——————— 179
소년에서 영웅으로, 젊은이들의 어른 되기

〈아르고 호 이야기〉는 시간적 순서대로 짜여 있다 183
영웅들이 모여, 말하는 배 아르고를 띄우다 187
여자들의 섬 렘노스에 머물다 190
문명의 변방에서 밤중에 친구를 죽이다 192
구시대의 영웅 헤라클레스, 배에서 내리다 193
눈먼 예언자의 도움으로 부딪히는 바위를 통과하다 195
메데이아, 이아손을 향한 사랑에 빠지다 197
이아손은 너무도 훌륭한 신랑감이다 201
황금양털을 훔쳐 도주하다 202
태양신의 자손 압쉬르토스를 죽이다 204

오뒷세우스가 갈 길을 먼저 지나다 205
북아프리카에서 죽음을 체험하다 207
두 단계의 저승 여행과 반대들의 결합 210
그들은 진정 서로 사랑했을까? 212

VI. 베르길리우스의 〈아이네이스〉 ——— 217
신화에서 역사로, 과거에서 미래로

〈아이네이스〉는 〈일리아스〉와 〈오뒷세이아〉를 본받았다 220
〈아이네이스〉는 호메로스를 모방하면서도 그 내용을 변형한다 226
아이네아스는 공적 목표를 지닌 영웅이다 230
전투 장면에는 라티움의 자연이 보여준 저항이 들어 있다 233
경건한 아이네아스의 상대들은 격렬하나 순수하다 235
〈아이네이스〉에는 기원전 1세기 로마의 정치 상황이 반영되어 있다 237
약간의 보충: 크고 작은 신들과 뱀의 이미지 242

VII. 오비디우스의 〈변신이야기〉 ——— 247
엄숙주의를 벗어난 경쾌한 신화 모음

이야기들이 나오는 순서는 사실은 시간순이 아니다 251
오비디우스는 다양한 문체를 사용하며, 때로 모순적 내용을 나란히 놓기도 한다 258
오비디우스는 다양한 사랑의 이야기들을 변주해서 들려준다 260
비정상적인 사랑에 관한 이야기들도 있다 263
때로는 반대되는 것들이 대조되어 나란히 연결된다 264
'변신'은 이야기를 들려주기 위한 핑계일 뿐인가? 265
시인은 로마 역사를 찬양하지 않는다 267
지나치게 영웅적인 묘사들: 예술적 실패인가, 암시적인 조롱인가? 269
오비디우스에게 예술은 그 자체가 목적이다 273
〈변신이야기〉는 예술가들의 아이디어 창고였다 276

〈보충: 고대 서사시들의 이야기 방식〉 281

I

호메로스의 〈일리아스〉

죽음의 운명을 수용하라

제대로 된 세계문학전집의 목록에서 거의 언제나 맨 앞자리를 차지하는 것이 〈일리아스〉다. 그도 그럴 것이 이 작품은 기원전 8세기의 것으로, 서양 최초의 문학 작품이기 때문이다. 지금은 세계 문화의 주류로 행세하지만, 당시 유럽은 문명 발상지에서 상당히 떨어진 후진 지역이었다. 그 '후진성'을 벗어나는 중요한 관건은 문명 세계에 지리적으로 얼마나 가까운지였다. 그래서 유럽의 가장 동쪽에 놓인 희랍 땅에서 가장 먼저 문화적인 발전이 있게 된다. 그 첫 성과가 이 〈일리아스〉이고, 또 같은 시인 호메로스의 작품으로 알려진 〈오뒷세이아〉이다. 그 이후에 로마와 서유럽이 발전하면서 최초의 이 작품들은 유럽 전체의 고전이 되었다.

한데 이 작품이 그저 '최초'라는 점 때문에 존경과 찬탄을 누려온 것은 아니다. 무엇보다 내용이 풍부하고 짜임 또한 탄탄하다. 당연히 후대 사람들의 숭배를 받고 모범 역할을 해왔다. 플라톤(기원전 4세기)은 그 구절들을 외워서 자주 인용했고, 서정시인 삽포(기원전 7~6세기)는 그 어휘들을 이용하여 자기 식의 시를 꾸렸으며, 비극 작가들(기원전 5세기)은 거기서 파생된 이야기들을 자기 작품의 주제로 삼았다. 지금도 서양 사람들은 이 작품 속에 나오는 일화들을 자주 인용하고 암시한다. 가령 페르낭 브로델은 너무도 유명한 《물질문명과 자본주의》의 첫 권 앞부분에서, 옛날에는 물건을 교환할 때 가치의 기준으로 가축의 마릿수를 사용했다고 언급하면서 그 증거로 〈일리아스〉의 한 구절을 든다.

> 그는 튀데우스의 아들 디오메데스와 무장을 맞바꾸었다.
> 황금 무장을 청동 무장과, 황소 백 마리의 값어치가 있는 것을 황소 아홉 마리의 값어치밖에 없는 것과.
>
> (6권 235~236행)

〈일리아스〉의 중요성을 강조하는 말로 글을 시작했지만, 사실 이런 종류의 '주례사'는 흔하다. 문제는 그다음이다. 이런 글에 이끌린 독자들이 실제로 작품을 읽으려고 책을 손에 드는 순간 어려움이 시작되고, 그 고난은 독자가 포기할 때에야 비로소 끝이 난다. 솔직히 이 작품에 손을 댔던 사람들 중에 끝까지 읽은 이가 몇이나 될까?

그래서 나는 이 고전을 소개하는 글의 첫머리에서 '어려움'을 강조하고자 한다. 물론 내용은 간략히 소개하겠지만, 그보다는 이 작품을 읽는 데 장애가 되는 점과 어떻게 하면 그것을 넘어갈 수 있는지에 중점을 두려는 것이다. 물론 그런 과정에서 이 작품이 갖는 매력이 어떤 것인지도 자연스럽게 드러날 것이다.

〈일리아스〉는 같은 구절이 반복적으로 나오는 이야기 시다

이 작품은 서사시, 즉 이야기 시이다. 시가 무엇인지 따지자면 무척 어려운 논의가 될 것이다. 일단 희랍* 서사시와 관련해서는 그냥 일정한 운율이 반복되는 운문韻文으로 쓰인 것이라고 생각하면 된다. 그러니까 이 작품은 일정하게 반복되는 장단長短의 틀에 맞춰서 쓴 이야기인 것이다. 희랍 운문들의 운율은 일반적으로 장음과 단음이 규칙적으로 반복되는 형태를 띤다. 이는 행마다 일정한 음절수가 나오는 음수율, 한 행의 끝에 같은 발음이 나오는 각운, 강약强弱이 규칙적으로 반복되는 강약격과 구별된다.

독자들에게 있어 첫 장애물은 바로 이 작품이 시라는 점이다. 일상적이지 않은 표현들도 부담이 되고, 행을 나누어 인쇄한 것 자체가 왠지 딱딱한 인상을 준다. 하지만 나는 독자들께 반드시 그렇게 인쇄된 것을, 그것도 옆에 행수를 써 넣은 것을 구해 보시기를 권한다.●● 산문으로 풀어 놓은 것이나 행수가 없는 것들은 역자나 편집자가 임의로 내용을 삭제할 수가 있다. 참고로 말하자면 내가 학생 때 처음 읽은 번역본에는 2권 500행 부근부터 이어지는 저 유명한 '배들의 목록'이 빠져 있었다. 또 어떤 표현이나 내용을 서로 지시하거나 확인하기 위해서도 행수 표시가 꼭 있어야 한다. 그러니 시 형식으로 인쇄된 데서 오는 딱딱한 첫 인상은 정확성을 위해 지불해야 하는 부담금쯤으로 생각하시기 바란다.

작은 장애물 하나 더. 독자들은 이 작품에서 같은 사물이나 인물

● 희랍은 유럽의 제일 동쪽에 있는, 보통 '그리스'라고들 부르는 나라다. 하지만 나는 '그리스'라는 말을 싫어하는데, 그것은 이 말이 영어이기 때문이다. 그 나라 사람들은 자기 나라를 '헬라스'라고 부르고, 그것을 한자로 옮긴 것이 '희랍'이다. 나는 이 두 명칭 중 하나를, 되도록이면 후자를 사용하자고 주장한다. 그것들을 버리고 '그리스'를 취하는 것은, '도이칠란트' 또는 '독일'로 불리는 나라를 '저머니'로 부르자고 주장하는 것과 다를 바 없다.

●● 사실 권할 수 있는 번역은 한 가지밖에 없다. 서문에서도 밝혔듯이 국내에 나와 있는 것 중에 희랍어에서 직접 옮긴 것은 아직까지는 천병희 선생님의 번역(《일리아스》, 숲 2007)뿐이다.

이 항상 같은 구절로 표현되고 있음을 발견할 것이다. 이런 구절들을 '공식구formula'라고 부르는데, 독자들에게 어려움을 주는 요소 중 하나임에 틀림없다. 가령 아킬레우스는 항상 발이 빠른 것으로 되어 있어서, 심지어 가만히 앉아 있는 아킬레우스를 묘사할 때도 발이 빠르다는 수식어가 붙는다. 배들도 빠른 것으로 되어 있어서, 뭍에 올려진 것을 지칭할 때도 빠르다는 말을 빼놓지 않는다. 또 신들은 항상 행복한 것으로 되어 있어서, 심지어 무서워 떨 때조차도 행복하다는 말이 빠지지 않는다. 옛날 학자들은 이런 현상을 두고, 희랍인이 어떤 특징을 한 번 그 사물의 본질로 파악했으면 그것을 지칭할 때마다 항상 그 특징을 적시摘示한다고 보았다. 하지만 20세기 초반에 '구송시 이론'●이 나오면서, 이것은 시인이 운율이 맞는 구절들을 외고 있다가 필요할 때마다 거듭 사용하기 때문이라는 식으로 설명된다. 이야기 진행상의 필요라기보다는 운율을 맞추기 위한 필요이다. 사정을 모르는 사람이 보면 왜 같은 구절이 거듭 나오는지 조금 짜증스러울 수도 있을 것이다.

〈일리아스〉의 주제는 트로이아 전쟁이 아니라, 아킬레우스의 분노다

방금 말한 어려움들을 받아들이기로 결심한 독자에게 당혹감을 줄 수 있는 또 다른 문제가 있다. 이 서사시가 흔히 알려진 것처럼 시작되지

● 간단히 설명하자면, 호메로스의 서사시는 문자 없이 창작하던 시대의 산물이며, 이때는 시인이 항상 똑같은 내용을 공연하는 것이 아니라, 운율이 맞는 부분들을 외고 있다가 즉석에서 짜 맞추었고, 따라서 청중의 호응을 보아 내용을 달리 할 수도 있었다는 것이다.

앗티케 흑색상 크라테르(술 섞는 항아리). 이 도기는 수많은 희랍 신화를 복잡한 그림으로 나타내고 있다. 특히 영웅과 신뿐 아니라 분수나 의자와 같이 사소한 물건에 이르기까지 모든 인물과 사물에 이름을 세세하게 써 놓았다.

밑에서 두 번째 프리즈에는 아킬레우스의 부모인 펠레우스와 테티스의 결혼식 장면이 보인다. 신들이 연회장으로 향하고 있는 가운데 디오뉘소스가 얼굴을 내밀고 있다. 그의 특성을 드러내기 위해 디오뉘소스는 포도주가 담긴 암포라를 들고 있다. 그 위의 프리즈에는 장례식 장면이 그려져 있는데 파트로클로스를 추모하는 아킬레우스가 보인다. 가장 위의 프리즈에는 아르테미스가 칼뤼돈을 파괴하려고 보낸 멧돼지를 펠레우스와 멜레아그로스가 창으로 찌르려 하고 있다.

않는다는 점이다. 많은 사람들은 이 서사시의 주제를 트로이아 전쟁으로 (조금 잘못) 알고 있고, 자신이 알고 있는 신화의 내용이 나오기를 기대한다. 즉, 테티스와 펠레우스의 결혼식에 불화의 여신이 나타나서 '가장 아름다운 이에게'라고 쓰인 황금 사과를 던지고, 여신들이 저마다 그 사과를 자신의 것이라 주장하고, 트로이아의 왕자 파리스에게 판결이 맡겨지고, 최종 후보로 남은 세 여신이 모두 파리스에게 선물을 약속하고, 최고의 미인을 약속한 아프로디테가 사과를 얻게 되고, 그 아프로디테의 도움으로 파리스가 스파르타의 왕비 헬레네를 데리고 달아나고, 희랍군이 트로이아로 쳐들어가는 것 말이다.

I. 호메로스의 〈일리아스〉 | 21

그런데 엉뚱하게도 1권은 어떤 여신(나중에 알게 되겠지만, 무사 Mousa여신●이다)에게 '아킬레우스의 분노'를 노래해달라고 청하는 것으로 시작한다. 그런데 사실은 이것이 〈일리아스〉의 직접적인 주제다. 원래의 희랍어 문장을 보면 그 사실이 더욱 뚜렷이 드러난다. 〈일리아스〉 작품 전체의 첫 단어가 바로 "분노를"이고, 첫 행의 마지막 단어가 "아킬레우스의"이기 때문이다. (희랍어는 어순이 자유로워서 강조하고 싶은 단어를 행의 맨 앞이나 맨 뒤에 놓을 수가 있다.) 이 서사시는 아킬레우스의 분노가 어떻게 시작되고 어떻게 방향을 틀어서 어떤 식으로 해소되는지 노래한다.

하지만 이 서사시가 트로이아 전쟁을 다루고 있다고 해도 틀린 말은 아니다. 희랍 서사시는, 그리고 그것의 영향을 받은 서양 서사시들 거의 모두가, 사태의 중간에서 시작하되●● 그 안에 사건의 시작과 끝을 모두 담기 때문이다. 〈일리아스〉는 트로이아 전쟁이 일어난 지 10년째 되던 해의 단 며칠만을 다룬다. 그렇지만 주의 깊은 독자라면 그 안에서 전쟁의 발단과 결말을 모두 알아차릴 수 있게 되어 있다. 전쟁이 어떤 식으로 시작되었는지를 보여주는 부분은 2권 뒷부분의 '배들의 목록'과 3권의 '파리스와 메넬라오스의 대결' 부분이고, 전쟁이 어떻게 끝날지는 주로 앞날에 대한, 트로이아 쪽 인물들의 언급에서 드러난다. 물론 우리가 신화 상식으로 알고 있는 '파리스의 판정'은 〈일리아스〉에

● 간혹 내가 로마자로 표기해 놓은 것을 주의하지 않고 지나가는 독자가 있기에 다시 얘기하는데, 이 '무사'는 칼잡이武士가 아니라, 우리나라에서는 보통 영어식 표기를 좇아 '뮤즈'라고 하는 예술의 여신을 말한다. 다른 분들도 희랍어 원래의 표기를 좇아 '무사'라고 하시길 권고한다.
●● 이런 원칙을 라틴어로 in medias res(인 메디아스 레스)라고 한다. '사건 한가운데로'라는 뜻으로, 로마의 시인 호라티우스가 〈시학〉에서 처음 쓴 말이다.

'파리스의 판정'. 기원전 360년경 앗티케 적색상 펠리케(포도주 동이). 트로이아 전쟁의 발단이 된 이 '미인 대회'는 〈일리아스〉의 막바지에 겨우 몇 줄로 언급된다. 〈일리아스〉가 전쟁의 발단부터 결말까지 모두 그리는 것을 목표로 하지 않기 때문이다. 파리스는 값진 오리엔트풍의 의복을 입고 아테네와 아프로디테(오른쪽), 헤라와 헤르메스(왼쪽) 사이에 앉아 있다. 아프로디테는 정숙한 척하며 베일로 얼굴을 가리고 있지만, 날개 달린 에로스가 그녀의 히마티온을 잡아당기는 모습이 재미를 더한다.

서 거의 언급되지 않는다. 이는 모든 사람이 이미 알고 있는 것이기 때문에 따로 얘기할 필요가 없어서이다. 그래서 이 일화는 작품이 거의 끝날 즈음에 한 번 슬쩍 암시될 뿐이다.●

> 그[파리스]는 여신들이 그의 외양간을 찾아갔을 때 이들을 모욕하고
> 고통을 초래할 색욕을 그에게 준 여신을 찬양했던 것이다.
>
> (24권 29~30행)

● 이것은 한 사건에 대한 기술이 끝날 무렵에 다시 처음을 상기시키는 시인의 기술 중 하나인데, 이에 대해서는 나중에 다시 언급하겠다.

〈일리아스〉의 줄거리를 간추리자면 아주 간단하다. 희랍군 지휘관인 아가멤논은 희랍군 최대의 전사 아킬레우스에게 공개적인 모욕을 가한다. 이에 분노한 아킬레우스는 전투를 거부하는 한편, 여신인 자기 어머니에게 부탁해서 희랍군이 전투에서 지도록 일을 꾸민다. 희랍군은 아킬레우스 없이도 한동안 잘 싸우지만 결국 엄청난 위기에 처하고, 그것을 보다 못해 아킬레우스의 절친한 친구인 파트로클로스가 아킬레우스의 무장을 걸치고 전투에 참가한다. 하지만 큰 공을 세우고 적을 격퇴하는 것도 잠깐, 그는 결국 헥토르에게 죽고 만다. 거기서 아킬레우스의 분노는 친우를 죽인 헥토르에게로 향한다. 그는 헤파이스토스가 만든 새로운 무장을 걸치고 나가 친구의 원수를 갚는다. 아킬레우스는 파트로클로스의 장례를 치르고도 화가 풀리지 않아 날마다 헥토르의 시신을 학대하지만, 결국 신들의 중재로 그 시신을 돌려보내게 된다.

〈일리아스〉를 혼란 없이 읽으려면 전투가 일어나는 날짜별로 나눠 읽어라

핵심만 간추리면 이렇게 간단하지만 실제로 〈일리아스〉를 읽자면 그리 녹록지가 않다. 앞서 언급한 것들 말고, 독자들에게 어려움을 주는 또 다른 요인은 전투 장면이 너무 많다는 점이다. 작품의 맨 앞과 맨 뒤의 몇 권을 제외한 중간 어디를 펼쳐도 전투가 벌어지고 있어서, 도대체 자기가 어디까지 왔는지 위치를 전혀 파악할 수 없는 것이다. 하지만 사실은 이 전투들이 겉보기처럼 그렇게 무질서하지 않다. 거기에는 어떤 숨겨진 질서가 있는데, 이 질서는 전투 장면들을 날짜별로 나누어 볼 때 분명하게 드러난다. 그래서 나는 독자들에게, 길을 잃지 않기 위해, 미리 날짜별로 나눠서 표시해놓고 읽으시길 권한다.

전투 묘사가 차지하는 분량은 많지만 날짜로 따지면 나흘에 불과하다. 전투 첫날(3~7권)은 전황이 매우 균형 잡힌 날이고, 전체 서술도 그런 균형을 보인다. 우선 맨 앞에 파리스와 메넬라오스의 단독 대결이 자리 잡고 있다. 중간은 디오메데스가 대활약을 펼치는 부분('수훈기 aristeia')으로 되어 있고, 마지막에는 헥토르와 아이아스의 단독 대결이 놓여 있다. 그러니까 두 대결이 중간 부분을 감싸고 하루의 시작과 끝에 놓여서 균형추 같은 역할을 하는 것이다(대결-수훈기-대결). 나는 이 하루의 전투가 지나간 9년 동안의 전투를 요약해서 보여주는 것이라고 믿는다.

나머지 사흘은 하루씩 양쪽이 번갈아가며 승리하는 날로 되어 있다. 겨우 한 권(8권)으로 되어 있는 짧은 둘째 날은 희랍군이 크게 패배하는 날이다. 다음날(11~17권)은 전체적으로 희랍군이 몰리는 가운데서도, 서로 세 번씩 우세 국면을 맛보는 날이고, 마지막 날(19~22권)은 아킬레우스의 출전으로 희랍군이 대승을 거두는 날이다(트로이아 승리-각축-희랍군 승리).

전투 묘사는 주로 누가 누구의 어느 부위를 어떤 무기로 가격하였고, 그가 어떻게 쓰러졌는지에 집중한다. 한 예로 4권에 나오는 첫 희생자에 대한 묘사를 보자.

> 먼저 안틸로코스가 무장한 트로이에 전사를, 선두 대열에 선
> 고귀한 이를 죽이니, 곧 탈튀시오스의 아들 에케폴로스였다.
> 안틸로코스가 먼저 그의 말총 장식이 달린 투구의 뿔을 맞혀

창을 이마로 밀어 넣자 청동 창끝이 뼛속으로
뚫고 들어갔다. 그리하여 어둠이 그의 두 눈을
덮자, 그는 격렬한 혼전 중에 탑처럼 쓰러졌다.

(4권 457~462행)

여기서 ①안틸로코스라는 희랍군 전사가 ②에케폴로스라는 트로이아 전사를 ③창으로 공격하여 ④이마를 맞혔고, 그는 ⑤탑처럼 쓰러진 것으로 묘사된다.

조금 자세히 설명하자면, 무기는 창이 150회 정도로 가장 많이 사용되고, 다음이 20여 회의 칼, 마지막으로 돌과 활이 둘 다 10회 남짓 등장한다. 단독 대결을 할 때도 사용되는 무기는 창-칼-돌의 순이다. 부상 부위는 온몸이 모두 해당되며, 나오는 차례에는 특별히 정해진 순서가 없는 것으로 보인다. 하지만 등에 부상을 입는 경우는 도주하려고 돌아섰다는 뜻이므로, 등을 맞고 쓰러지는 전사가 많으면 후퇴 국면이라고 생각하면 된다.

여기서 잠깐 전투와 관련해서 〈일리아스〉의 특징을 하나만 지적하자면 말 등에 타는 장면이 없다는 사실이다. 독자들께서는 만일 트로이아 전쟁을 다룬 그림이나 영화에서 말 등에 탄 사람이 나오면 고증이 잘못된 것으로 아시면 되겠다. 말은 모두 전차를 끄는 데 사용된다. 또 전차는 멀리 떨어진 전열의 맨 앞까지 가고 또 돌아오는 데 사용되는 일종의 '출퇴근용'이기 때문에, 직접 전차에서 무기를 휘두르는 경우는 없다. 그래서 전사가 싸우는 동안 마부는 전차를 몰고 그 전사 가까이에 대기하고 있다가, 상황이 급박해지면 전사를 태우고 도주한다. 그러니 전사가 전차에 타다가 죽으면, 이 역시 후퇴 국면이라는 뜻이고,

이 경우에는 대개 등이나 목덜미에 타격을 당하게 된다.

위의 인용문에서는 부상 묘사가 비교적 점잖게 되어 있는데, 좀 더 끔찍한 경우도 있다. 가령 이런 식이다.

> 무자비한 돌이 두 힘줄과 뼈를
> 박살내 버리자, 그는 먼지 속에 뒤로 나자빠졌다,
> 사랑하는 전우들을 향하여 두 손을 내밀며,
> 의기를 토해내며. 그래서 그를 맞힌 페이로스가
> 그에게 달려들어 창으로 그의 배꼽을 찌르자 창자가 모두
> 땅 위로 쏟아졌고 어둠이 그의 두 눈을 덮었다.
>
> (4권 521~526행)

이렇게 끔찍한 장면들 말고도, 이마에 돌을 맞아 눈알이 땅으로 떨어지는 경우(13권 617행)나, 심장을 창에 찔리고 쓰러진 전사에게서 그 창이 심장이 뛰는 데 따라 꿈틀대며 움직이는 것(13권 443~444행) 같은 기이한 장면들도 있다. 전체적으로 호메로스의 전투 묘사는, 멀리서 관전하듯 빛과 소음, 진동을 강조하는 헤시오도스에 비해, 피가 튀고 살이 찢기는 것을 가까이에서 관찰하고 기록한 '해부학적인' 것으로 알려져 있다. 이런 장면이 계속되면 현대의 독자들은 잔인하고 좀 지루하다 생각할 수도 있지만, 오늘날 우리가 세부적으로 묘사된 영화 속의 전투 장면을 '리얼하다'고 감탄한다는 점을 생각해보면 옛 청중이 이런 장면에서 가졌을 경탄의 감정을 조금은 이해할 수 있을 것이다. 가령 스필버그 감독의 영화 〈라이언 일병 구하기〉의 첫 30분 정도를 보라. 물속에서 허우적거리는 병사의 몸을 기관총탄이 뚫고 지

나가면 그 궤적이 처음에는 하얀 기포로, 다음에는 그것을 따라가는 붉은 핏줄기로 그려진다. 포탄 파편에 팔이 떨어진 병사 하나는 남은 손으로 그 팔을 주워들고 어쩔 줄 모른다. 이런 장면에서 현대의 관객들은 정말 실감나게 묘사했다고 하지, 끔찍해서 못 보겠다고 하지는 않는다.

또한 계속 나오는 이름들에 질리는 독자도 있을 텐데, 여기서는 두 가지를 기억하는 것이 좋겠다. 하나는 희랍어 이름들은 대개 뜻이 있다는 점이다. 그래서 그 이름이 상황에 맞게 적절하게 쓰이는 경우가 있는데, 예를 들어 희랍군의 배에 불이 붙는 위기 상황에 파트로클로스가 출전하여 처음 쓰러뜨리는 트로이아 전사는 '불의 창'이라는 뜻의 이름을 가진 퓌라이크메스(16권 287행)이다. 이제 불의 기세를 꺾은 파트로클로스는 그 길로 반격에 나설 것이다.

다음으로 이 서사시는 문자 없던 시대에 일종의 '역사책' 역할을 했을 수도 있다는 사실을 기억하기 바란다. 옛 청중들은 거기서 자기 고장 사람, 자신이 아는 이름들이 나오기를 기대하다가, 마침내 그 이름이 나오면 예상이 맞아 들어가는 데 따른 희열을 느꼈을 것이다. 우리는 이와 아주 유사한 사례를, 《뿌리Roots》의 저자 알렉스 헤일리Alex P. Haley가 서아프리카 감비아로 자기 조상 쿤타 킨테Kunte Kenteh의 고향을 찾아가, 거기서 역사를 외워서 전해주는 암송자griot에게서 자기 조상의 이름을 확인하며 기뻐했다는 보고에서 찾을 수 있다. 이러한 '역사책' 기능이 가장 두드러지는 부분이 바로 2권 뒷부분에 나오는 '배들의 목록'이다. 이 부분은 희랍의 어떤 지역에서 어떤 부족이 몇 척의 배로 떠났으며, 그들의 지휘관은 어떤 이들이었는지 밝히는 내용으로 되어 있는데, 도시 이름, 사람 이름이 너무나 자세히 들어가서 혹시 어떤 역사

문서가 끼어 들어간 것이 아닌가 하는 추측을 불러일으킬 정도이다. 현대의 독자가 이 부분을 읽자면 매우 지루할 것이다. 하지만 이런 '목록시'는 고유명사를 운율에 맞게 끼워 넣어야 하기 때문에 옛 시인들에게는 상당한 도전이었고, 동시에 자신의 능력을 과시할 수 있는 부분이기도 했다.

다른 시대, 다른 땅에서 다른 언어로 읽는 우리로서는 이런 점을 즐길 수 없겠지만, 이 부분을 읽어내는 방법도 두 가지 정도는 있다. 하나는 자세한 지도를 찾아보면서 지금 어느 부분을 언급하는지 확인하는 것이다. 전체적으로 희랍 중동부 보이오티아 지방에서 시작하여 가까운 내륙을 시계 방향으로 돌고, 다시 해안선을 시계 방향으로 따라가서, 희랍 서쪽에 이르면 다시 시계 반대 방향으로 남쪽 크레테를 지나 소아시아 해안을 따라 북쪽으로 올라가며, 맨 마지막에는 처음 시작한 부분의 북쪽으로 와서 다시 남쪽으로 약간 내려오는 것으로 되어 있다. 결국 이것은 희랍군의 출발지로 알려져 있는 아울리스 부근을 시작점으로 하는 순항기periplous●인 셈이다.

다른 읽기 방법은, 시인이 슬쩍 언급하고 지나가는 인물들의 옛 이야기를 찾아보는 것이다. 트로이아 전쟁은 헤라클레스 시대로부터 한 세대 후에 일어나는 것으로 되어 있기 때문에, 지휘관들의 부모를 보면 그 전前 세대 유명인들의 이름이 나온다. 이들은 헤라클레스의 모험은 물론, 칼뤼돈 멧돼지 사냥이나 테바이 전쟁, 테세우스의 모험 같

● 지리적 정보를 전해주는 초기의 자료들 중에는, 지점들 사이의 상대적인 방향과, 한 점에서 다른 점까지의 거리가 얼마인지만 표시한 것들이 있었다. 그림으로 치자면 요즘의 지하철 노선도가 그와 유사한 형태인데, 이런 것을 순항기巡航記라고 한다.

은 희랍 신화의 핵심적인 일화에 등장하는 인물들이다. 가령 페라이 사람들을 이끌던 이들은 아드메토스와 알케스티스의 아들들로 되어 있는데, 이들의 이야기는 에우리피데스의 비극 작품 〈알케스티스〉에서 자세히 다뤄진다(아폴론과 친했던 아드메토스는, 누군가가 대신 죽어준다면 자신은 죽지 않아도 좋다는 허락을 받아두었다. 하지만 아무도 대신 죽으려 하지 않자, 아내인 알케스티스가 죽으러 나선다. 그녀가 죽던 날, 헤라클레스가 지나다가 죽음의 신과 싸워 알케스티스를 구해낸다). 또 이 부분은 전쟁 10년째의 한 장면에 들어 있긴 하지만 트로이아 전쟁 초기 자료를 제공하는 것이어서, 이미 전쟁 초반에 죽은 프로테실라오스나, 전장에 도착하지 못한 필록테테스 같은 인물도 언급된다. 이들도 고대인들 사이에서는 매우 유명했던 인물이고, 후자는 소포클레스의 비극 작품 〈필록테테스〉에서 자세히 다뤄진다.

직유와 인물 소개는 단역들을 특징 있는 개인으로 만든다

한편 전투 묘사에 변화를 주는 것이 거기 따라붙는 직유와 인물 소개 biography이다. 〈일리아스〉는 전쟁터에서 며칠간 벌어지는 사건을 다루기 때문에 일상에 대한 묘사가 매우 적은데, 그 부족함을 메워주는 것이 바로 여러 직유들이다. 거기에는 사건들의 직접적인 배경에는 나오지 않던 자연과 일상이 그려진다. 한편 인물 소개는 전장에서 쓰러지는 수많은 인물들, 자칫 평면적일 수도 있는 이들에게 특징과 어떤 음영陰影을 부여하고, 그 죽음을 울림pathos 있는 것으로 만들어준다. 가령 누구는 좋은 집에 예쁜 아내를 데려다 놓았지만 즐거움도 누려보지 못하고 이국땅에서 먼지를 물고 쓰러졌다든지, 누구는 재산이 많지만 그의 아버지는 상속자를 잃고 쓸쓸히 늙어가게 되었다, 라든지 하는 식이다.

그러면 인물 소개와 직유가 섞여 나오는 사례를 하나 보자.

이때 텔라몬의 아들 아이아스가 안테미온의 아들인 혈기 왕성한
젊은이 시모에이시오스를 맞혔다. 이자는 일찍이 그의 어머니가
그녀의 양친을 따라 양 떼를 구경하러 이데 산에 갔다가
거기서 돌아오는 길에 시모에이스 강둑에서 낳았던 것이다.
그래서 사람들은 그를 시모에이시오스라고 불렀다. 그러나 그는
사랑하는 부모님들에게 길러준 은공을 갚지 못했고,
그의 생애는 기상이 늠름한 아이아스의 제압하는 창 아래 단명하게 되었다.
그가 먼저 앞으로 나오는 순간 아이아스가 그의 오른쪽 가슴 위
젖꼭지 옆을 맞혔던 것이다. 그래서 청동 창이 그의 어깨를
뚫고 나가자 그는 큰 늪의 질척한 땅에서 자란
미끈한 백양나무처럼 땅 위 먼지 속에 쓰러졌다.
그런데 맨 꼭대기에만 가지가 나 있는 이 버드나무를
어떤 수레 제조공이 훌륭한 수레의 바퀴 테를
구부려 쓸 양으로 번쩍이는 쇠로 베어 넘겼다.
그래서 지금은 강둑에 누워 시들어지고 있다.
꼭 그처럼 안테미온의 아들 시모에이시오스를 죽였다,
제우스의 자손 아이아스가.

(4권 473~488행)

인용문 앞부분에서는 희생자가 어떻게 태어났으며, 어째서 그런 이름을 갖게 되었는지 나온다. 이 사람은 2권 마지막 부분에 트로이아 군을 소개하는 목록에도 나오지 않고, 또 첫 전투가 시작되자마자 쓰러지기 때문에, 이것이 그가 나오는 처음이자 마지막 순간이다. 사실 많은 전사들이 죽는 순간에 단 한 번 등장하기 때문에, 그들은 사실상 '죽기 위해서' 등장하는 셈이다. 수많은 전쟁 영화에서 이런 인물들은 거의 소품 취급을 당한다. 그들은 주요 인물을 부각시키기 위해 이용되는 일종의 배경이다. 보통 이야기들이 그러하듯 〈일리아스〉도 몇몇 중요 영웅들에게 초점을 맞출 수밖에 없기 때문에 이런 경향을 완전히 피할 수는 없다. 하지만 〈일리아스〉의 시인은 위와 같은 인물 소개로 희생자를 제 나름의 그림자를 지닌, 특징 있는 개인으로 만든다. 다시 영화를 빌려 설명하자면, 한 전사가 쓰러지는 순간 갑자기 시간의 흐름은 정지하고 화면은 과거로 돌아가 그의 생애에서 결정적인 부분, 즉 어쩌면 그 자신의 추억이나, 그를 기억하는 사람들이 가장 인상적으로 되새기는 일화가 잠시 스쳐간다. 이로써 희생자는 우리 기억 속에, 이름까지는 아니더라도 그 인상으로써 조금이나마 특별한 존재로 자리 잡게 된다. 바로 이런 점이, 이 작품이 갖는 매력 중 하나이다.

위의 인물 소개에서 희생자의 부모님이 잠깐 언급되었는데, 이것은 그 죽음에 파토스pathos●를 부여하는 방법 중 하나이다. 이와 연관해서 감정을 일으키는 또 다른 장치가 직유이다. 위에서 보듯이 호메로스

● 우리나라에서는 영어 발음을 따서 흔히 '페이소스'라고 하는 이 개념은 거의 '고통'에 가까운 것이다. 바깥에서 정서적인 충격이 밀려와서 가슴이 울린다는 말이다. 차이코프스키의 교향곡 6번에 이 제목 pathetic이 붙어 있는데, 의미 전달만 생각한다면 '비창悲愴'이라는 뜻 모를 말보다는 차라리 '고통'이나 '슬픔'으로 옮기는 것이 좋지 않나 생각한다. 물론 제목이 너무 쉬우면 신비감이 사라지는 흠이 있지만.

쓰러진 파트로클로스를 옮기는 메넬라오스. 기원전 3세기 희랍 원작을 로마시대에 모각한 것으로 메넬라오스의 상반신은 발견되지 않아서 16세기 조각가가 보충해 넣었다. 현재 피렌체에 있다.

의 직유는 문맥에서 필요한 것 이상으로 발전하는 경향이 있지만, 어쨌든 이 직유들의 가장 큰 기능은 감정을 불러일으킨다는 점이다. 강둑의, 꽃 만발한 풀밭에서 태어난 젊은이(그의 아버지 이름 안테미온 Anthemion은 '꽃'이란 뜻이다)는 전장의 메마른 먼지 속에 쓰러졌다, 늪가에서 자란 훤칠한 나무가 마른 길을 달릴 마차바퀴가 되기 위해 잘리듯. 이런 정서적 직유에는 나무나 꽃이 잘 등장한다. 젊은이들은 키 큰 전나무처럼, 또는 참나무나 백양나무, 물푸레나무처럼 쓰러진다. 농부가 숲속 빈터에 정성껏 길렀던 아름다운 올리브 나무(17권 54행 이하)같이 뿌리 뽑히고, 봄비 맞은 양귀비꽃(8권 306행 이하)처럼 고개를 떨군다. 이렇게 파토스를 일으키는 직유들은 일종의 균형 잡기 장치로서, 이런 직유들은 보통 희생자들에게 부여되기 때문에 독자와 청중의 관심과 동정심을 그리로 쏠리게 한다. 승리의 명예는 쓰러뜨린 자에게 돌아가지만, 심리적인 동조는 패자에게 주어지는 것이다. 나는 개인적으로 이런 종류의 균형이 이 작품 전체를 관통하고 있다고 본다.

물론 이와는 성격이 다른 직유들도 있다. 싸움의 기세를 보여주는 폭풍과 홍수, 들불의 직유, 전사의 용기와 힘을 보여주는 짐승 직유 등이 그런 것들이다. 사실 〈일리아스〉의 전투는 거의 추상적인 공간에서 벌어지고 있어서, 지형이 어떻게 되어 있는지, 날씨는 어떠했는지 전혀 묘사되지 않는데, 이런 직유들이 잿빛 풍경에 활기 있는 일상을 끌어들인다. 중심적인 이야기는 흑백 화면으로 전개되다가, 직유에서만 컬러 화면을 썼다고나 할까? 그래서인지 직유 속에서는 묘사들이 좀 더 현실적이다. 중심 이야기에서는 영웅들이 원하는 것은 항상 그 자리에 있다. 가령 돌로 상대를 치려 하면 언제나 그 곁에 돌이 있는 식이다. 그래서 6권에서 헥토르가 집으로 아내를 찾아갔을 때, 아내가 거기 없었던 것은 매우 깊은 인상을 남긴다. 이렇게 뜻대로 되기는 짐승들도 마찬가지다. 전차의 방향을 돌리려고 하는데, 말이 버팅기는 경우란 없다. 하지만 직유에서는 더 현실에 근접한 장면들이 나온다. 예를 들어, 희랍군의 후퇴 국면을 맞아서도 고집스럽게 버티다 마지못해 조금씩 물러서는 아이아스는, 아이들에게 매를 맞으면서도 끝끝내 곡식을 뜯어먹는 당나귀에 비유된다.

> 꼭 그처럼 아이아스는 이때 트로이아 인들로부터 괴로운 마음으로
> 마지못해 물러갔으니 아카이아 인들의 함선이 몹시 염려되었기 때문이다.
> 마치 게으른 당나귀가 들을 지나다가 소년들에게 반항할 때와도 같이.
> (당나귀는 이미 막대기가 수없이 부러지도록 매를 맞은 경험이 있어
> 소년들이 막대기로 치는데도 우거진 곡식밭으로 들어가
> 곡식을 마구 뜯어 먹는다. 소년들의 힘이 약하기 때문이다.
> 그래서 꼴을 실컷 먹은 다음에야 소년들은 간신히 끌어낸다.)
>
> (11권 556~562행)

그리고 〈일리아스〉가 그리는 공간이 일상을 떠나 있기 때문에 농사나 목축 따위도 끼어들 틈이 없는데, 이런 일상의 모습을 제공하는 것도 직유이다. 가령 외양간을 습격한 들짐승들을 쫓아내려고 애쓰는 목자들이나, 타작마당에서 곡식의 이삭을 발로 밟아 탈곡하는 소들의 모습도 직유가 아니면 볼 수 없는 것들이다. 또한 거의 전적으로 젊은 남자들만 등장하는 이 전쟁 서사시에 노인과 여자들, 아이들의 모습을 끌어들이는 것도 직유이다. 이런 직유들을 잇달아 사용하는 경우 일종의 '몽타주 기법'과 같은 효과를 낼 수가 있는데, 특히 2권 후반, 양쪽

군대가 엄청난 기세로 마주치려는 순간에 중첩적으로 쓰인 직유들은 그 장대한 효과로 유명하다.

맨 앞의 세 권과 맨 뒤의 세 권은 되돌이 구성을 이룬다

중간의 전투를 제외한 다른 부분들은 그것의 준비와 정리라고 할 수 있다. 그중 맨 앞의 세 권과 맨 뒤의 세권은 일종의 되돌이 구성ring composition으로 되어 있다. 이 구성법은 시인이 직유를 쓸 때나, 등장인물의 말을 직접화법으로 전달할 때 주로 사용하는 방법으로, 서로 짝이 되는 요소가 대칭되는 위치에 나타나는 것이다. 가장 간단한 예는 A-B-A의 꼴인데, 우선 어떤 주제를 언급하고 다른 주제로 갔다가, 다시 처음 주제로 돌아가서 말을 끝맺는 형식이다. 이런 구성법을 아주 깊이 있게 쓰면, 앞에서부터 나온 주제들이 나중에 역순으로 다시 한 번 반복되는, 도식으로 표시하자면 A-(B-(C-D-C)-B)-A 같은 식이 된다. 물론 중간의 단위들에서도 자체적으로 되돌이 구성을 사용하여 얼마든지 깊이를 더할 수 있다.

그러면 먼저 〈일리아스〉 첫 권과 마지막 권 사이의 대응 관계를 보자. 1권에서 우리는 아킬레우스가 자신의 어머니 테티스에게 희랍군이 패하게 해달라고 부탁하고, 테티스가 제우스를 찾아가서 허락을 구하는 장면을 본다. 지상의 인간에게서 하늘의 최고신에게 의사가 전달되는 모양새이다. 반면 마지막 24권에서 우리는 반대 방향의 의사 전달을 보게 된다. 아킬레우스가 날마다 헥토르의 시신을 학대하는 것을 보고 분개한 신들은 헤르메스를 시켜 헥토르의 시신을 훔쳐낼까 의논한다.

헥토르의 시신을 끌고 가는 아킬레우스. 기원전 510년경 휘드리아(물 담는 항아리). 왼쪽에 다리 세 개가 그려진 방패를 든 아킬레우스가 뒤를 돌아보며 전차에 오르고 있다. 그의 동료가 모는 이 전차에는 이미 죽은 헥토르의 시신이 묶여 있다. 왼쪽 끝에는 헥토르의 부모님이 서 있다. 얼굴과 팔이 희게 그려진 헤카베는 머리를 두드리며 애곡하고, 그 곁에 검게 그려진 프리아모스는 손을 뻗어 아킬레우스에게 탄원하고 있다. 오른쪽에는 이들을 향하여 날개 달린 이리스가, 아들의 시신을 찾아오라고 전하러 오고 있다. 맨 오른쪽에는 파트로클로스의 무덤이 보이고 거기서 파트로클로스의 혼령(오른쪽 위쪽의 날개 달린 작은 남성)이 뛰어나오고 있다. 헥토르의 시신 위에 희랍어로 '헥토르', 오른쪽 무덤 위에도 희랍어로 '파트로클로스'라고 쓰여 있다.

그러자 제우스가 이리스를 파견하여 테티스를 불러다가, 신들이 헥토르의 시신을 돌려주기로 결정하였으니 거기 따르도록 아들을 달래라 말한다. 이번에는 신들의 뜻이 하늘에서 땅으로 전해지는 것이다. 한편 1권 초입에서 우리는 딸(크리세이스)을 찾으러 '헤아릴 수 없이 많은' 선물을 가지고 찾아오는 아버지(크리세스)를 보는데, 24권에서 또다시 그런 아버지를 보게 된다. 헥토르의 시신을 찾아 나선 아버지 프리아모스다. 1권에서는 테티스의 청탁 때문에 제우스와 헤라 사이에 불화가 생긴다. 24권에서는 곧 아들을 잃게 될 테티스를 맞아 헤라 여신이 잔을 권하며 위로의 말을 건넨다.

이렇게 1권과 24권이 짝이 되는 것과 비슷하게, 2권과 23권도 짝 지어 볼 수 있는 근거가 있다. 2권에는 '배들의 목록'이라는 아주 유명한 부분이 있어서, 거기서 전체 희랍군의 구성원들을 알 수 있게 되어 있다. 한편 23권에는 파트로클로스의 장례를 치른 후 벌어진 경기 대회가 나온다. 우리는 거기서 그동안 〈일리아스〉에 등장했던 주요 영웅들을 마지막으로 다시 한 번 보게 되고, 전투에서는 언급되지 않았던 다른 전사들도 보게 된다. 그러니까 2권과 23권은 트로이아 전쟁에 참가한 영웅들을 일별하는 의미가 있는 것이다. 대조점도 있어서, 2권에서는 다툼이, 23권에서는 화해의 분위기가 두드러진다.

3권과 22권을 짝짓는 근거는 이 두 군데 모두에 유명한 대결 장면이 있고, 또 성벽에서 내려다보는 사람들이 있다는 점이다. 3권의 대결은 이 전쟁의 원인 제공자라고 할 수 있는 두 사람, 메넬라오스와 파리스 사이의 것이고, 이 장면을 트로이아의 성벽에서 내려다보는 부분에는 아예 '성벽에서 바라보기Teichoskopia'라는 이름이 붙어 있다. 22권의 대결은 물론 아킬레우스와 헥토르 사이의 것이고, 성벽에서 내려다보는 사람들은 헥토르의 가족들이다.

다른 부분은 유명한 장면들을 중심으로 보라

이제까지 어떤 식으로 어려운 장면들을 읽어낼지 얘기했고, 전체의 얼개도 대충 그렸으니, 나머지 부분은 유명한 장면들을 중심으로 살펴보자.

우선 6권에 나오는 두 장면이 아주 유명하다. 하나는 6권 전반부에 나오는 '무장 교환' 장면이다. 엄청난 공을 세우다가 마침내는 전쟁의 신 아레스까지 부상시킨 디오메데스가 글라우코스라는 영웅을 만나고, 서로 얘기를 주고받은 끝에 자신들의 집안이 조상 때부터 서로 친구인 것을 알고는 서로 무장을 교환한다. 즉, 한 사람은 칼뤼돈 멧돼지 사냥으로 유명한 오이네우스 집안사람이고, 다른 이는 날개 달린 말 페가소스를 차지했던 벨레로폰테스의 자손이었던 것이다. 하지만 디오메데스가 내놓은 무장은 청동으로 된 것이고, 상대의 것은 황금으로 된 것이어서 디오메데스가 100 대 9로 이득을 보게 된다. 이 글의 초입에서 얘기한 《물질문명과 자본주의》에서 언급한 바로 그 일화다.

6권 후반부는 잠시 성안을 방문한 헥토르와 그의 아내 안드로마케의 만남을 주로 보여주는데, 이제 곧 영영 이별하게 될 가족이 마지막 행복을 누리는 모습이 따뜻하고도 애잔하게 그려져 있다. 특히 이 부분은 인간이 전쟁으로 잃게 되는 것이 무엇인지를 보여준다. 전쟁으로 파괴될 문명의 내부를 보여주기 때문이다. 또한 여기에 헥토르의 어린 아들이 등장하는 것도 의미 깊다. 지금 트로이아 전쟁터에 와 있는 젊은 전사들은 이십대 후반에서 삼십대 초반이기 쉬우니, 집에는 어린아이들이 있으련만, 기이하게도 두고 온 아이를 언급하는 일이 거의 없다. 기껏해야 오뒷세우스가 아들 텔레마코스를, 그리고 아가멤논이 자기 아들과 딸들을 언급하는 것이 전부다. 가족에 대한 언급이라면 주로 인물 소개에 등장하는 늙으신 아버지에 대한 것이다. 그런 점에서 헥토르 가족의 만남 또는 이별 장면은 이곳에 모인 모든 전사들이 집을 떠날 때 겪었던 일을 다시 보여주고, 이들을 전사에서 한 집안의 가장으로 되돌려주는 것이다.

9권은 첫 패배를 겪은 희랍군이 아킬레우스의 막사로 사절을 보내어 다시 전투에 참가하기를 간청하지만, 거절당하는 내용이다. 거의가 설득하고 답변하는 연설로 이루어져 있어서 별다른 사건의 진전은 없지만, 옛 사람들이 어떻게 미묘하게 의사소통했는지를 보여주는 대목이다. 아가멤논의 거친 감정을 외교적인 표현으로 누그러뜨려 전하는 오뒷세우스의 솜씨나, 거기 숨겨진 뜻을 간파하는 아킬레우스의 감수성 같은 것은 〈일리아스〉가 원시적 심성을 보여준다는 어떤 학자들의 해석에 대항하는 반례로 쓰일 수 있겠다. 뒤로 갈수록 아킬레우스가 조금씩 양보하지만, 이 부분에서 아킬레우스가 화해를 거부함으로써 전체는 비극으로 치닫게 된다. 그래서 〈일리아스〉를 일종의 비극으로 보려는 사람들은 이 9권에서 아킬레우스가, 아리스토텔레스가 말한 '과실過失, hamartia'을 범한다고 보며, 그렇게까지는 아니라도 어쨌든 이 부분이 이야기 전체의 방향을 결정짓는 중요한 부분이라고들 본다.

　이 부분은 또, 포이닉스라는 노인이 아킬레우스를 설득하기 위해 해주는 멜레아그로스 이야기의 내용이 〈일리아스〉의 핵심과 비슷하다는 점에서 눈길을 끈다. 칼뤼돈 멧돼지 사냥의 중심인물인 멜레아그로스는, 나중에 멧돼지 가죽 때문에 생긴 분쟁의 와중에 외삼촌들을 죽이고, 이에 분노한 어머니가 그를 저주하자 심기가 상해서 전쟁에 나가지 않는다. 하지만 상황이 급박해지고, 마지막에 아내인 클레오파트레가 간청하자, 결국 전투에 나서게 된다. 그런데 여기 멜레아그로스의 아내로 등장하는 클레오파트레Kleo-patre('아버지의 영광'이라는 뜻)의 이름은, 아킬레우스의 친우 파트로클로스Patro-klos의 이름 앞뒤 부분을 서로 바꾼 것이다. 분노했던 아킬레우스도 후에 파트로클로스 때문에 출전하게 되니, 이 두 이야기는 비슷한 데가 있다. 그리고 이런 유사성은 아킬레우스와 파트로클로스가 사실은 동성애 관계였다고 주장하는 학자들

불치에서 발굴된 기원전 4세기 중후반경 무덤의 벽화. 아킬레우스가 파트로클로스의 죽음에 대한 복수로 트로이아의 포로들을 죽이고 있다.

에게 한 근거가 되기도 한다. 파트로클로스가 아킬레우스의 '아내'였다는 것이다.

한편 이 일화는 아킬레우스의 운명에 대한 거울 역할도 한다. 〈일리아스〉에 나오지 않는 다른 이야기에 따르면 멜레아그로스는 전투 중에 죽는데, 포이닉스는 그 얘기를 생략했었다. 이 멜레아그로스 이야기는 '외부 영혼external soul'의 한 사례로 유명하다. 그가 태어났을 때 운명의 여신이 나타나서 타고 있는 장작을 가리키며, 그 장작이 다 타버리면 아이가 죽으리라고 예언했단다. 어머니는 그 장작을 거두어 잘 보관했지만, 나중에 자기 오라비들이 죽은 데 분노하여 그것을 불에 던졌으며, 그 장작이 다 타버리는 순간 멜레아그로스도 죽었다는 것이다. 〈일리아스〉의 시인은 마법을 싫어하므로 이런 이상한 얘기는 옮기지 않았지만, 아킬레우스 역시 멜레아그로스처럼 전투 중에 죽게 될 것이다.

그다음의 10권은 거의 모든 학자가 맨 나중에 덧붙여진 것으로 간주하는 부분이다. 아킬레우스를 설득하는 데 실패한 희랍군 지휘관들은 적정敵情을 살피기 위해 정탐꾼을 파견하기로 한다. 여기에 오뒷세우스와 디오메데스가 자원하는데, 이 부분에서 오뒷세우스의 '〈오뒷세이아〉적인' 면모가 매우 두드러진다. 흔히 오뒷세우스는 꾀가 많은 인물로 알려져 있지만 〈일리아스〉에서는 특별히 그렇지도 않고, 그저 남들보다 침착하고 현실적 지혜를 지닌 인물 정도로 나온다. 그런데 이 10권에서 우리에게 널리 알려진, 거의 '교활한' 오뒷세우스의 모습이 소개된다. 트로이아 쪽에서 정찰을 나오던 돌론이란 인물을 사로잡아서는 정보를 캐내고, 처음 약속과는 달리 죽여 없애기 때문이다. 이런 '어두운' 측면은 사실 등장인물들의 차림새에서부터 두드러진다. 이 밤의 정찰을 위해, 디오메데스는 청동 대신 쇠가죽 투구를 썼으며, 오뒷세우스 역시 돼지 이빨로 겉을 두른 가죽 투구를 썼다. 한편 상대 쪽의 돌론은 (나중에 오뒷세우스의 몫이 되는) 늑대 가죽을 걸치고 족제비 가죽 투구를 썼다. 밤에 '시체들 사이로' 움직이는 이들은 짐승의 특징을 갖추고, 일종의 '늑대 인간'으로서 그에 걸맞게 행동한다.

이 10권이 원래 〈일리아스〉에 속한 것이 아니라고 의심받는 것은, 다른 부분에는 나오지 않는 내용들이 여기에 나오기 때문이다. 가령 〈일리아스〉의 다른 부분에는 야간 행동이 전혀 나오지 않는데, 여기서는 밤중에 정탐을 나간다. 또 말을 훔쳐 달아날 때 말 등에 매달리는 것도, 오뒷세우스가 활을 지니고 가는 것도 의혹을 불러일으킨다. 〈일리아스〉와 〈오뒷세이아〉의 차이 중 하나가 오뒷세우스가 활을 사용하는지 여부이다. 〈오뒷세이아〉에서는 명사수로 되어 있는 그가 〈일리아스〉의 다른 부분에서는 활에 손도 대지 않는다. 가장 의심스런 점은 여기

나온 사건이 그 다음에는 전혀 언급되지 않는다는 사실이다. 특히 여기서 굉장히 좋은 말을 획득하는 것으로 되어 있어서, 그 말이 23권의 마차 경주에 나옴직도 하건만 아무 얘기도 없다. 하지만 이 10권이 다음날 아가멤논의 수훈으로 시작되는 전투를 위하여 일종의 전환점 역할을 하고 있다는 점에서, 전체적 흐름에 잘 들어맞는다는 해석도 있다. 또 이 부분이 나중에 덧붙여진 것일 수는 있어도, 그 구성 요소들은 이전부터 전해지던 전통에 속한다는 분석도 있다. 한 예로, 여기 등장하는 돼지 이빨 투구와 유사한 것이 실제로도 많이 발굴되었다.

앞에 한 묶음으로 언급하고 지나간 전투 중에 또 유명한 장면이 하나 있는데, 그것은 14권에 헤라가 제우스를 유혹하는 장면으로, '제우스 속임Dios Apate'이라 불려온 부분이다. 헤라는 파리스의 판정에 앙심을 품고 있었으므로 당연히 희랍군의 편인데, 자신이 응원하는 희랍군이 제우스의 계획에 따라 지고 있는 것을 보자, 꾀를 내어 제우스를 유혹하고 잠들게 만든다. 그리고 그 틈을 타서 희랍군이 다시 반격에 나선다. 이렇게 전체적으로는 전투의 흐름을 바꾸는 데 사용되지만, 사실 이 장면은 태초의 하늘과 땅의 결합을 재현하는 '성스러운 결혼hieros gamos'의 한 예이다. 헤라와 제우스가 산꼭대기에서 구름을 두르고 잠자리에 들자, 그 밑에서 풀과 꽃들이 피어나 일종의 '쿠션'을 만들어주는 장면이 이를 입증한다. 이와 비슷한 사례로, 자연의 생산력을 상징하는 아프로디테 여신이 처음 태어나 퀴프로스에 도착하자 꽃들이 피어났다는 〈신들의 계보〉에 나오는 구절을 들 수 있다.

그리고 이 유혹을 위해 헤라 여신이 아프로디테에게 매혹의 허리띠를 빌리러 가는 장면도 인상적인데, 그 허리띠에는 '애정과 욕망과 사랑의 밀어와 설득이' 들어 있다고 되어 있다. 어떤 학자는 모든 구원

남부 이탈리아에서 출토된 채색 대리석 레카니스(발 씻는 대야)의 세부. 기원전 325~300년경의 것으로 추정된다. 아킬레우스의 어머니인 테티스가 바다 요정 중 하나인 네레이스의 도움을 받아 헤파이스토스가 만들어준 갑옷을 아들에게 전하기 위해 바다를 건너는 장면이다. 황금 방패를 든 테티스가 해룡海龍에 올라타 있다.

의 장치에는 성적인 특성과 더불어 교묘한 무늬들이 나타난다고 보는데, 이 허리띠가 아킬레우스의 방패와 더불어 그런 장치의 대표적인 예로 꼽힌다.

아킬레우스의 출전 직전에는 방패 제작 장면으로 유명한 18권이 있다. 온 세계의 축도가 들어 있는 이 방패는 나중에 헤시오도스의 작품이라고 알려졌지만 위작인 듯한 〈헤라클레스의 방패〉, 그리고 베르길리우스의 〈아이네이스〉에 나오는 아이네아스 방패의 모범이 된다.

원래 아킬레우스 부모님의 결혼식에 신의 선물로 주어졌던 무장은 파트로클로스가 죽으면서 헥토르의 차지가 되었으므로, 이제 아킬레우스는 새로운 무장이 필요하게 된다. 그의 어머니는 아들을 위해 헤파이스토스를 방문하여, 새 무장을 얻어 온다. 여기서 시인은 새 방패의 제조 과정을 인간 사회를 묘사하는 기회로 이용한다. 솜씨 좋은 대장장이 신은 우선 땅, 하늘, 바다와 해, 달, 별들을 새겨 넣는다. 다음으로 각기 평화를 누리는 도시와 전쟁에 처한 두 도시를 그린다. 평화의 도시에서는 결혼 잔치와 재판이 벌어지고, 전쟁에 처한 다른 도시민들은 약탈 계획을 세우고 있는 포위군에 맞서 매복을 나가 적의 소 떼를 기습하고, 달려온 적과 접전을 벌인다. 그 다음으로는 시골을 그린다. 거기는 밭갈이와 곡식 베기, 포도 수확과 사자의 기습과 함께 소 치는 모습이 그려져 있다. 평화의 장면은 정적靜的으로, 동적動的으로 다시 한 번 반복된다. 한편에 평온하고 아름다운 초원과 축사가 있고, 다른 편에는 젊은이들이 활기 있게 춤추는 모습이 있다. 마지막으로 맨 바깥에 오케아노스 강이 둘린다. 이 방패 그림이 어떻게 배치되어 있었는지에 대해서는 학자마다 의견이 다르다. 그러나 여기서 시인이 예전에 살았던 영웅들의 시대보다는 자기 시대, 자신이 직유에서 그렸던 시대를 다시금 그리고자 했던 것만은 분명하다. 그리고 여기서 강조되는 것이, 방패를 만드는 이유(전쟁)와는 다소 모순되게도 평화의 장면이라는 것 또한 분명하다.

시인은 대조 기법으로 과거의 행복과 현재의 고통을 대비시킨다

앞서 되돌이 구성에 대해 말했지만, 〈일리아스〉의 시인은 이야기의 끝에서 다시 처음으로 돌아가는 경향을 보인다. 가장 대표적인 것이 20권에 나오는 '트로이아의 역사'(215행 이하)이다. 이제 아킬레우스가 등장하였으니 헥토르는 곧 죽을 것이고, 가장 큰 수호자를 잃은 트로이아 역시 곧 멸망하게 될 것이다. 그 분기점에서 시인은 갑자기 트로이아가 처음 세워지던 때로 돌아간다.

다시 전장에 나선 아킬레우스는 제일 먼저 아이네이아스와 마주치게 되는데, 이 트로이아 전사는 자기 집안을 이렇게 소개한다.

> 그대가 원한다면 세상에 널리 알려진 우리 가문을
> 그대도 알 수 있도록 내 그대에게 가르쳐 주리라.
> 구름을 모으는 제우스께서 먼저 다르다노스를 낳으니
> 그가 다르다니에를 세웠다. …
> 다르다노스가 이번에는 에릭토니오스 왕을 아들로 낳으니
> 그는 필멸의 인간들 가운데 제일 가는 부자였다.
> … 그런데 에릭토니오스는 트로스를 낳아 트로이아 인들의 왕이
> 되게 했고, 트로스에게서는 나무랄 데 없는 세 아들
> 일로스와 앗사라코스와 신과 같은 가뉘메데스가 태어나니
> … 일로스는 다시 고귀한 라오메돈을 아들로 낳고
> 라오메돈은 티토노스와 프리아모스와 람포스와
> 클뤼티오스와 아레스의 후예인 히케타온을 낳았다.
> 또 앗사라코스는 카퓌스를 낳고 카퓌스는 앙키세스를 아들로 낳았다.
> 나는 이러한 가문과 혈통에서 태어났다고 자부하는 바이다.
>
> (20권 213~241행)

여기서 우리는 트로이아의 첫 왕부터 현재 왕인 프리아모스까지의 계보를, 즉 이 왕국의 전체 역사를 확인할 수 있다.

한편 시인은 이러한 대조의 기술을 지나간 평화와 행복을 현재와 미래의 고통과 상실에 대비시키기 위해서도 사용한다. 내용상 앞에 언급한 헥토르 가족의 만남에 이어지는 장면을 보자. 안드로마케는 일단 남편의 권유대로 집으로 돌아간다. 우리가 그녀의 모습을 다시 보게 되는 것은 22권에서다. 그녀는 집 안에서 옷감을 짜면서 남편의 목욕물을 준비하고 있다가, 밖에서 들려온 비명 소리에 무언가 무서운 일이 벌어졌다는 것을 직감하고는 허둥지둥 성벽 위로 달려간다. 남편은 이미 죽었고, 그 시신이 마차에 묶여 끌려가고 있음을 알아챈 순간, 그녀는 혼절하고 만다. 쓰러지는 그녀의 머리에서 장식들이 흩어지고, 그와 함께 면사포도 땅으로 떨어진다. 이 순간에 시인은 매우 한가롭게도 이 면사포는 그녀가 헥토르에게 시집올 때에 아프로디테가 선물로 준 것이란 말을 덧붙인다(470행 이하). 이 덧붙임 말은 우리를 전쟁이 일어나기 전의 평화롭던 시절로 이끈다. 이 면사포는 가버린 평화와 함께 젊은 날의 행복, 사랑의 기쁨, 늠름한 신랑을 맞이하는 신부의 벅찬 희망, 그녀의 순결한 아름다움, 이런 모든 것을 의미한다. 이제 남편이 죽음으로써 그녀의 모든 희망, 모든 행복이 영원히 사라져버린 것이다. 시인은 여러 말 하지 않는다. 단지 그녀의 머리에서 면사포가 떨어졌으며, 그것이 여신의 결혼 선물이었음을 말할 뿐이다. 남편과 함께 그녀도 죽었다. 그녀가 혼절하는 순간 그녀의 눈에 내리덮인 칠흑 같은 어둠(466행), 그것은 다른 전사들의 경우에는 바로 죽음의 묘사였던 것이다(예를 들면 4권 526행).

시인이 갑자기 평화롭던 옛날을 상기시키는 것으로 유명한 다른

헥토르를 쓰러뜨리는 아킬레우스. 기원전 500~450년경의 적색상 세부. 〈일리아스〉에, 아킬레우스는 신이 만든 무장을 입고 있었던 것으로 되어 있으나, 이 그림에서는 나체로 그렸다. 또 〈일리아스〉에는 아킬레우스는 창을, 헥토르는 칼을 쓰는 것으로 나와 있는데, 이 그림에서는 둘의 무기를 바꾸어 놓았다. 헥토르는 허벅지와 옆구리에 피를 흘리고 있어서, 단번에 목을 맞아 쓰러지는 〈일리아스〉의 내용과는 달리 되어 있다. 양쪽에는 각기 아테네와 아르테미스가 두 전사를 응원하고 있다.

장면은, 22권의 헥토르와 아킬레우스가 성벽을 도는 장면에 나온다. 헥토르는 혼자 성 밖에 남아 아킬레우스를 기다리다가, 정작 그가 다가오자 갑자기 겁에 질려 달아나게 된다. 그는 망대와 바람에 흔들리는 무화과나무를 지나, 아름다운 샘 곁을 지나게 되는데, 여기서 시인은 갑자기 이 샘물이 옛날 평화롭던 시절 트로이아의 여인들이 빨래하던 곳이라고 말한다(155행). 이제 그 평화롭던 시절은 가버렸고, 전쟁은 이미 오래며, 그나마도 지금 이 옆을 달려 지나가는 헥토르가 멈춰서 죽으면 파멸로 끝날 것이다.

〈일리아스〉는 인간들에게 운명을 받아들이라 말한다

이제까지 이 작품이 갖는 구조적인 아름다움, 옛 사람들이 즐거움을 느꼈을 대목들, 여전히 우리를 경탄케 하는 시인의 기술에 대해 이야기했다. 그뿐인가? 물론 이것만으로도 고전의 반열에 오를 자격은 충분하다. 하지만 오늘날 우리에게까지 여전히 감동을 주는 것이 무엇인지는 아직 충분히 얘기되지 않았다. 그것은 바로, 이 서사시가 인간의 운명이 어떤 것인지 돌아보고, 우리로 하여금 그것을 받아들이게 한다는 사실이다. 어쩌면 이 작품은 인간 역사의 새벽에, 이 세계에서의 자신의 지위를 자각한 인간들이 그것을 어떻게든 이해하고 견뎌내려 애쓴, 그러한 시도의 결과인 듯하다.

앞에서 우리는, 시인이 직유와 인물 소개를 통해 자신의 시대, 비영웅적인 세계를 묘사하면서, 동시에 희생자에게 경의를 표하고, 그 죽음을 비통하고 가슴 아픈 것으로 만든다는 점을 확인하였다. 죽음이 가슴 아픈 것이 되는 것은 주로 부모나 아내, 자식과 관련해서이다. 젊은이는 부모님의 길러주신 은혜를 보답하지 못할 것이고, 고향 땅에서 아들만을 기다리는 늙은 부모는 아들의 얼굴을 다시 보지 못할 것이며, 자식은 아비 없이 천대받을 것이다. 귀하게 자란 멋진 젊은이들은, 혹은 비 맞은 양귀비처럼 목이 꺾이고, 혹은 미친바람에 뽑힌 올리브 나무처럼 쓰러진다. 혹은 갓 얻은 아내를 두고 떠나 행복한 결혼 생활도 누려보지 못한 채 이국땅의 먼지 속에 얼굴을 박고 청동의 잠을 자게 된다. 혹은 짓다 말고 온 집을 완성하지 못할 것이며, 그가 누리지 못한 많은 재산을 다른 사람들이 차지할 것이다. 결국 신에게 배운 기술도, 예언자였던 아버지도, 그가 후히 대접하곤 했던 친구들도 이 죽음의 순간에는 아무런 도움도 되지 못한다.

당연히 전쟁은 모든 사람에게 싫은, 밉살스런 것이다. 그래서 다른 이야기에 따르면 테티스는 아들을 먼 땅으로 옮겨 여인들 가운데 숨겼고, 오뒷세우스는 전쟁터를 피하려 미친 척했다. 2권에서 아가멤논이 병사들의 사기를 시험하느라, 그만 귀국하자는 제안을 했을 때, 대부분의 병사들이 보인 반응 역시 마찬가지였다. 그들은 왕의 기대와는 반대로, 기쁘게 배로 달려갔던 것이다.

물론 명성이 있다. 죽을 인간을 영원하게 해주는 명성. 그것은 인간에게 어떤 한 가지 점, 즉 영원하다는 점에서 신들과 유사한 모습을 부여한다. 그래서 우리는 아킬레우스가 고향 땅에서 범부凡夫로 장수長壽하는 것과 전쟁터에서 요절하여 영원한 명성을 얻는 것 중에서 후자를 선택했음을 듣는다.

"나의 어머니 … 테티스가 내게 말하기를
두 가지 상반된 운명이 나를 죽음의 종말로 인도할 것이라고 했소.
내가 만일 이곳에 머물러 트로이아 인들의 도시를 포위한다면
고향으로 돌아갈 길은 막힐 것이나 내 명성은 불멸할 것이오.
하나 내가 만일 사랑하는 고향땅으로 돌아간다면
나의 높은 명성은 사라질 것이나 내 수명은 길어지고
죽음의 종말이 나를 일찍 찾아오지는 않을 것이오."

(9권 411~416행)

이는 시인이 자주 사용하는, '남자의 명예를 높여주는 전투'라는 공식구와 잘 어울리는 태도이다. 그러나 이런 입장이 항상 견지되는 것은 아니다. 심지어 가장 영웅적이어야 하는 아킬레우스마저도 여러 차례 영웅적이지 않은 발언을 한다. 그는 앞서 나온 말 조금 전에, 사람의 생명은 한 번 잃으면 다시 찾을 수 없다는 요지의 말을 하고 있으며(9권 408~409행), 19권에서는 명예의 외적 상징인 재산에 전혀 무관심한 태도를 취한다(145행 이하). 또 프리아모스를 만나서는 늙고 불행한 자신의 아버지를 기억하며, 자신이 양쪽 누구에게도 득이 되지 않는 전쟁을 하고 있다고 한탄한다(24권 534행 이하).

인간의 운명에 대한 아킬레우스의 인식은, 그가 트로이아의 젊은 왕자 뤼카온을 만나서 죽이는 장면에서 가장 잘 드러난다. 여기서 그는 마치 자신을 죽이듯 이 젊은이를 죽인다. 그가 무릎을 잡고 살려주기를 애원하는 뤼카온에게 '친구'라고 부르는 것은 그냥 하는 말이 아니다.

자, 친구여, 그대도 죽을 지어다. 왜 이렇게 우는가?
……
그대는 보지 못하는가, 나 또한 얼마나 잘 생기고 체격이 당당한지?
…나를 낳아 준 어머님은 여신이시다.
하나 내 위에도 죽음과 강력한 운명이 걸려 있다.

(21권 106~110행)

이런 점에서 아킬레우스의 선택은 어차피 죽을 운명이기에 했던, 죽음이라는 인간의 운명을 배경으로 한 것이란 생각이 든다. 결국 인간의 운명은 신들과 비교된다. 그 신들에게는 항상 '행복한'이라는 수식어가 붙는다. 그들은 인간들 때문에 다툴 필요가 없다(1권 573~575행). 그들이 인간사에 간여하는 것은, 헤라나 아테네처럼 자신들의 원한 때문이거나, 아니면 문제되는 인간이 신의 자손이거나, 사제의 아들이거나, 특별히 신의 사랑을 받는 사람이기 때문이다. 신들은 잔치를 즐기고, 인간들의 싸움을 구경한다(4권 1~4행, 7권 58~61행, 8권 51~52행).

이런 신들은 이따금 인간에게 선물을 내리지만, 그것은 인간에게 거의 도움이 되지 않는다. 아킬레우스의 불사不死의 말들은 파트로클로스를 구해주지 못했고, 앞으로 아킬레우스도 구하지 못할 것이다. 테티스의 선물도 마찬가지이다. 그녀가 들어준 아킬레우스의 소원도 아들을 행복하게 만들지 못했고, 그녀가 가져다 준 무장도 아들을 구하지 못할 것이다. 이런 점은 파트로클로스가 입고 나가 죽었던 아킬레우스의 첫 번째 무장에도 해당된다. 그 무장을 걸쳤던 자는 모두 차례로 죽는다. 그것은 파트로클로스도, 헥토르도 지켜주지 않았으며, 원래의 주인인 아킬레우스도 (아마도 다른 무장을 입은 채로겠지만) 죽을 것이다. 신의 선물인 이 무장들은 그것을 가지고자 하는 자까지도 해친다. 에우포르보스는 파트로클로스의 무장을 벗기려다 죽었다. 이후에 우리는 다른 전승에서 아이아스도 아킬레우스의 무장을 얻으려다가 자살하는 것을 보게 될 것이다. 더욱 허무한 것은 무장 다툼에서 승리하여 그것을 차지했던 오뒷세우스가 결국 빈손으로 귀향하게 된다는 사실이다.

〈일리아스〉에서 신의 선물이 덧없음을 가장 분명하게 보여주는 인물이 헥토르이다. 제우스는 곧 죽을 헥토르를 불쌍히 여겨, 그에게 영광을 주느라, 그가 얻은 아킬레우스의 갑옷을 꼭 맞게 해주었다(17권 198행 이하). 그러나 아름다운 이 갑옷은, 장식으로서는 아름다웠을지 모르나, 갑옷 본래의 기능은 할 수 없었다. 그 갑옷은 그것의 약점을 잘

자결하기 위해 칼을 땅에 세우는 아이아스. 기원전 540년 경 앗티케 흑색상 암포라의 엑세키아스. 아이아스는 아킬레우스가 죽으며 남긴 무구를 얻고자 했으나, 최고의 전사라는 명예를 오뒷세우스에게 빼앗기고 만다. 분노한 그는 자신의 적들을 처치하려고 나서지만, 아테네에 의해 광기에 빠져서 가축들을 도륙한다. 나중에 제정신으로 돌아온 그는 모욕감과 수치심에 자결하고 만다. 그림 오른쪽에는 아이아스가 벗어놓은 무구들이 놓여 있다. 고르곤의 머리가 그려진 그의 방패는 양쪽 허리가 오목한 이른바 '보이오티아 방패'이다. 왼쪽에는 야자나무가 그려졌는데, 이는 이 사건의 배경이 외국이라는 표시이다. 중앙의 아이아스는 칼을 땅에 박아놓고 그 위에 넘어져 죽으려는 참인데, 이 사건을 다룬 소포클레스의 〈아이아스〉에는 이 칼이 그의 굳은 의지처럼 땅에 '꼿꼿하게' 박힌 것으로 그려져 있다.

아는 원래의 주인 앞에서 방어물 역할을 할 수 없었던 것이다. 신들의 선물은 무용無用할 뿐 아니라, 오히려 해롭다. 시인은 최후의 대결 장면에서 특별히 헥토르가 입고 있는 무장이 파트로클로스를 죽이고 빼앗은 것이라는 점, 그리고 그 무장이 아름답다는 점을 강조한다(22권 322~323행). 이 아름다움은 그의 죽음과 대조된다. 우리는 쓰러지는 전사戰士 주위에서 무장이 둔중하게 부딪혀 울렸다는 표현을 자주 본다. 그 무장들은 얼마나 아름다웠던가! 그러나 아름답게 차려 입었던 이 무장들도 그들을 지켜주지 못했다. 헥토르가 입은 아름다운 무장은 그를 얼마나 눈에 띄게 만들었을 것인가? 원한에 맺힌 적수가 그를 찾고 있는데 말이다. 또 그것은 얼마나 상대의 적개심을 자극했을 것인가? 가령 〈아이네이스〉 12권의 마지막 전투 장면에서 아이네아스는 상대가 자신의 젊은 동지 팔라스의 칼 띠를 착용하고 있는 것을 보고서는 상대의 간청에도 불구하고 그를 쳐서 죽인다. (베르길리우스는 〈일리아스〉의 마지막 전투 장면에서 시인이 강조하려 했던 것이 무엇인지 알아차린 듯하다.)

죽음 앞에 서 있는 인간의 운명은 신들도 어쩌지 못한다. 제우스도 아들 사르페돈을 구할 수 없었고, 아폴론도 헥토르를 끝까지 보호할 수 없었다. 테티스 역시 자신의 아들을 구할 수 없을 것이다. 이 죽음의 운명은 오롯이 인간만의 것이다. 인간은 그 운명을 의식하면서도 여전히 살아간다. 시인은 이러한 인간의 상황을 아킬레우스의 비극과 함께 짜 넣어 우리에게 보여준다.

II

호메로스의 〈오뒷세이아〉

세상을 떠돌며 인간의 마음을 겪은 남자에 대하여

앞서 제대로 된 세계문학전집이라면 당연히 〈일리아스〉로 시작하리라 얘기했는데, 그런 전집류라면 또 당연히 〈오뒷세이아〉를 포함하지 않을 수 없다. 호메로스의 이름으로 전해지는 이 두 서사시는 항상 붙어 다니는 짝이기 때문이다. 그래서 〈일리아스〉를 읽기 위해 먼저 갖춰야 할 지식으로 꼽은 것들은 〈오뒷세이아〉에도 고스란히 적용된다.

〈오뒷세이아〉는 세 부분으로 되어 있다

일단 그려진 사건들만 보자면, 〈오뒷세이아〉는 트로이아 전쟁에 나갔던 오뒷세우스라는 사람이 집으로 돌아오는 길에, 그리고 돌아와서 자기 집에서 겪었던 일을 그려놓은 서사시이다. 이 작품은 전체 분량이 약 1만 2천 행 정도로서, 약 1만 5천 행에 이르는 〈일리아스〉보다는 조금 짧고, 또 서로 뚜렷이 구별되는 몇 개의 부분으로 나뉘어 있어서 〈일리아스〉보다는 읽기가 수월한 편이다.

그 부분들을 서로 구별 짓는 것은 우선 주제다. 이 서사시는 보통 세 가지 주제를 다루는 것으로 알려져 있는데, 젊은이의 성장담, 뱃사람의 모험 이야기, 그리고 집 떠난 이의 귀향 이야기가 그것들이다. 그래서 한 가지 주제로 일관한 〈일리아스〉보다 〈오뒷세이아〉의 작업이 더 어려웠으리라고 말하는 학자도 있다. 어쨌든 이 작품은 이런 세 가지 주제에 따라 세 부분으로 나눠보면 전체를 한눈에 넣기가 쉽다.

이 주제들은 서로 다른 장소를 배경으로 다뤄지기 때문에, 그 장소들도 부분들을 나누는 기준이 된다. 우선 '젊은이' 텔레마코스의 성장을 보여주는 부분(주로 1~4권)은 오뒷세우스의 고향인 이타케와 거기서 가까운 육지(퓔로스와 스파르테)를 배경으로 삼는다. '뱃사람' 오뒷세우스의 모험(주로 5~12권)은 칼륍소의 섬에서 시작되어 나우시카아의 섬으로 이어진다. '귀향자' 오뒷세우스의 이야기(13~24권)는 당연히 그의 고향 이타케에서 펼쳐진다.

이 세 부분은 내용적으로나 지리적으로 다시 절반씩 나눠볼 수 있으며, 그 안에서도 다시 절반씩 나눠볼 여지가 있다. 그러니 독자께서는 그냥 앞에서부터 읽어가면, 세 개의 큰 이야기 덩어리를 차례로 만나게 되는데, 그 각각이 절반으로 나뉘고, 그 절반을 또 절반으로 나눌 수도 있다고만 생각하시면 되겠다. 세 가지 주제를 얽기 위해 시인은 고생했을지 몰라도, 독자로서는 그냥 흐름을 타고 닿는 곳을 둘러보기만 하면 되니, 어쩌면 이것은, 〈아르고 호 이야기〉의 저자처럼 〈오뒷세이아〉를 만든 시인도 독자들이 마치 항해하듯이 읽을 수 있게 배려했기 때문인지도 모르겠다.

첫 부분에는 오뒷세우스가 등장하지 않는다

보통의 독자들이 〈일리아스〉를 직접 대했을 때 그러하듯, 〈오뒷세이아〉를 정식으로 읽으려고 시도하는 독자 역시 처음에는 당황하기 쉽다. 독자는 신화집에서 읽은 대로 재미있는 바다의 모험이 나오리라고 기대하고 책을 펼치기 마련인데, 기대와는 다른 내용이 한참 계속되기 때문이다. 그러니 이 '재미없는' 부분들의 역할이 무엇인지, 그냥 건너뛰고 모험담만 읽으면 안 되는지 의구심이 생길 만도 하다.

그 첫 부분은 1권에서 4권에 이르는, 이른바 '텔레마키아'란 부분이다. 이제 막 성인이 되려는 오뒷세우스의 아들 텔레마코스가, 집을 떠난 지 스무 해나 된 아버지의 행방을 찾아 육지로 떠나 아버지의 옛 동료들을 만나는 것이 주된 내용이다.

이 부분은 다시 둘로 나눌 수 있는데, 앞의 두 권은 이타케가 배경이고, 뒤의 두 권은 펠로폰네소스 반도가 배경이다. 첫째 권에서는 이타케의 혼란스러운 상황이 소개된다. 오뒷세우스가 죽었다고 믿는 젊은이들이 그의 집으로 몰려들어, 그의 아내인 페넬로페에게 결혼을 졸라대며 그 집 재산을 먹어치우는 참이다. 둘째 권에서는 회의를 통해 질서를 회복해보려는 텔레마코스의 시도에 이어, 그가 멘토르● 라는 인물로 가장한 아테네를 동반하여 육지로 여행을 떠나는 과정이 소개된다. 사실 결과만 놓고 보자면 텔레마코스의 여행은 별 성과 없는 것이다. 그가 들은 것 중 아버지의 행방과 관련된 것은, 오뒷세우스가 칼륍소에게 잡혀 있다는, 그것도 메넬라오스의 입을 통해 전해지는 바다 노인의 믿을 수 없는 말뿐이었다.

사실 이 여행의 더 깊은 의미는, 이것이 그의 성장을 위한 일종의 '통과의례'라는 점이다. 그는 차례로 두 개의 궁정에 머물게 되는데, 우선 네스토르가 살고 있는 퓔로스에서 종교적 의례를 배우고, 이어 스

● 이 멘토르의 이름에서 요즘 꽤 쓰이는 '멘토'(후견인, 상담역)라는 용어가 나왔다.

파르테의 메넬라오스 궁정에서는 호화롭고 세련된 생활 방식을 접하게 된다. 문화적으로 뒤처진 작은 섬에서 어떤 예의범절도 배우지 못했던 그가 의젓하게 사람을 대하는 법을 알게 되고, 혼란스런 자신의 작은 궁정에서는 보지 못한 생활 방식, 윤택하면서도 질서 잡힌 귀족의 삶이 어떤 것인지도 경험하게 되는 것이다.

이 젊은이가 두 영웅에게서 듣는 이야기도 성격이 서로 다른데, 네스토르에게서 듣는 것은 트로이아에서 돌아올 때 겪은 사실적인 경험들과 아가멤논 집안에서 일어난 살인 사건의 전말이다. 메넬라오스에게서 듣는 것은 조금 기이한 바다의 모험이다. 이 두 가지 이야기 중, 후자는 오뒷세우스가 나우시카아의 섬에서 들려줄 이야기와 닮아 있고, 아가멤논 집안의 이야기는 이 서사시 후반에 오뒷세우스네 집에서 일어나는 사건의 대조점이 된다.

이 여행을 통해 텔레마코스는 아버지의 여행을 작은 규모로 되풀이하고, 그로써 어른이 된다. 우리는 작품 후반에서 그가 아버지의 당당한 조력자로 등장하는 것을 보게 된다. 특히 그가 내륙을 여행하는 과정에 모든 길이 캄캄해졌다는 표현이 두 번(3권 487행과 497행) 쓰이는데, 이는 오뒷세우스가 저승을 방문할 때(11권 12행) 나온 표현으로 시인은 이로써 텔레마코스의 '저승 여행'을 표현하려 했던 것인지도 모르겠다.

모험 이야기는 오뒷세우스의 입을 통해 1인칭으로 서술된다

모두가 즐겁게 읽을 수 있는 부분은 역시 오뒷세우스의 모험 이야기다.

5권에 가면 우리는 드디어 이 영웅을 만나게 되지만, 그렇다고 거기서 곧바로 '신밧드의 모험' 같은 기이한 얘기가 시작되지는 않는다. 아직도 몇 권을 더 읽어가야 하는 것이다. 〈오뒷세이아〉가 시작된 순간에 오뒷세우스는 이미 칠 년째 칼륍소에게 잡혀 있는 상태이다. 그래서 우리는 우선, 오뒷세우스가 칼륍소의 섬을 떠나 항해한 끝에 스케리아 섬에 당도한 후 나뭇잎 속에 묻혀 잠드는 장면으로 끝나는 5권, 바닷가로 빨래 나온 나우시카아와 영웅이 만나는 6권, 그리고 오뒷세우스가 나우시카아의 집에 닿아 접대를 받는 내용의 7, 8권을 모두 지나가야 한다.

그러니 '뱃사람' 오뒷세우스의 모험 이야기(5~12권)도 전체 여덟 권이 절반으로 나뉘어, 앞부분(5~8권)은 다소간 현실적인 모험이고, 뒷부분(9~12권)은 좀 더 환상적인 모험이라 하겠다.

먼저 '현실적인 모험' 중, 다시 앞의 두 권(5, 6권)은 사람 자취 없는 먼 바다와 한적한 바닷가에서 일어나고, 뒤의 두 권(7, 8권)은 나우시카아네 섬의 중심, 그러니까 인간 사회 또는 그 비슷한 곳에서 일어난다. 이어지는 오뒷세우스의 '환상적인 모험'(9~12권)은 이 영웅이 나우시카아의 아버지 알키노오스의 궁정에 머물면서 다른 이들에게 들려주는 방식이다. 〈오뒷세이아〉의 다른 부분은 모두 시인 자신의 목소리로 3인칭으로 전해지다가, 이렇게 1인칭을 취함으로써 생기는 장점이 있는데, 그것은 지난 10년의 이야기를 며칠 사이의 이야기에 끼워 넣을 수 있고, 또 기이한 내용들을 시인이 '입증'의 책임을 지지 않고 전할 수 있다는 점이다.

아마 대부분의 독자들께서도 그러시겠지만, 나는 개인적으로 오뒷세우스가 들려주는 이 이야기들을 좋아해서, 여기서 조금 자세히 그것을 다뤄보고 싶다. 그 내용 자체는 사실 많이 알려져 있지만, 그 뒤에 여러 얘깃거리, 부여할 만한 의미들이 숨어있어서다. 조금 지루할 수도 있겠지만, 우선 오뒷세우스가 트로이아를 떠나서 나우시카아의 섬에 도착할 때까지 있었던 일들을 돌아보고, 그 모험 전체에 부여할 수 있는 의미는 그 다음에 생각해보기로 하자. 다만 여기 정리된 내용은 작품에 나오는 순서가 아니라, 사건이 일어난 순서를 따른 것을 미리 밝혀둔다.

오뒷세우스 일행, 환상의 세계로 들어가다

오뒷세우스 일행이 트로이아를 떠나 제일 먼저 했던 일은 트라키아 지방, 이스마로스라는 도시에서의 해적질이다. 유명한 영웅이 '불법적인' 행동을 했다고 충격 받을 독자가 있을지도 모르겠는데, 해적 활동은 당시 여러 경제 활동 중의 하나일 뿐이어서 특별히 비난의 대상이 되지 않았다. 텔레마코스를 처음 본 네스토르도 젊은이를 접대하고 나서, 혹시 상대가 해적이 아닌지 묻는다(3권 73행).

한데 무엇보다 오뒷세우스의 이 해적질이 중요한 것은 거기서 굉장히 좋은 포도주를 얻기 때문이다. 오뒷세우스는 마론이라는 이름의, 그 지역 제사장 집안을 특별히 보호해주었는데, 그가 고맙다고 내어준 포도주가 나중에 폴뤼페모스를 취하게 하여 주인공 일행을 구해준 것이다. 일반적으로 서사시에서는 어떤 물건이 필요하게 될 때까지는 그 물건에 대해 언급하지 않기 때문에, 이 포도주도 나중에 쓰일 때까지는 내력이 소개되지 않는다.

상대방의 지원군이 기습하는 바람에 재난으로 끝난 그 해적질 이후에 오뒷세우스 일행은 심한 폭풍을 만나 아흐레나 떠밀려간다. 이로써 그들은 환상계로 들어간 셈이다. 된바람을 만난 곳은 현실 세계인 펠로폰네소스 반도 동남단의 말레아 곶 근처였지만, 그 후로는 자신들이 어디 있는지 가늠하기 어려운 상황에 빠진 것이다. 이 환상계에서 처음 겪는 모험은 로토스 먹는 사람들을 만난 것이다. 이들은 별달리 해를 끼치는 존재는 아니고, 그들이 주는 로토스라는 열매를 먹으면 집도 동료도 다 잊고 그냥 거기 계속 머물고 싶어 한다는 것뿐이다. 오뒷세우스가 겪는 모험을 세 가지로 나누는 학자가 있는데, 그는 직접적 폭력, 성적 유혹에 더하여 무책임의 유혹을 꼽는다. 로토스가 바로 이 마지막 부류의 것이다.

오뒷세우스, 동굴에 갇혀 '아무것도 아닌 존재'가 되다

오뒷세우스의 모험을 이루는 이야기들은 그 길이가 고르지 않아서, 어떤 것은 자세히, 어떤 것은 조금 소략하게 다뤄진다. '로토스 먹는 사람들' 다음의 모험은 아마도 가장 길게 얘기된 것으로, 퀴클롭스인 폴뤼페모스 이야기다. 여기서 퀴클롭스는 종족 이름이고, 폴뤼페모스는 개인 이름이다. 오뒷세우스는 동료 중 열두 명만 뽑아 데리고 어떤 한 섬을 탐험한다. 거기서 동굴 하나를 발견하는데, 그 안에는 새끼 양과 새끼 염소들, 그리고 치즈와 유장乳漿 등이 그득하다. 동료들은 그것을 가지고 얼른 떠나자고 하지만, 오뒷세우스는 주인을 만나 교제하고 선물을 교환하고 싶어한다. 그들이 안에 있는 음식을 먹으며 즐기고 있을

폴뤼페모스의 눈을 찌르는 오뒷세우스 일행. 기원전 550년 경 라코니아 퀼릭스(술잔). 폴뤼페모스가 오뒷세우스의 부하를 잡아먹는 장면과 오뒷세우스가 제사장 마론에게서 받아온 포도주를 권하는 장면, 그리고 오뒷세우스 일행이 낮 동안 준비해둔 뾰족한 말뚝으로 폴뤼페모스의 눈을 찌르는 장면을 묘사한 그림으로 세 개의 시간대가 하나의 같은 공간에 표현되어 있다. 폴뤼페모스는 아직 사람의 다리를 손에 들고 있는데, 오뒷세우스가 그의 입에 잔을 갖다 대며 동시에 말뚝으로 눈을 찌르고 있다. 위에 그려진 뱀은 일종의 직유로서, 마치 뱀이 물듯 날카롭게 찔렀다는 뜻일 터이다. 밑에 그려진 물고기 역시 직유일 가능성이 있는데, 폴뤼페모스가 마치 물고기가 미끼에 걸려들 듯 포도주를 받아먹었다는 뜻일 수 있다.

때, 주인이 돌아온다. 외눈박이 거인이다. 그는 먼저 엄청난 돌을 굴려 동굴 입구를 막는다. 그리고 정성껏 가축들을 돌보고 실내를 정리하다가 구석에 숨어 있던 사람들을 발견한다. 그들이 누군지, 배는 어디 두었는지 묻고는, 자신들을 손님으로 맞아달라는 말을 무시한 채, 그중 둘을 잡아 바닥에 때려서 죽이더니 토막 내어 먹는다.

그러고 나서 이 괴물이 잠들지만 오뒷세우스 일행은 그를 죽일 수가 없다. 그럴 경우 입구의 돌을 치울 길이 없어서다. 다음날 아침 다시 두 명이 같은 방식으로 죽고, 저녁에 또 두 명이 죽는다. 그때 오뒷세우스는 그에게 제사장 마론에게서 받아온 포도주를 권한다. 폴뤼페모스는 술의 맛과 향에 기분이 좋아져 그에게 이름을 묻는다. 오뒷세우스는 자신이 '아무것도 아닌 자$_{outis}$'라고 말한다. 상대는 오뒷세우스에게 제 나름의 농담을 섞어 호의를 약속한다. '아무것도 아닌 자'를 맨 마지막에 먹겠다는 것이다.

일행은 상대가 잠들자 낮 동안 준비해둔 뾰족한 말뚝을 그의 눈에 박는다. 괴물은 비명을 지르고, 폴뤼페모스의 동료 퀴클롭스들이 달려온다. 누가 그를 괴롭히는지 묻자, 그는 '아무것도 아닌 자'가 그랬다고 대답한다. 그의 동료들은, 그러면 그 병은 제우스께서 보낸 것이니 아버지 포세이돈께 기도나 하라며 돌아가 버린다.

날이 밝자 폴뤼페모스는 동굴 문을 열고 양과 염소들을 내보낸다. 하지만 혹시나 그중에 오뒷세우스 일행이 섞여 나갈까 하여 손으로 짐승들의 등을 쓸어본다. 오뒷세우스는 양을 세 마리씩 묶은 뒤, 동료들을 하나씩 그 배에 매달려 나가게 하고, 자신은 대장 수컷의 배에 매달려 나간다. 그 양이 평소와 달리 느릿느릿 나가자, 폴뤼페모스는 양에게 '너도 주인의 고통을 슬퍼하느냐'고 묻는다. 동물과 교감하는 이 장면을 두고, 나중에 오뒷세우스가 집에 돌아갔을 때, 아무도 그를 알아보지 못하는데, 오직 늙은 개만이 그를 알아보고 꼬리를 흔들다 죽는 장면과 연관시키는 학자도 있다. 집에 돌아온 오뒷세우스는 결국 동굴에 돌아온 폴뤼페모스 꼴이었던 것이다.

하지만 멀리 도망쳐 왔을 때 오뒷세우스는 자신을 드러내고 싶은 욕구를 참지 못하고, 상대에게 자신의 이름을 소리쳐 밝힌다. 폴뤼페모스는 엄청난 바위를 소리 나는 방향으로 던져대는 한편, 자신의 아버지 포세이돈에게 오뒷세우스를 벌해달라고 기원한다.

오뒷세우스가 목초지로 풀려난 숫양의 배에 매달려 폴뤼페모스의 동굴에서 탈출하고 있는 장면이다. 기원전 6세기 후반 앗티케 흑색상 크라테르. 배경의 나무는 오뒷세우스가 무사히 바깥으로 탈출했음을 암시한다. 도기의 양 옆에 묘사된 거대한 구슬과 같은 눈이 풍자적인 맛을 더한다. 이러한 눈의 표현은 이 시기 도기화의 일반적인 특징이지만, 이 작품에서는 눈먼 퀴클롭스에게는 오뒷세우스가 보이지 않았음을 우리에게 상기시켜주는 역할도 한다.

    이 이야기에 쓰인 '아무것도 아닌 자' 속임수는 그냥 속임수라기보다는, 완전히 무장해제된 채 동굴 속에 갇힌 영웅의 무력감과 자괴감을 표현하는 것이라는 해석이 있다. 아폴로도로스에 따르면 제우스도 튀폰과의 싸움에서 비슷한 사태를 겪은 적이 있다. 부상당한 상대가 완전히 제압된 줄 알고 다가갔다가 꼬리에 잡혀서 온 몸의 건腱이 끊긴 채 동굴에 갇힌 것이다. 결국 헤르메스가 건들을 훔쳐내서 다시 붙여주긴 하지만. 그러니까 옛 사람들은 영웅들의 행적에는 한 번씩 그런 위기가 있는 걸 정상으로 생각했던 듯하다. 또 다른 해석으로는 오뒷세우스의 일련의 모험은 자기정체성을 확보하기 위한 투쟁인데, 그 시작점이 바로 여기라는 것이다. 그는 아무것도 아닌 상태에서 시작해서 한 나라의 왕으로 자신을 회복해간다는 것이다.

참고로 이 '아무것도 아닌 자Nobody' 트릭은 짐 자무시Jim Jarmusch 감독이 〈데드맨〉이란 영화에서 사용한 적이 있다. 악당들에게 잡힌 주인공 윌리엄 블레이크가 누구와 함께 왔냐는 질문에 "노바디Nobody와 함께"라고 답하는데, 악당들은 동행이 없다는 뜻으로 이해하지만, 사실 이 '노바디'는 그와 동행하던 인디언의 이름이었다. 잠시 후 방심한 악당들은 이 노바디의 화살에 쓰러지게 된다. 하지만 이 트릭 역시 그냥 속임수는 아니다. 그와 동행하는 '노바디'는 사실상 그의 분신이기 때문이다. 그는 이미 죽은 사람deadman이고, 죽은 사람은 아무것도 아니니 말이다. 주인공이 쏘는 총에 유명한 총잡이들이 모두 쓰러지는 반면, 그들의 총알은 노상 빗나가는 것도 그가 이미 죽은 사람이기 때문이다.

또 하나 중요한 점은 이 사건이 그의 모험 초기에 놓여서, 앞으로 있을 그의 성격 변화에 하나의 기준점으로 작용한다는 것이다. 〈오뒷세이아〉의 모험들을 설명하는 이론 중 하나가 '성장 소설Bildungsroman' 이론이다. 주인공이 여러 모험을 겪으면서 점차 성숙한 인간으로 변해간다는 것인데, 이 해석에 가장 잘 맞는 것이 바로 이 폴뤼페모스 사건이다. 그 사건 전에 오뒷세우스는 매우 호기심이 많고 무모한 사람이었다. 하지만 그 이후로 그는 점차 조심성 있는 사람으로 변해가, 나중에는 심지어 아테네 여신에게까지 신분을 속이고 거짓말을 하기에 이른다. 이렇게 학습되고 획득된 조심성은 적들이 우글거리는 집에서 그를 구해주게 될 것이다.

이와 연관된 설명으로, 오뒷세우스의 이 모험이 어린아이가 상상

속에서 만들어낸 이야기라고 보는 학자도 있다. 인간들은 처음 원근감을 배울 때 심리적인 상처를 얻게 되는데, 그것은 이차원으로 보이는 것을 원근감 있게 삼차원으로 해석해야 한다는 데서 오는 부담감 때문이라고 한다. 즉 우리는 같은 것이 크게 보이면 가까이 있다고 판단하고, 작게 보이면 멀리 있다고 판단하도록 강요받는다는 것이다. 우리가 보통 생물 시간에 배우는, 한 점에서 반사된 빛이 두 눈에 들어갈 때의 각도가 크면 가까운 것으로 판단하고, 각도가 작으면 그 점이 멀리 있는 것으로 판단하게 된다는 이론과는 조금 다른 주장이다. 이 주장이 약간의 근거를 갖는 것은 개안開眼 수술을 한 사람들의 사례이다. 이들은 새로이 눈으로 보게 된 사물이, 자신이 이전에 촉각으로 알았던 것 중 어떤 것에 해당되는지 계속 해석, 번역해야 하기 때문에 엄청난 스트레스를 받는다고 한다. 새로이 원근감을 배우는 어린아이도 그와 비슷한 스트레스를 받기 때문에, 바로 이것이 어린아이들이 난장이와 거인을 좋아하는 이유란다. 그들이 심리적인 상처를 위로해주기 때문이라고. 그래서 요람에 누워 있는 아이들에게 어른들은 눈이 하나뿐인 퀴클롭스같이 보일 수도 있을 것이라고.

그리고 자기들이 집에 갇혀 있는 동안 어른들이 밖에 나가서 무슨 일을 하는지 궁금해 하는 아이들은 자기 나름의 상상으로 자기식 모험을 생각해낸다는 것이다. 그래서 상상 속에서 어떤 동굴에 도착하니, 거기 보물과 그것을 지키는 괴물이 있다고. 그런데 아이들의 보물이란 무엇인가? 치즈, 우유, 굳힌 우유 따위로, 바로 오뒷세우스 일행이 동굴에서 발견한 것들이다. 퀴클롭스가 들어와 집 안을 정리하고는 젖을 짜서 혼자서 꿀꺽꿀꺽 들이킨다. 구석에 숨은 어린것들은 침을 삼키며 부러워한다. 한편 나중에 동굴을 빠져나와서 오뒷세우스가 자기 이름을 밝히는 것은 어린아이의 과시욕이라고 해석한다. 완전히 받아들일 수는 없지만, 이런 종류의 괴물 이야기들이 애당초 어떻게 발생하게 되었는지에 대한 그럴싸한 설명이다.

다른 식으로 설명하는 사람들은 오뒷세우스가 탈출할 때 동원했던 양들의 숫자에 주목한다. 살아남은 부하 여섯은 양을 세 마리씩 묶어서 거기 매달리고, 오뒷세우스 자신은 대장 수컷에 매달렸으니, 양은 모두 19마리가 동원되었다. 이것은 양력과 음력이 다시 맞아 돌아가게 되는 19년의 주기와 맞아떨어진다는 것이다. 참고로 19년에 윤달을 7번 넣으면 양력과 음력이 맞아들어 가게 된다. 이런 사실은 희랍에서 기원전 6세기경에 이미 알려져 있었고, 나중에 '메톤 주기Metonic cycle'로 불린다. 동양에서는 '장법章法'이라고 알려진 것이다. 오뒷세우스는 집 떠난 지 20년 만에 돌아오는 것으로 되어 있는데, 희랍에서는 떠난 해와 돌아온 해를 모두 셈에 넣는 '양편 넣기'식 셈법을 썼기 때문에 만 19년에 돌아오면 스무 해 걸렸다고 말할 수 있다. 이런 해석은 오뒷세우스가 돌아와 복수하는 날이, 달이 사라졌다가 새로 생겨나는 날 lykabas이라는 점에 주목한다. 이에 대해서는 뒤에서 다시 얘기하겠다.

오뒷세우스, 고향 앞에서 다시 밀려가다

폴뤼페모스와의 만남에서 부하를 여섯이나 잃었지만 그래도 계속 나쁜 일만 당하는 것은 아니어서, 그 다음에 만난 바람들의 왕 아이올로스는 우호적인 인물이었다. 그는 떠다니는 섬에 사는 왕으로서, 남들과 교류도 없이 자식 열둘을 서로 결혼시키면서 날마다 잔치를 열어 자족적으로 행복하게 지내고 있었다.

　오뒷세우스 일행은 거기서 한 달 동안 접대를 받고, 그에게 바람 자루 하나를 받아 떠나게 된다. 아이올로스는 부드러운 서풍 하나만 빼놓고, 거기에 모든 나쁜 바람들을 가두었던 것이다. 오뒷세우스는 아흐레 동안 잠도 자지 않고 그 자루를 지킨다. 하지만 열흘째에 고향땅이 가까워 이제 화톳불이 보일 정도가 되었을 때, 오뒷세우스는 버릇대로 그만 깜빡 잠이 든다. 부하들은 그 자루 속에 금은보화가 가득할 것으로 생각하여 호기심에 그것을 풀어본다. 거기서 바람들이 튀어 나오고, 그들은 다시 아이올로스의 섬으로 휩쓸려 간다.

　오뒷세우스는 다시 아이올로스에게 도움을 청하지만 거절당하고 만다. 오뒷세우스가 신들의 미움을 받고 있음에 틀림없으니 도와줄 수 없다는 것이다. 그래서 그들은 바람도 없는 바다를 노를 저어 고생스레 항해해야만 했다.

　이때까지 오뒷세우스에게는 모두 열두 척의 배가 있었는데, 사실은 그의 모험에 이렇게까지 많은 배가 필요하지는 않다. 그저 한 척이면 충분했을 것이다. 하지만 뱃사람의 모험 이야기를 트로이아 전쟁 영웅과 연결하다 보니 이렇게 배가 여러 척으로 늘어났다. 그래서 조금 어색한 점도 생기는데, 폭풍을 만난 배들이 모두 함께 아이올로스의 섬으로 돌아갔다는 것도 그런 점 중 하나다. 메넬라오스도 그렇고 다른 희랍군들은 폭풍을 만나 모두 흩어졌는데, 어떻게 이들은 '질서 정연하게' 같은 곳으로 돌아간단 말인가? 애당초 배 한 척의 모험이, 민담이 서사시로 바뀌는 과정에서 여러 척의 모험으로 변형되었기 때문에 일어난 일이다.

식인 거인들에게 배 11척을 잃다

그 다음 모험에서 만난 것은 퀴클롭스들과 비슷한 식인 거인들이다. 이들이 사는 곳은 신기하게도 우리가 피요르드fiord 해안의 특성으로 알고 있는 특징들을 모두 갖추고 있다. 바닷가까지 벼랑이 와 있고, 좁은 길목을 통과하면 그 안에 널찍하고 파도 없는 좋은 포구가 있는 것이다. 뿐만 아니라 이 지역에서는 '낮과 밤의 길이 서로 가깝다'(10권 86행)고 되어 있어서, 혹시 백야白夜 현상을 지칭하는 게 아닌가 하는 추측을 불러일으킨다. 예부터 북해 연안에서 지중해에 이르는 '호박琥珀 길'이란 것이 있었는데, 그 길을 통해 북극권의 사정이 전해졌는지도 모르겠다.

어쨌든 이 지역에 도착한 오뒷세우스는 정탐꾼들을 먼저 보내 어떤 사람들이 사는지 알아보라고 한다. 그들은 샘가에서 소녀 하나를 만나 그녀의 집으로 따라간다. 거기엔 혐오스럽게 생긴 거인 여자가 있어서, 자기 남편을 불러온다. 그는 회의장에서 달려와 이들을 보고서는, 하나를 냉큼 잡아서 점심거리로 삼는다. 그러고는 소리를 질러 다른 사람들을 불러 모아서는 함께 배를 공격한다. 엄청난 바윗덩이를 던져 배를 부수고, 물고기 잡는 꼬챙이로 선원들을 꿰어 식사 거리로 가져간 것이다. 오뒷세우스는 처음부터 이상한 낌새를 채고 배를 맨 바깥쪽에 묶어 두어서 그나마 도망칠 수 있었다.

이 이야기에는 민담의 요소와 나중에 도입된 문명적 요소가 복합되어 있다. 샘가에서 소녀를 만난 점이나, 찾아간 집의 주인이 마침 없다든지, 주인이 왔는데 식인귀여서 도망쳐야만 했다든지 하는 것은 모두 민담에 자주 등장하는 요소들이다. 하지만 이 식인 거인들은 모여서 회의도 하고, 그들의 땅에 텔레퓔로스라는 그럴싸한 이름도 있으며 라모스 왕의 이름도 버젓이 나온다. 이것은 아마도 호메로스 이전에 있던 아르고 호의 모험담이 변형되어 들어간 것으로 보인다.

그리고 전체적으로 묘사는 자세하지만 이야기 자체는 매우 축약되어 있다. 몇 줄 사이에 거인이 회의장에서 달려와 바로 식사 준비를 하고, 또 배를 부수자마자 사람을 잡아서 식사 거리로 가져가는 것으로 되어 있으니 말이다. 이렇게 이야기가 축약된 것은 이 이야기가 기본적으로 폴뤼페모스 모험과 성격이 같기 때문이다. 두 번이나 같은 얘기를 하자니 하나는 좀 압축해서 들려줄 수밖에 없게 된 것이다.

그러면 이 이야기를 빼지 않고, 넣은 이유는 무엇일까? 물론 폴뤼페모스 이야기와 완전히 같지는 않아서 자체적인 재미가 없는 것은 아니다. 하지만 그보다는 전체 이야기의 진행을 위해 넣었다고 보는 게 맞을 거다. 이 사건으로 해서 그동안 '쓸데없이' 따라다니던 짐이 사라졌기 때문이다. 오뒷세우스의 모험에는 그렇게까지 많은 배가 필요하지 않은데, 주인공이 트로이아의 영웅으로 설정되다보니 그가 많은 배를 거느릴 수밖에 없었던 것이다. 이제 앞으로의 모험은 좀 더 뱃사람 이야기에 맞게 진행된다.●

● 사실 〈오뒷세이아〉의 첫 부분도 마치 배가 한 척뿐이었던 것처럼 묘사되어 있다. "그는… 바다에서는 자신의 목숨과 전우들의 귀향을 구하려다가 마음 속으로/많은 고통을 당했습니다. 하지만 그토록 노력하였음에도 불구하고 그는/전우들을 구하지 못했으니, 그들은 자신들의 못된 짓으로 말미암아/파멸하고 말았던 것입니다. 그 바보들은 헬리오스 휘페리온의 소들을/잡아먹었고, 그리하여 그 신이 그들에게서 귀향의 날을/빼앗아버렸던 것입니다"(1권 3~9행). 하지만 가장 많은 사람이 희생된 것은 라이스트뤼고네스 인들에 의해서였고, 그 희생자들은 별다른 잘못을 하지 않았다. 그러니 여기서는 다른 11척은 생각지 않은 셈이다.

일행의 절반이 돼지로 변하다

라이스트뤼고네스 인들을 만나 90% 이상의 병력을 잃고 나니, 모두 기가 꺾였다. 그래서 키르케의 섬에 도착했을 때는 전체가 함께 움직이지 않기로 한다. 인원을 둘로 나눠서 제비를 뽑아 절반만 섬을 탐험하기로 한 것이다. 하지만 그 정탐꾼들은 한 사람만 제외하고 모두 돼지로 변하고 만다.

이들이 키르케의 아름다운 집에 도착했을 때 주변에는 사자, 늑대 같은 짐승들이 어슬렁대고 있었다. 하지만 이들은 사람을 보고 달려들지 않고, 오히려 꼬리를 쳤다. 뒤에 일어난 일로 보아 이들 역시 사람이 변해서 된 짐승들인 듯하다. 정탐꾼들은 안에서 길쌈하며 노래를 부르고 있는 여자를 문간에서 불렀다. 그러자 그녀는 이들을 불러들여 식사를 대접했다. 하지만 마법의 약이 든 그 음식을 먹는 순간 그들은 고향을 잊었고, 키르케가 지팡이로 건드리자 외모가 돼지로 변했다. 겉모습은 짐승이었지만 속생각은 여전히 사람인 그들을 키르케는 무정하게도 돼지우리로 몰아넣었다.

하지만 에우륄로코스라는 사람은 낌새가 이상해서 들어가지 않고 밖에서 엿보고 있었다. 동료들이 모두 돼지로 변한 것을 보자, 오뒷세우스에게로 달려가서 그 사실을 알렸다. 그래서 오뒷세우스 자신이 부하들을 구하러 가는데, 도중에 젊은이 모습의 헤르메스를 만나게 된다. 헤르메스는 그에게 몰뤼라는 약초를 준다. 그것이 있으면 키르케의 마법에 대항할 수 있다는 것이다. 하지만 그 약초를 어떻게 사용할지에 대한 가르침도, 어떻게 사용했는지 설명도 나오지 않는다. 오뒷세우스를 맞이한 키르케는 같은 방법으로 식사를 대접하고 그를 지팡이로 건

오뒷세우스와 키르케. 기원전 440년경의 앗티케 적색상 크라테르. 중앙의 오뒷세우스는 칼을 빼어들고 위협하고, 오른쪽의 키르케는 술잔을 떨어뜨리고 탄원의 자세를 취하고 있다. 왼쪽에는 돼지로 변한 동료 둘이 탄원의 자세로 다가오고 있다. 이들은 사튀로스처럼 머리와 꼬리만 짐승 모양을 하고 있다.

드린다. 하지만 그는 돼지로 변하기는커녕, 오히려 칼을 뽑아들고 키르케를 위협한다.

그러자 키르케는 태도를 바꾸어 그에게 같이 잠자리에 들자고 한다. 혹시 옷을 모두 벗으면 뭔가 해코지를 하지나 않을까 의심한 오뒷세우스는 상대에게, 아무 해도 끼치지 않겠다고 맹세하도록 한다. 키르케가 그 말대로 하자, 그제야 같이 잠자리에 든다.

그 후에 키르케가 음식을 차려 대접하는데, 이번에도 오뒷세우스는 시무룩한 채 음식에 손을 대지 않는다. 키르케가 이유를 묻자, 부하들이 돼지로 변해 있는 상황이라 그렇다고 대답한다. 그러자 키르케는 돼지우리로 가서 부하들의 몸에 약을 발라 모두 사람으로 돌려놓는다. 기쁘게 상봉한 그들은 거기서 일 년간 축제 같은 세월을 보낸다.

마법의 약, 마법의 지팡이, 마법에 대항하는 다른 마법, 마법 대결에 등장하는 조력자 등은 모두 민담의 영역에 속한다. 하지만 여기는 두 가지 이야기가 섞여 있고, 약간 어색한 연결 부위도 드러난다. 오뒷세우스가 두 번째 식사에서 시무룩한 모습을 보인 것이 그런 부분이다. 조금 전에는 부하들이 돼지로 변해 있는데도, 여자와 함께 잠자리에 들지 않았던가! 학자들은 남자들을 해치는 마녀들에 두 가지 부류가 있다고 설명한다. 하나는, 남자를 만나는 즉시 죽이거나 짐승으로 만드는 유형으로서 키르케가 처음에 보여준 모습이다. 다른 하나는, 싫증이 날 때까지 남자를 데리고 살다가 나중에야 처치하는 유형으로 오뒷세우스를 만났을 때의 키르케가 거기 속한다. 따라서 키르케가 동침을 청한 것은 또 하나의 계략이고, 오뒷세우스가 상대에게 맹세를 시킨 것은 거기에 제대로 대응한 것이다.

처음에 오뒷세우스의 부하들을 모두 돼지로 만들었지만, 나중에는 그들을 대접하게 되는 키르케는 이 서사시에 등장하는 여성들의 특징을 잘 보여준다. 해를 끼칠 수도 있지만, 일단 제압되면 도움이 되는 존재들로, 어떤 학자는 그들의 모습에서 근동의 길가메쉬 서사시 등에 등장하는 무서운 여신의 모습을 찾아내기도 한다.

오뒷세우스, 저승에 가다

일 년이 되도록 오뒷세우스가 떠날 생각을 하지 않자, 오히려 부하들이 그를 재촉한다. 키르케가 주는 음식에 로토스와 비슷한 효력이 있는 것으로 되어 있는데, 오뒷세우스도 다소간 그 영향을 받았는지 모르겠다.

일행이 떠나겠다고 말했을 때, 키르케는 잡지 않는다. 아마도 영웅을 붙잡아두려 애쓰는 역할은 칼륍소에게 분담되어 있기 때문인 듯하다. 그녀는 다만 그 전에 저승에 다녀와야 한다고만 말한다. 일행은 큰 충격을 받지만 그 과제가 피할 수 없는 것임을 알고 받아들인다. 그들이 향하는 방향은 우선 남쪽이다. 북풍을 받아 그대로 가면 저승이기 때문이다. 아마도 이들은 원반 모양으로 생긴 세상을 두루 도는 오케아노스의 흐름을 타고서 시계 방향으로 남쪽을 거쳐 서쪽으로 가는 모양이다. 일반적으로 저승의 입구는 서쪽에 있는 것으로 알려져 있는데, 반면 태양신의 딸인 키르케가 사는 섬은 해 뜨는 지역, 세상의 동쪽에 놓여 있다고 보아야 할 것이다.

오케아노스를 타고서 컴컴한 땅을 지나, 저승의 강 둘이 서로 만나는 곳 부근에 상륙한 그들은, 키르케가 미리 가르친 바에 따라 양을 잡아 구덩이에 피를 받아놓고 혼령들을 기다린다. 그 혼령들은 피를 마시면 말을 할 수가 있다. 그들이 만나려는 것은 전설적인 예언자 테이레시아스다. 하지만 그 전에 오뒷세우스는 전혀 생각지도 않은 사람 둘을 만난다. 하나는 그의 어린 동료 엘페노르고, 다른 하나는 그의 어머니 안티클레이아다. 전자는 일행이 저승으로 떠날 준비를 하느라 소란스러운 와중에 잠이 깨어 허겁지겁 나오다가 지붕에서 떨어져 죽었다. 그는 자신의 장례를 치러달라고 부탁한다. 한편 오뒷세우스의 어머니는 자신이 아들에 대한 그리움 때문에 죽었다면서, 고향의 현재 상황을 알려준다.

키르케는 테이레시아스가 고향으로 향한 길과 여정을 가르쳐줄 것이라고 했지만, 실제로 그에게 듣는 것은 태양신의 섬 트리나키아에서 조심하라는 경고와, 그러지 않았을 때의 고통스런 결과뿐이었다. 앞으

테이레시아스와 이야기를 나누는 오뒷세우스. 기원전 4세기 화분형 크라테르. 칼을 뽑아든 오뒷세우스가 앉아 있고, 그 앞에 동료가 서 있다. 오뒷세우스의 다리 밑에는 방금 도살한 두 마리 양의 머리가 보이고, 그가 칼을 뽑아든 것은 다른 혼령들이 다가오는 것을 막기 위해서다. 왼쪽 아래 구석에서 테이레시아스의 혼령이 나와서 그와 이야기를 나누고 있다. 노인의 머리와 수염은 흰색이다. 〈오뒷세이아〉에는 이렇게 머리만 나와서 이야기하는 것이 아니라, 전신을 드러내고 그에게 다가오는 것으로 되어 있는데, 이 그림은 '죽은 자에게 묻는 점술nekyomanteia'의 관행을 반영한 듯하다.

로 어떤 길을 통해서 귀향할지는 나중에 키르케가 가르쳐준다. 겉으로는 예언을 들으러 가는 것으로 되어 있지만, 사실 이 모험의 의미는 삶과 죽음의 경계까지 영웅을 데려가는 데 있었던 모양이다. 이미 헤라클레스와 테세우스도 거쳤던 이런 저승 여행은 그 후 모든 영웅들이 꼭 겪어야 하는 것으로 자리 잡는다. 이것은 '하계 여행katabasis'이란 이름으로 그 이후 거의 모든 서사시에 등장하는 요소가 되는데, 〈아이네이스〉 6권이 아주 유명하고, 단테의 〈신곡〉은 아예 그것을 주제로 삼았다.

오뒷세우스는 그밖에도 많은 유명한 여성들을 보고, 아가멤논, 아킬레우스, 아이아스 등 트로이아 전쟁의 동료들도 만난다. 이들 중 나중의 사태 전개와 관련해서 중요한 인물은 아가멤논이다. 트로이아에서 귀국한 직후, 자기 아내와 그녀의 애인에게 살해된 이 왕은 여자를 조심하라는 요지의 경고를 발한다. 하지만 저승에는 소식이 늦게 전해지는지, 아가멤논은 벌써 오레스테스가 아버지의 원수를 갚았다는 사실은 모르고 있다. 1권 신들의 회의와, 3권 네스토르의 전언에서 강조되었던 이 집안 이야기는 앞으로도 두 번(13권 아테네의 경고, 24권 두 번째 저승 이야기)이나 더 나올 것이다. 아가멤논의 귀향과 그 결과는 오뒷세우스의 귀향에 반면교사反面教師요, 대조점이 된다. 한편 아이아스는 아직도 무구 다툼을 잊지 못하는지 멀리서 다가오지 않는다. 이 장면은 〈아이네이스〉에서 아이네아스와 디도가 저승에서 마주치는 장면의 모델이 된다.

거기서 호기심 많은 오뒷세우스는 미노스, 오리온, 티튀오스, 탄탈로스, 시쉬포스 등 저승의 '관광 목록'에 해당되는 인물들도 구경한다. 하지만 죽은 자들이 너무 많이 몰려들자 겁이 나서 그곳을 떠나게 된다.

'돛대에 몸을 묶고라도 세이렌들의 노래를 들어보리라'

저승에 다녀오자 키르케는 앞길에 놓인 위험들을 미리 가르쳐준다. 그 중 첫 번째 것은 노래로 사람들을 홀리는 세이렌들이다. 이들은 일반적으로 숫자가 셋이며, 가슴까지는 여자고 다른 부분은 새로 되어 있는 존재로서 자주 바위 위에 있는 것으로 그려진다. 하지만, 〈오뒷세이아〉에는 이들의 숫자가 둘이라는 것과 여성이라는 것만 나와 있고, 꽃이 핀 들판에 사는 것으로 되어 있다. 한편 그들의 발밑에서 남자들의 시신이 말라가고 있다 하니, 이 세이렌들은 사람을 죽게 하지만 잡아먹기까지 하는 존재는 아니었던 모양이다.

아르고 호의 모험에서는 오르페우스가 음악을 연주하여 세이렌들

오뒷세우스와 세이렌. 기원전 340년경 피톤이 제작한 파이스툼 적색상 크라테르의 세부. 반은 여자이고 반은 새인 두 세이렌은 오뒷세우스와 그의 동료 선원들을 죽음으로 유혹하려 하고 있다. 그러나 오뒷세우스는 부하들에게 밀랍으로 귀를 틀어막고 자신을 돛대에 묶으라고 지시해놓았기 때문에, 세이렌의 노래를 들을 수 있었지만 그것에 현혹되지는 않았다. 세이렌이 둘로 그려진 것은 《오뒷세이아》의 내용과 일치한다.

에게 대항했던 것으로 되어 있는데, 키르케는 오뒷세우스 일행에게 다른 전략을 권한다. 모두가 귀를 밀랍으로 막아 위험을 사전에 차단토록 한 것이다. 하지만 오뒷세우스만은 돛대에 몸을 묶고서 그 노래를 듣는다. 이들은 오뒷세우스에게 그가 알고 있는 것보다 더 많은 지식을 주겠노라고 유혹한다. 죽은 사람은 산 사람보다 지식이 많기 마련이니, 이것은 죽음의 유혹인 셈이다. 달콤한 노래를 들은 그가 풀어달라고 발버둥을 치자, 미리 약속된 바에 따라 그의 동료가 밧줄을 더욱 단단히 맨다. 이렇게 돛대에 묶인 오뒷세우스는 어떤 위험을 무릅쓰고서라도 지식을 얻으려는 욕구의 상징으로 꼽힌다. 한편 다른 전통에 따르면 오뒷세우스가 노래를 듣고도 무사히 통과하자 이 세이렌들은 바다로 떨어져 죽었다고 한다.

카륍디스와 스퀼라 사이로 지나가다

세이렌의 유혹이 정신적이었던 반면, 다음에 만나는 위험은 노골적으로 물리적이다. 우선 두 가지 위험 중 하나를 선택해야 한다. 하나는 떠다니는 바위다. 거기는 이미 아르고 호의 영웅들이 헤라의 도움으로 지나간 것으로 되어 있다. 이것은 플랑크타이라는 것으로, 아르고 호의 모험에 나오는 다른 바위, 즉 '부딪치는 바위Symplegades'의 변형이라 하겠다. 다른 쪽에는 두 개의 봉우리 사잇길이 있다. 봉우리 하나는 구름까지 닿도록 높은데, 중간에 동굴이 있어서 거기서 여섯 개의 긴 목을 가진 괴물이 튀어나와 여섯 개의 입으로 여섯 명을 동시에 물어간다. 다리가 열두 개 달린 이 괴물의 이름은 스퀼라다. 그 봉우리에서 화살로 맞힐 만한 거리에 좀 낮은 다른 봉우리가 있는데, 그 곁에는 하루에 세 번씩 물을 빨아들이고 내뱉는 무서운 소용돌이가 자리 잡고 있다. 그 이름은 카륍디스다. 키르케는 두 번째 길을 권한다. 떠다니는 바위는 도저히 통과할 수 없기 때문이다.

두 봉우리 사잇길에서도 카륍디스보다는 스퀼라 쪽으로 붙어서 항해하기를 권한다. 소용돌이에 휘말려 모두 죽는 것보다는 여섯 명만을 희생시키는 쪽이 그래도 낫기 때문이다. 그 충고에 따라 스퀼라 곁을 지나던 오뒷세우스는 부하 여섯을 잃는다. 무기를 들고 저항했으나 소용이 없었고, 눈앞에서 부하들이 구해달라고 외치며 낚여가는 것을 그냥 보면서 지나갈 수밖에 없었다. 오뒷세우스는 폴뤼페모스 사건을 자기가 겪은 일 중 가장 안 좋은 일로 기억하는데(20권 18~19행), 묘사만 보면 부하들이 대장의 이름을 부르며 희생되는 이 장면이 가장 가슴 아프게 되어 있다.

> 스퀼라가 나의 우묵한 배에서 전우 여섯 명을 잡아가니,
> … 그들은 괴로워서 크게 비명을 지르며 내 이름을 불렀소.
> … 마치 낚시꾼이 … 버둥대는 물고기를 뭍으로 끌어당길 때와도 같이,
> 꼭 그처럼 버둥대며 그들은 바위로 들어올려졌소.
> 그리고 그곳 동굴 입구에서 그녀는 비명을 지르는 그들을 먹어치웠고,
> 그들은 무서운 사투를 벌이며, 나를 향해 손을 내밀었소.
> … 그것은 내 눈으로 본 가장 참혹한 광경이었소.
>
> (12권 245~259행)

이 카륍디스와 스퀼라는 나중에 시칠리아와 이탈리아 본토 사이의 양쪽 절벽으로 알려졌으나, 이것은 합리적인 설명을 갖다 붙인 것이고, 〈오뒷세이아〉에 나오는 다른 모험이 그렇듯 이것 역시 장소를 확정할 길이 없다. 역시 환상의 세계에서 일어난 일이라고 보아야 할 것이다.

태양신의 소들을 잡아먹다

다음에 만난 것은 테이레시아스가 강조했던 태양신의 섬 트리나키아다. 거기는 태양신이 특별히 아끼는 소와 양의 무리가 있는데, 오뒷세우스는 이 섬을 그냥 지나치려 하지만, 휴식을 열망하는 부하들의 저항 때문에 할 수 없이 상륙한다. 하지만 그 후로 바람이 불지 않아 결국 식량이 동나고, 오뒷세우스가 신들께 기도하러 갔다가 잠깐 잠이 든 사이에 부하들은 신성한 소들을 잡아먹고 만다.

제우스는 분노한 태양신의 요구에 따라 오뒷세우스 일행에게 짐짓 좋은 바람을 보낸다. 하지만 그들이 난바다로 나갔을 때 갑자기 폭풍이 불고 벼락이 쳐서, 배는 파선되고 오뒷세우스를 제외한 전원이 죽음을 당한다. 혼자 남은 오뒷세우스는 부서진 배의 용골과 돛대를 묶어 타고 표류하게 되는데, 불행하게도 그는 다시 카륍디스 쪽으로 떠밀려 간다. 사실 키르케가 카륍디스의 위험을 자세히 언급한 것은, 영웅이 결국 그곳을 지나야 하기 때문이다. 그 소용돌이는 마침 물을 빨아들이는 중이다. 오뒷세우스는 자기 '뗏목' 위에 올라서서는 펄쩍 뛰어 곁의 벼랑 위에 난 무화과나무 가지에 매달린다. 그대로 박쥐처럼 매달려서 소용돌이가 다시 자신의 탈 것을 내놓을 때까지 버틴다. 이 영웅은 모든 신체적 능력이 뛰어난 것으로 되어 있어서, 높이뛰기나 매달리기에도 대단한 재능을 보인다. 우리는 앞으로 그의 수영 실력과 원반던지기 실력을 보게 될 것이다. 그렇게 해서 다시 찾은 용골과 돛대에 매달려 간 곳이 칼륍소의 섬이다.

여기서 오뒷세우스가 탄 것이, 배의 가장 위쪽에 수직으로 서 있는 돛대와, 배의 맨 밑바닥에 수평으로 누워 있는 용골이란 점을 강조할 수도 있겠다. 이러한 수직-수평, 위-아래의 결합으로써 이 작은 탈 것은 어떤 전체성을 지니게 되는데, 이런 특성은 많은 구원의 장치에 공통적으로 나타난다. 아주 같지는 않지만 비슷한 수직-수평의 결합으로 내가 자주 드는 영화 속의 예는 〈센과 치히로의 행방불명〉에 나오는

● 여기서 등장하는 태양신의 양 떼는 모두 일곱 무리이며 각 무리가 쉰 마리로 이루어져 있어서, 전체가 350마리로 얼추 1년의 날 수와 비슷하게 되어 있다. 집에 돌아간 오뒷세우스 역시 자기 가축을 잡아먹고 있는 이들 때문에 분노하게 되는데, 그의 가축 중에서도 돼지우리가 열둘이고 수퇘지들이 360마리인 것으로 되어 있어서, 옛 학자들은 그의 귀향담을 태양신 숭배와 연관시키기도 했다.

것이다. 그 영화에서 센의 모험 중 앞부분은 수직의 목욕탕 건물에서 이루어지고, 뒷부분은 물 위를 달리는 열차를 타고 수평으로 이동하는 것으로 되어 있다. 둘 중 한 부분만 있었다면 그 모험은 완전한 것이라 할 수 없었을 것이다.

칼륍소가 오뒷세우스를 감추다

오뒷세우스는 그 섬에서 7년이나 '무서운 여신' 칼륍소에게 잡혀 있게 된다. 하필 7년이란 세월이 선택된 것은 아무래도 아들이 성년에 도달하기까지 기다려야 했기 때문일 것이다. '감추다'라는 뜻의 이름을 가진 이 여신은 아틀라스의 딸로서, '바다의 배꼽'에 위치한 오귀기아라는 섬에 살고 있다. 이곳은 오뒷세우스가 카륍디스에서부터 아흐레 동안 떠밀려 가서 도착했다니, 현실 공간에서 아흐레 거리에 있는 환상의 세계에서 다시 아흐레 거리만큼 떨어진 곳인 셈이다. 나중에 오뒷세우스가 뗏목을 타고 열여드레 항해해서야 나우시카아네 섬 가까이에 당도하는 것을 보면, 이 아틀라스의 딸은 아마도 자기 아버지처럼 세상의 서쪽 끝에 사는 듯하다.

그녀는 오뒷세우스를 사랑하여, 영원한 삶을 약속하며 그에게 자신의 남편이 되어 달라고 계속 졸라댄다. 하지만 드디어 아테네 여신이 신들의 회의 석상에서 이 영웅의 귀향 문제를 제기하고, 제우스의 허락을 받아낸다. 이것이 5권 초입의 상황이다. 그 결과 헤르메스가 칼륍소에게로 파송된다. 헤르메스를 통해 신들의 뜻을 들은 칼륍소는 불평을 늘어놓으면서도 거역하지는 않는다. 마지막으로 다시 한 번 오뒷세우스를 설득하려 시도해보고, 여의치 않자 그를 보내준다. 오뒷세우스는 뗏목을 만들어 타고 칼륍소가 보내준 순풍에 따라 열여드레 동안 항해한 끝에 스케리아에 당도한다.

오뒷세우스, '중간 지대'에 도착하다

스케리아 가까이 갔을 때, 포세이돈이 그의 뗏목을 발견하고 그것을 부숴버린다. 1권 앞부분에서는 이 포세이돈이 오뒷세우스의 귀향을 방해하는 것으로 나오지만, 실제로 그가 직접 '방해 공작'을 행한 것은 이 뗏목 파선 사건뿐이다. 오뒷세우스는 헤엄쳐서 해안으로 다가가지만 바위 절벽이어서 상륙할 수가 없다. 이틀 동안이나 파도와 싸우며 평평한 해안을 찾던 그는 마침내 강이 바다로 흘러들어가는 곳 근처에 상륙한 후, 나무 밑에 들어가서 나뭇잎을 덮어쓰고 잠이 든다.

오뒷세우스는 중요한 순간마다 잠이 드는 것으로 되어 있는데, 이번 경우에는 그 이미지가 매우 복합적이다. 그는 두 그루 나무, 야생 올리브와 보통의 올리브가 뒤얽혀 자라난 곳 밑으로 들어가 나뭇잎을 뒤집어쓰고 자는데, 그곳은 나뭇가지가 너무 빽빽해서 비도 바람도 햇빛도 들어올 수 없는 곳이다. 거기서 그는 마치 들판 끝에 사는 사람이 이웃이 없으므로 혹시 꺼뜨릴세라 재 속에 꼭꼭 묻어둔 불씨처럼 그렇게 묻혀 잔 것으로 되어 있다.

··· 그는 두 개의 덤불 밑으로 기어 들어가니,
한 자리에서 돋아난 이것들 중 하나는 올리브 나무였고, 다른 하나는

야생 올리브 나무였다. 눅눅한 바람의 힘도 이것들을 뚫고 분 적이 없었고,

빛나는 태양도 햇빛으로 이것들을 뚫고 비춘 적이 없었으며,

비도 이것들을 뚫을 수는 없었다. 그만큼 빈틈없이

이것들은 서로 얽혀 있었던 것이다.

… 오뒷세우스는 그 한가운데 누워 자기 몸에다 낙엽을 쏟아부었다.

마치 어떤 사람이 근처에 이웃이라고는 없는 가장 멀리 떨어진

시골에서, 검은 잿더미 밑에다 타고 있는 나무들을 감추고 있어,

불씨를 보존하게 되고, 다른 데서는 불을 가져올 필요가 없을 때와도 같이,

꼭 그처럼 오뒷세우스는 나뭇잎으로 자기 몸을 덮었다.

(5권 476~490행)

여기에는 무덤과 죽음의 이미지, 자궁과 숨겨진 씨앗의 이미지가 복합되어 있다. 말하자면 저승까지 다녀오고, 아무것도 아닌 지경까지 갔었던 영웅이 인간의 세계로 복귀하기 전에 이제까지의 경험과 새로운 단계로의 진입을 상징적으로 보여주는 셈이다. 이제 그는 땅속에 묻혔던 씨앗처럼 새롭게 살아 일어날 것이다.

이렇게 잠들어 있던 오뒷세우스는 다음날 저녁 무렵 빨래하러 나온 왕녀 나우시카아와 마주쳐 구원을 받게 된다. 아테네 여신이 나우시카아의 꿈에 나타나 그녀의 결혼식을 암시하며 빨래를 가도록 부추겼던 것이다. 나우시카아는 하녀들과 함께 도시락을 준비해 나귀가 끄는 마차를 타고 강물이 바다로 흘러드는 곳으로 빨래하러 나간다. 빨래를 마치고 도시락도 먹고 공놀이도 하고, 저녁이 되어 집으로 돌아가려는

즈음, 나우시카아가 한 하녀에게 던진 공이 물로 떨어져 버리고, 하녀는 비명을 지른다. 그 소리를 듣고 거의 24시간 만에 오뒷세우스가 잠에서 깨어난다.

그는 나뭇가지를 꺾어 몸을 가리고 나우시카아 일행에게 다가간다. 그의 초췌하고 험한 모습에 모두가 놀라 소리를 지르며 달아나지만 나우시카아는 침착하게 그를 대한다. 이 부분에는 성적인 이미지가 많이 쓰이고 있는데, 오뒷세우스는 자신의 처참한 꼴에도 불구하고 처녀들과 "섞이기를"(6권 136행, 성적인 표현이다) 갈망하면서 사자처럼(130행) 다가간다. 그러면서도 그는 자신을 맞이하는 나우시카아를 '짐승들의 여주인' 아르테미스에 비유한다(152행).

그곳 강물에서 목욕을 마치고 나오는 영웅은 건장하고 늠름하다. 나우시카아는 그에게 옷과 음식을 주고 앞으로 할 일을 일러준다. 자기 집에 가서 어머니 아레테에게 탄원하라는 것이다. 그리고 남의 눈을 의식해서, 나중에 오도록 이른다. 하지만 그가 자신의 마음에 들었다는 사실을 숨기지 않는다. 전체적으로 이 부분에서는, 이제 결혼을 생각하기 시작한 처녀 나우시카아의 순수하면서도 대담하고 침착한 모습이 돋보이는 가운데, 성적인 이미지가 많이 나타나고, 은근한 밀고 당김으로 은연중에 사랑의 분위기를 느낄 수 있게 되어 있다. 여기서 아테네 여신은 오뒷세우스의 남성적인 매력을 거의 '이용'하는데, 그 효과가 지나치면 이 영웅의 귀향에 오히려 방해가 될 수도 있으므로 어렵사리 균형을 잡아가는 중이다. 우리는 오뒷세우스가 상대에게 하는 말들에서도 그런 노력과 솜씨를 볼 수 있다.

나우시카아의 집은 너무나 아름답고 호화롭게 꾸며졌으며, 정원은 아름답고 풍성한 과실나무들로 그득하다. 도시의 포구도 더할 나위

없이 훌륭하다. 오뒷세우스는 이 모든 것에 감탄하는데, 학자들은 이 아름답고 편안한 나라를, 사람들이 상상하는 '좋은 저승'이라고 해석한다. 바다에서 가족을 잃은 사람들이, 자신의 실종된 가족이 그런 곳에 살고 있기를 바라는 바로 그런 장소라는 것이다. 또 여기에 역사상의 어떤 시대가 반영되어 있다고 보는 사람들도 있다. 왕이 있기는 하지만 원로회의를 이끄는 정도의 역할에 그치는 정치체제 때문이다. 대체로 뮈케나이의 강력한 왕권이 도리스 인의 도래와 더불어 사라지고, 각 지역이 작은 수장(首長)들의 지도하에 살던 시기가 반영되어 있다고들 보는 모양이다.

그런데 이곳이 사라진 낙원의 잔영 같아서 그런지, 인물들은 좀 흐릿하고, 왠지 활력이 없는 듯도 하다. 고통이 없으면 활력도 같이 사라지는 것인지 모르겠다. 그리고 이곳의 인물들을 묘사할 때 시인은 명확하게 조명되지 않은, 어떤 그늘진 부분 같은 것을 남겨두었다. 가령 나우시카아가 아버지에게 외출 허락을 구하는 장면을 보자. 그녀는 결혼에 대한 꿈을 꾸었으면서도, 부끄러움에 그것을 숨기고 오라비들을 핑계 삼는다. 그들이 춤추러 갈 때 깨끗한 옷을 입어야 한다고. 한데 여기서 아버지는 모든 것을 알면서도 그냥 넘어가는 것으로 되어 있다.

> 이렇게 말했으니, 그녀는 사랑하는 아버지에게 한창 나이의 결혼식에 관하여
> 말하는 것이 부끄러웠던 것이다. 그러나 그는 모든 것을 알고 이런 말로 대답했다.
>
> (6권 66~67행)

모든 것을 알았다니? 무엇을, 어떻게 알았단 말인가? 그냥 짐작했다는 것을 이렇게 표현한 것인가? 그런 구석은 나우시카아의 어머니 아레테에게도 있다. 모권제의 유습 때문인지 모르겠지만, 나우시카아는 오뒷세우스에게 자기 어머니에게 탄원할 것을 권하고, 오뒷세우스도 그에 따른다. 하지만 그녀는 영웅의 귀향에 영향을 미칠 만한 특별한 언행을 보이지는 않는다. 그저 말없이 가만있는 것만으로도 사태의 방향을 결정할 수 있는 것일까? 에리히 아우에르바하는 《미메시스》에서 호메로스의 세계가 모든 곳에 조명이 비치고 멀리까지도 뚜렷이 보이는 세계라고 주장했지만, 적어도 시인이 스케리아 사람들을 그려놓은 방식은 그런 주장과 잘 맞지 않는다.

어쨌든 오뒷세우스는 그 집에서 알키노오스 왕의 접대를 받아 이틀간 머문다. 거기서 눈먼 가객 데모도코스의 노래를 듣고 눈물을 흘리기도 하고, 운동 경기하던 젊은이들의 도전을 받아 원반던지기로 그들을 제압하기도 한다. 젊은이들은 그를 이 나라 공주의 잠재적인 구혼자로 보고 다소 무례하게 대하는데, 전체적으로 이 섬에서의 일들은 나우시카아의 결혼을 준비하는 분위기 속에서 이루어지며, 이것이 이타케에서 벌어질 일종의 '구혼 경쟁'을 미리 보여주고 청중을 준비시킨다고 해석할 수도 있겠다.

그러다가 마지막에는 드디어 오뒷세우스의 신분이 드러나서 그들에게 해준 얘기가 바로 우리가 앞에서 본 모험들의 이야기다. 그가 누군지 알게 된 알키노오스 왕은 넌지시 나우시카아와의 결혼을 권하지만, 결국 많은 선물과 함께 오뒷세우스를 배에 실어 보낸다.

나우시카아의 섬은 환상계와 현실계를 이어주는 일종의 중간 지대라고 할 수 있다. 비현실적으로 너무나 평화롭고 행복한 생활이 동화적인 측면이고, 정치체제나 혼례 경쟁 같은 것을 보면 현실 세계와 비슷하다. 폭풍에 떠밀려 환상계로 들어섰던 오뒷세우스는 저승 여행까지 가능한 기이한 세계를 지나, 좀 덜 환상적인 칼륍소의 섬과, 좀 더 현실에 가까운 스케리아를 거쳐 이타케로 귀환한 것이다.

수많은 도시를 보고, 사람들의 마음을 알게 된 영웅

위에서 우리는 오뒷세우스의 모험 여행을 일종의 '성장소설'로 읽을 수 있음을 보았다. 그런데 이와 관련이 있지만 완전히 같지는 않은 다른 해석이 있다. 〈오뒷세이아〉의 서문이라고 할 수 있는 첫 권 첫 부분에 오뒷세우스가 '수많은 사람들의 도시를 보았고, 그들의 마음가짐을 알았다'(1권 3행)고 소개되기 때문이다. 이런 성격 규정에 따르면 오뒷세우스의 여행은 여러 단계의 질서를 가진 여러 사회들을 순방한 것이 된다. 물론 그가 방문했던 곳 중 도시라고 할 수 있는 것은 라이스트뤼고네스 인들의 땅과 스케리아뿐이지만, '도시'라는 말을 조금 넓은 의미로 생각하자. 가장 밑바닥에는 퀴클롭스들의 사회가 있다. 이들은 집안 살림은 나름대로 질서 있게 운영하지만, '회의장도 법규도 없이'(9권 112행) 각자가 알아서 자기 집을 다스린다. 특히 폴뤼페모스는 '남들과 어울리지 않고 떨어져 살며'(9권 188~189행) 교제를 위해 찾아오는 이들을 잡아먹는다. 다음 단계에 라이스트뤼고네스 인들이 있다. 그들은 서로 모여 회의도 하고 도시 비슷한 것을 가지고 있다. 하지만 낯선 이를 죽이고 먹이로 삼는다는 점에서는 퀴클롭스들과 별로 다르지 않다. 키르케는 집을 정리하는 것이나 손님을 접대하는 데서는 그 위이지만, 그 손님들을 짐승으로 만든다는 점에서 여전히 제대로 된 교유와는 거리가 있어 보인다. 칼륍소쯤 오면 모든 것이 질서 잡히고 어떤 비문명적인 것도 거의 없다. 하지만 그녀는 헤르메스마저 찾기 싫어하는 외로운 곳에 누구와도 교류 없이 고립되어 있다. 네 방향으로 흐르는 네 개의 샘(5권 70~72행)이 보여주듯 이곳은 자체로 완결된 또 하나의 세계이다. 자족적이라는 점에서는 남들과 통혼할 것 없이 자식들끼리 결혼시키고 잔치로 나날을 보내는 아이올로스의 섬과 비슷한 데가 있다. 스케리아는 질서 잡힌 친절한 사람들의 도시이다. 하지만 이들도 외부인과 친교는 없다(6권 205행). 이런 특성은 그들 활동의 일면성과 더불어 그 사회를 약간은 탈색된, 어딘지 병적이고 다소간 유령 같은 것으로 만든다.

 이들 사회를 지나면서 오뒷세우스와 상대는 항상 서로가 얼마만 한 이해력과 분별을 갖췄는지 시험하고 평가한다. 직접 표현하지 않아도 자신이 어떤 사람인지 은연중에 내비치고, 상대가 그것을 잡아내는지 살핀다. 그런 과정을 가장 잘 볼 수 있는 것은 오뒷세우스가 스케리아에 도착해서 나우시카아와 만났을 때이다. 오뒷세우스는 상대를 자신이 델로스에서 보았던 대추야자나무 어린 줄기에 비유함으로써, 자신이 여러 곳을 여행했으며 신들께 경건한 사람임을 슬쩍 암시한다. 이에 화답하듯 나우시카아는 상대가 어리석어 보이지 않는다는 것을 두 번(6권 187행과 258행)이나 강조해서 말한다. 한편 그녀는 사람들의 질시를 받지 않도록 오뒷세우스를 뒤떨어져 오게 하고는, 그가 혹시나 뒤쳐질까봐 수레를 늦춰서 몰아감으로써 그녀의 분별력을 우리와 오뒷세우스에게 보여준다.

 신중하게 상대를 시험하기는 나우시카아의 부모님도 마찬가지이다. 그녀의 어머니 아레테는 낯선 이가 자신이 지은 옷을 입고 있는 것을 알아차렸으면서도 다른 손님이 모두 물러갈 때까지 내색하지 않는다. 그녀의 아버지는 딸이 손님을 얼른 집으로 모시지 않은 것을 나무라듯 말하고, 오뒷세우스는 얼른 선의의 거짓말을 지어 그녀를 옹호한다. 알키노오스는 오뒷세우스의 신분을 알게 되자, 자기 딸과 결혼하여 자신의 섬에 머무는 것이 어떤지 넌지시 권하면서도, 혹시 상대가 그 말에 부담을 느낄까봐 얼른 다른 데로 말을 돌리고 다소간 장황하게 다른 얘기를 늘어놓는다. 이 모든 일이 상대의 마음을 헤아리고 반응을 탐색하며 조심스럽게 진행된다.

사실 이것은 가장 밑바닥 질서에 있는 폴뤼페모스와의 만남에서도 마찬가지였다. 외눈박이 괴물은 짐짓 상대가 배를 어디 두었는지 묻지만, 상대의 의도를 의심하는 오뒷세우스는 조심스럽게 자신의 배가 파선되었다고 거짓말을 한다. 칼륍소가 사용하는 '마법'도 이런 종류의 것들이다. 여러 논거들을 제시하는 설득, '언어의 마술'이 바로 그녀의 무기인 것이다. 하지만 오뒷세우스는 거기에 넘어가지 않고, 그런 그를 두고 요정은 '진실로 교활하고 영리한 사람'(5권 183행)이라고 평가한다. 키르케가 그를 평하여 '가슴속에 마법에 걸리지 않는 마음을 갖고 있다'(10권 329행)고 했듯이.

이런 탐색과 평가는 거지꼴로 집에 돌아온 오뒷세우스와 그의 아내 페넬로페 사이에서도 이뤄진다. 두 사람이 얘기를 나누는 부분은 항상 아슬아슬한 느낌을 주는데, 이는 그런 미묘한 탐색의 효과로 볼 수 있다. 사실 오뒷세우스로서는 이런 탐색을 하지 않을 수 없었다. 거듭거듭 아가멤논과 같은 운명을 피해야 한다는 경고를 받았기 때문이다. 이제 여러 사회에서 여러 마음을 알아본 영웅은 무질서의 한계점에 도달한 이타케로 돌아와 모든 사람을 시험하고(16권 304행 이하), 그것을 다시 질서 잡힌 사회로 재건할 것이다.

돼지치기와 우정을 나누고 아들을 만나다

적극적으로 원했으면 성사될 수도 있었을 나우시카아와의 결혼을 물리치고, 오뒷세우스가 고향 이타케 섬에 도착하는 데서 작품의 후반부(13~24권)가 시작된다. '귀향자' 오뒷세우스가 '고향에서 겪는 모험' 이야기이다. 이 후반부의 앞부분(13~17권 중간)에서는 이야기 진행이 매우 느리기 때문에, 어떤 학자는 이 부분을 〈일리아스〉의 전투 장면들과 비교하기도 한다. 이 느리게 흘러가는 부분이 결말을 지연하는 장치로 쓰였다는 점에서다. 이야기가 너무 일찍 끝나는 것을 막기 위해 이런 부분을 넣었다는 말이다. 하지만 오뒷세우스가 어떤 이야기를 꾸며내어 자신을 숨기는지, 다른 사람들은 어떤 삶을 살아왔는지, 전원에서는 어떤 생활이 이뤄지고 있는지를 살피면서 읽어나가면 또 그런 대로 잔잔한 맛을 느낄 수 있는 부분이기도 하다. 이렇게 자연과 일상이 많이 묘사되어 있기 때문인지 〈오뒷세이아〉에는 〈일리아스〉에 비해 직유가 적은 편이다.

언제나 중요한 순간마다, 특히 어떤 경계를 넘어설 때면 잠드는 버릇이 있는 오뒷세우스는 스케리아 인들이 저절로 가는 배를 몰아 고향으로 데려다주는 순간에도 잠이 든다. 그들은 그를 내려놓은 후 선물도 머리맡에 두고 떠나는데, 잠에서 깨어난 오뒷세우스는 처음엔 고향 땅을 알아보지 못한다. 10여 년 만에 현실 세계로 돌아온 그가 어리둥

절해 하는 것은 어쩌면 당연한 일이며, 달리 의미를 부여하자면 이것은 '아무것도 아닌' 데까지 내려갔던 사람의 의식 수준을 다시 한 번 보여주는 것일 수도 있다. 이제 그는 다시 왕의 수준까지 회복되어야 할 것이다.

그가 처음 만난 것은 젊은 양치기 모습을 한 아테네 여신이었다. 앞에서도 말했던 것처럼 오뒷세우스는 자기 신분을 숨기고 거기가 어디인지 묻는다. 여신은 그의 속임수를 즐겁게 받아들인다. 그의 그러한 영리함이 여신이 그를 아끼는 이유이기 때문이다. 둘 사이의 긴밀한 관계는 결국 같은 특성을 공유한 데서 나온 것이다.

오뒷세우스는 아테네의 힘에 의해 머리가 벗겨진 늙은 거지꼴이 되어, 우선 충직한 돼지치기인 에우마이오스를 찾아간다. 거기서 그는 돼지치기와 서로 자신의 이야기를 들려준다. 오뒷세우스는 여러 차례 자신의 신분을 지어내어 상대를 속이는데, 첫 번 것이 양치기 모습으로 나타난 아테네를 향한 것이었다. 그는 그 후로도 돼지치기에게, 구혼자들에게, 자기 아내에게 매번 다른 이야기를 지어 들려주는데, 대개는 크레테 출신인 것으로 되어 있다. 이도메네우스와 함께 트로이아 전쟁에 갔었다고도 하고, 자신이 이도메네우스의 아들을 죽였다고도 하고, 원래 부유한 사람이었는데 해적질에 가담했다가 잡혀 고생했다고도 하고, 또 이도메네우스의 아우라고도 꾸며 이야기한다. 한편 돼지치기 역시 자신의 내력을 들려주는데, 원래는 귀족의 자제로서 나쁜 마음을 먹은 하녀에 의해 납치되었으며, 결국 상인들이 어린 그를 팔아치웠다는 것이 요점이다. 젊었을 때는 주인집 딸과의 사이에 뭔가 애틋한 감정이 있었던 듯한 여운도 남긴다. 아마도 오뒷세우스가 자기 하인의 내력을 자세히 듣기는 이번이 처음일 것이다. 거지꼴의 주인과 충직한 하인 사이에 거의 대등한 자격으로 우정이 싹트는 극히 드문 순간이다.

그의 오두막에서 일어난 가장 큰 사건은 여행에서 돌아온 아들 텔레마코스를 만나 서로 알아보게 된 것이다. 우리가 텔레마코스를 마지막으로 본 것은 4권 끝부분(619행)에서 메넬라오스와 선물에 대해 이야기하는 대목에서였다. 이 젊은이는 15권의 첫 부분에서도 여전히 메넬라오스의 집에서 잠자고 있는 것으로 되어 있다. 그를 아테네 여신이 재촉하여 깨우고 집으로 서둘러 가게 한다. 도중에, 손님 접대에 지나친 열성을 가진 네스토르에게는 들르지 않고 배를 타려는 순간, 살인죄를 저지르고 도망 중인 테오클뤼메노스라는 예언자를 만나 함께 데려온다. 이 사람은 나중에 오뒷세우스의 집에서, 벽에 피가 흐르고 죽음의 그림자가 배회하는 환상을 보고는 구혼자들에게 경고하고 그곳을 떠난다.

고향에 돌아온 텔레마코스는 아테네 여신의 지시에 따라 에우마이오스의 오두막으로 향하고 거기서 아버지를 만나게 되는 것이다. 이 작품에서 오뒷세우스는 공간적으로 멀리서부터 자기 집으로 다가가면서, 자기의 신분을 주변 사람들에게 조금씩 드러내는데, 그 첫 대상이 아들이다. 다음으로 늙은 개 아르고스, 유모 에우뤼클레이아, 충직한 돼지치기와 소치기, 그리고 마지막이 자신의 아내다. 한편 아내를 괴롭히며 그의 집안 재산을 먹어치우고 있던 구혼자들에게도 단계적으로 모습을 드러내는데, 거지 이로스와의 싸움에서 누더기에 숨겨졌던 우람한 몸을 내보이는 것이 첫 단계라 할 수 있다. 사실 오뒷세우스의 가장假裝은 뒤로 갈수록 없는 듯이 되어 있는데, 어쩌면 아테네의 마술이 조금씩 풀리는 것인지도 모르겠다.

거지 영웅, 과녁을 꿰뚫다

자기 집으로 돌아온 오뒷세우스는 문간에 앉아 거지 행세를 한다. 그가 죽은 줄 알고 그의 아내에게 구혼하고 있던 무례한 자들은 그에게 다른 거지와 싸움을 하도록 시키거나 물건을 던져 그를 때린다. 그는 아내 페넬로페에게 자신이 집주인의 행방을 알고 있다는 말을 전해, 밤중에 단 둘이 얘기를 나눌 기회를 잡는다. 페넬로페는 그가 전하는 남편의 옛 모습을 듣고는 눈물을 흘리지만, 너무 여러 번 속아온 탓에 그녀는 오뒷세우스의 귀향이 임박했다는 그의 말은 믿지 않으려 한다. 그래도 늙은 하녀를 시켜 그의 발을 씻긴다. 이 대목에서 주인의 정체가 드러날 듯한 '위기'가 몇 차례 닥치지만, 모두 그냥 지나간다. 페넬로페는 이 늙은 거지의 나이와 손발이 집 떠난 주인과 같다는 것을 인정하고, 더 나아가 오뒷세우스의 유모였던 늙은 하녀는 체격과 목소리, 발의 모양이 그처럼 주인과 닮은 이가 없었노라 말한다. 오뒷세우스는 자신도 그런 말을 많이 들었다고 눙치고 넘어간다. 이제 그의 가장은 거의 다 벗겨진 셈이다. 그러다가 유모가 그의 무릎에 난 흉터를 봄으로써 그의 정체가 드러나는 결정적 위기를 맞지만, 오뒷세우스는 유모의 입을 틀어막아 위기를 넘긴다. 이 발 씻기 이후 페넬로페는 다음날 활쏘기 시합으로 새로운 남편감을 정하기로 했다고 밝히고, 오뒷세우스는 기꺼이 찬성한다. 바로 이 점을 근거로 어떤 학자는, 이것이 원래 부부가 공모하는 장면이었다가 나중에 현재처럼 바뀌었다고 보기도 한다.

다음날 활쏘기 시합에서 다른 사람은 활에 시위를 얹지도 못하고 포기하려는 순간, 늙은 거지가 나서서 자신도 한 번 시도하게 해달라고 청한다. 페넬로페와 텔레마코스의 지지를 얻어 기회를 잡은 오뒷세우

기원전 330년경의 캄파니아 적색상 종모양 크라테르. 오른쪽 끝에 뾰족 모자를 쓴 오뒷세우스가 활을 쏘고 있으며, 텔레마코스는 그 앞에서 방패로 아버지를 보호하고 있다. 오뒷세우스 위쪽에 그려진 흰 수염의 인물은 충직한 돼지치기 에우마이오스로 보인다. 구혼자들은 상을 들어 방패로 삼으면서 저항하고 있다. 중앙에 목을 화살로 꿰뚫린 채 쓰러진 인물은 구혼자들의 우두머리인 안티노오스이다. 그는 첫 화살에 죽는다.

스는 화살을 날려 열두 개의 도끼를 꿰뚫고 뒤이어 구혼자들을 처단한다. 화살이 떨어지자 애초에 약속한 대로 텔레마코스가 무장을 준비해두었다가 부자가 함께 나서고, 충직한 돼지치기와 소치기의 도움을 받아 나머지를 창으로 처치한다.

여러 신화 책들은 화살이 열두 개의 도낏자루 구멍을 꿰뚫었다고 소개하지만, 〈오뒷세이아〉에는 '도끼를' 꿰뚫은 것으로 되어 있어서 '도낏자루 구멍'이란 말은 한 가지 해석이라는 점을 지적하고 싶다. 물론 사실적으로 따지자면 도낏자루 구멍을 꿰뚫었다는 해석이 제일 그 럴 듯하지만 원래의 민담에서는 그의 활이 마법의 활이고, 꿰뚫은 것은 진짜 쇠도끼였다는 해석도 있으니 원문 내용이 어떠한지도 알아두는 것이 좋겠다.

복수극에 대한 한 가지 해석: 봄 축제에서 질서가 다시 서다

사실 이 복수극에는 몇 가지 문제가 있는데, 우선 희생자가 너무 많다는 점이다. 거기서 죽는 구혼자들만 해도 숫자가 108명에 이르니(16권 245~253행) 말이다. 한편 돌아온 주인은 구혼자들과 정을 통하던 하녀들을 비롯해 불충한 염소치기 멜란티오스까지 처단하는데, 그 방법이 매우 특이한데다가 거의 사실적으로 보이지도 않는다. 특히 이상한 것은, 방금 대살육이 벌어졌던 공간이 곧이어 흥겨운 음악과 춤으로 채워진다(23권 141~147행)는 점이다. 나로서는 이런 것들이 축제의 관행들과 연관되어 있다고 해석하고 싶다. 참고로 이 부분의 해석은 내 개인적인 것이니, 주류 해석으로 보시지 말기 바란다.

  이날은 아폴론의 축제일이고(20권 156행 등), 새 달이 시작되는 날이며, 봄이 다가오는 것을 축하하는 의미도 있다. 22권 240행에서는 아테네 여신이 제비의 모습을 취하여 방 안의 서까래에 앉아 있다는 표현이 보이는데, 이는 봄을 알리는 징표다. 또한 구혼자들은 그 동안 줄곧 질탕한 잔치를 벌여왔을(1권 90~92행 등) 뿐 아니라, 운동경기와 춤, 노래를 즐기면서, 하녀들과 정도 통해왔는데(20권 6~8행), 이런 '음탕함'은 토지의 생산성을 위해 여러 축제에 허용되는 것들이다.

한편 질서는 일시적으로 역전逆轉되어 있다. 외부인들이 집안을 차지하고 잔치를 벌이는 동안, 집주인은 누더기를 걸친 채 문간에 앉아 있는 것이다. 이를 이해하려면 상하 질서가 무너져서 위아래 없이 서로 반말을 하는 이른바 '야자 타임'이란 것을 떠올리면 될 것이다. 오뒷세우스의 이런 행동은 제의적 구걸로 해석될 수도 있다. 이는 할로윈 데이에 꼬마들이 집집마다 돌아다니며 '당할래, 접대할래?Trick or Treat?'를 외치면서 선물을 요구하는 것과도 같다. 이제껏 구혼자들을 피하던 페넬로페가 갑자기 대중 앞에 나와, 구혼 선물을 요구(18권 206행 이하)하는 것도 같은 맥락에서다.

오뒷세우스가 모든 사람에게, 죽은 것으로 간주된다는 점 또한 중요하다. 그의 귀향은 말하자면 '죽은 자의 귀환'이다. 이 작품에서는 오뒷세우스 말고도 다른 죽은 자들이 더 나타나는데, 바로 테오클뤼메노스가 보는 환상 속에서다(20권 355~356행). 이는 축제 때, 죽은 자들의 영혼이 가장 행렬의 모습으로 등장하는 것을 생각해보면 된다. 24권에는 죽은 구혼자들의 영혼이 저승으로 떠나는 장면이 나오는데, 이는 말하자면 축제가 끝나고 영혼들이 돌아갈 시간이어서다. 비현실적으로 보일 만큼 많은 희생자의 숫자는 사실 희랍에 있었던 '헤카톰베'라는 백 마리 소를 바치는 제사 개념에 맞춰진 것으로 보인다.

구혼자들과 몰래 정을 통한 하녀들은 열두 명이 한꺼번에 같은 밧줄에 목매달리는 기이한 방식으로 처형된다(22권 457행 이하). 더구나 그 밧줄은 경사지게 매어졌다. 사실 이것은 풍요를 불러오기 위해 나무에 인형을 매달던 방식이 옮겨온 것이다. 이 여인들은 일종의 인신희생인 셈이다. 한편 염소치기 멜란티오스는 귀, 코, 성기, 손발을 잘리고 (22권 474~477행), 언제 죽었는지조차 불분명하게 내버려지는데, 내가 보기에 그는 늙은 왕의 대역이다. 힘 좋은 그가 오뒷세우스의 늙은 아버지 라에르테스의 낡은 방패(겨우 한 개!)를 가지러 갔다가 붙잡혔다는 점이 그 증거다(22권 182~186행). 많은 신년 축제에서 왕들은 먼저 수치를 당하고 그 후에 다시 원래의 존엄함으로 복귀한다. 라에르테스의 경우, 처음에는 매우 노쇠하고 비참한 상태로 등장하더니, 잠시 후 목욕을 마치고는 크고 강건한 모습을 보인다(24권 365~371행). 왕의 대역이 희생되었기 때문이다. 그런 맥락에서 본다면, 24권에 아름답게 번성하는 것으로 그려진 그의 과수원도 이런 제의의 결과인 셈이다.

한편 복수가 이루어진 뒤 남편과 아내가 서로를 알아보고 잠자리에 든 후, 텔레마코스와 하인들이 그 방에서 요란스레 음악을 연주하며 춤을 춘다. 핑계는 구혼자들의 가족들이 복수하러 올지도 모르니 결혼 잔치가 벌어지는 것으로 가장하자는 것이었다. 하지만 이것은 사실상 '부부의 재결합'을 축하하는 것으로, 20여 년 전에 있었던 결혼식을 재현하는 것이면서, 축제의 정점이라고 할 수 있는 '신성한 결혼식hieros gamos'이기도 하다.

또한 이 사건은 텔레마코스의 성년식 역할을 한다. 많은 축제가 성년식의 기회로 이용된다. 그는 2권에서 대중 앞에서 눈물을 흘리는 미성숙한 모습을 보였지만, 이 시점에는 거의 아버지와 같은 수준에 도달한다. 그는 활을 당길 뻔했던 것이다(21권 128행 이하). 이후 그는 복수 장면에서 처음으로 전투에 참가하여 처음으로 적들을 죽이게 되는데, 많은 사회에서 처음 적을 쓰러뜨리는 것이 어른 되기의 한 관문이다. 그의 여행으로 시작된 통과의례가 여기서 한 매듭을 지은 셈이다.

물론 시인이 축제 진행표를 앞에 두고 거기 맞춰 작품을 쓰지는 않았을 것이다. 하지만 질서가 무너졌다가 회복되는 과정에 대한 어떤 잠재된 '진행표'가 시인에게도, 축제를 만든 사람들에게도 모두 마음 밑바닥에 공통적으로 깔려 있었던 것이 아닌가 하는 생각이다. 더 양보해서 이 복수극이 축제와 아무런 상관이 없다고 해도 좋다. 하지만 그냥 아무 의미도 부여하지 않고 버려두는 것보다는 뭐라도 한마디 해서 의미 있게 읽어주는 것이 더 재미있지 않은가!

한 시인인가, 여러 시인인가?

이 복수 장면이 갖는 다른 문제점은 이른바 '호메로스 문제'와 연관되어 있다. 〈일리아스〉와 〈오뒷세이아〉 작품 모두, 한 시인의 작품인지 아니면 여러 사람의 손을 거친 것인지에 대해 논쟁이 있어왔다. 한 시인이 전체를 계획해서 짰다는 입장을 '단일론Unitarian'이라 하고, 그 반대 진영을 '분석론Analyst'라고 한다. 앞글에서 소개한 '구송시 이론' 이후 좀 잦아들긴 했지만, 특히 〈오뒷세이아〉에 대해서는 서로 다른 두 시인의 작업 흔적이 보인다는 주장이 상당한 힘을 얻고 있다.

여러 부분에 대해 그런 논쟁이 있지만, 특히 분석론 쪽에서 공격하는 '모순점'은 오뒷세우스 부자의 작전 수립과, 그 작전의 변경에서 보인다. 이들은 에우마이오스의 오두막에서, 두 사람분의 무기만 남겨두고 다른 것은 모두 텔레마코스가 치우기로 약속을 했다(16권 281행 이하). 한데 나중에 실행된 것을 보면 계획을 변경하자는 아무 언급도 없이, 마치 계획을 세운 적이 전혀 없었던 듯 둘이서 함께 모든 무기를 치운다(19권 4행 이하). 그리고 어찌 된 일인지, 오뒷세우스가 활쏘기 시험을 성공적으로 마치자, 텔레마코스는 어디서 났는지도 모를 무장

호메로스 흉상. 기원전 2세기 페르가몬 작품의 서기 1~2세기경 모작이다. 기원전 8세기에 살았던 것으로 추정되는 호메로스를 이렇게 이상화된 모습으로 그렸다. 전통적으로 이 시인은 맹인이었다고 전해지기 때문에 이 흉상에도 눈동자를 새겨 넣지 않았다.

을 갖추고 아버지 곁에 선다(21권 430행 이하). 자신의 무기는 방에 그대로 두었던 것일까? 또 이 젊은이는 적을 향해 창 하나를 던진 후, 화살이 곧 떨어질 듯한 상황에서 두 충실한 하인 것까지 모두 네 벌의 무장을 다시 가져오겠노라고 제안하고, 그것을 실행한다(22권 101행 이하). 이를 두고 분석론자들은 두 번째 시인이 원래 없던 두 하인을 끌어들이면서 내용을 확대했고, 그 과정에서 예전에 만들어 둔 부분과 조정이 덜 되어 이런 모순점이 남게 되었다고 주장한다. 반면 단일론자들은 상황이 달라지면 계획을 조정할 수도 있는 것이고, 당시의 청중은 그런 사소한 점들에는 그다지 신경을 쓰지 않았을 것이라고 반박한다.

나로서는 대체로 단일론 진영을 지지하지만, 사실 잘 해결되지 않는 부분이 있는 것도 사실이다. 예를 들어, 오뒷세우스는 도끼들을 꿰뚫은 후, 곧장 화살을 날려 구혼자들 중 가장 악랄한 인물이라 할 안티노오스의 목을 맞히는데, 그에 대한 사람들의 반응이 모순적으로 그려져 있다. 그들은 우선 놀라 일어나서, 두리번거리며 창과 방패를 찾는 것으로 그려지지만(22권 22행 이하), 잠시 후 그가 고의로 쏜 것은 아니라고 생각하는 것으로 나온다(22권 31~32행). 물론 그들이 처음에는 갑작스런 사태에 놀라 자기도 모르게 무기를 찾다가, 곧 정신을 수습하여 이성적인 대응을 했다고 해석할 수도 있다. 단일론자들은 아마도 이렇게 대꾸할 것이다. 하지만 시인 자신이 이런 설명을 넣어주었더라면 아무 문제도 없었을 텐데, 그러질 않았다. 이에 대해서는 또, 몇 줄 사이에 상호 모순적으로 보이는 구절들이 있는 것을 뻔히 알면서도 그냥 지나간 것을 보면, 시인은 이것을 모순으로 생각지 않았던 거라고 반박할 수도 있다.

이런 식의 논의를 모두 다룰 수는 없으니, 그렇게 날카롭게 읽는 사람들이 있다는 것만 지적하고 지나가기로 하자. 대체로 분석론자들은 원문을 매우 꼼꼼하게 읽고 무엇이건 의심하는 사람들이다. 어떻게 이토록 자세히 따져 읽는지 감탄할 지경이다. 반면 단일론자들은 분석론 진영에서 제기한 문제의 답을 찾아 방어하는 데 능한 사람들이다. 이들 역시, 어쩌면 저렇게 훌륭한 논리와 근거들을 찾아내는지 감탄을 불러일으킨다. 이들이 서로 문제를 내고 풀고 하는 과정에서 원문 이해가 점점 깊어지니, 이 두 진영 모두 우리에게 도움을 주는 이들이라고 할 수 있다.

텔레마코스와 페넬로페. 기원전 440년경 앗티케 적색상 스키포스(술잔). 페넬로페 화공의 작품으로 이름 붙여졌다. 텔레마코스는 베일을 쓰고 머리를 숙이고 앉아 있는 어머니 페넬로페에게 뭔가 말을 건네고 있다. 페넬로페의 옆으로는 오뒷세우스의 귀국을 기다리며 만들고 있는 수의가 직조 틀에 걸려 있다.

페넬로페는 영원한 올리브 나무를 지키는 무서운 여신인가?

다시 원문으로 돌아가자. 앞에서는 그냥 넘어갔지만, 사실 오뒷세우스 부부의 마지막 결합은 그리 쉽게 이뤄지지 않는다. 구혼자들을 모두 처치한 후, 영웅이 목욕을 마치고 멋진 모습을 되찾아도 아내는 가까이 다가올 생각을 않는다. 간밤에 아직 늙은 거지꼴로 화롯가에서 얘기를 나눌 때는 훨씬 따뜻한 분위기에서 공감을 주고받지 않았던가! 사실 이것은 오뒷세우스가 통과해야 하는 마지막 시험이었다. 그 집에는 비밀이 있었다. 움직일 수 없는 침대가 바로 그것이다. 땅에서 자라난 올리브 나무를 베지 않은 채 대충 자르고 다듬어 하나의 기둥으로 삼아 다른 기둥들을 세워 침대를 꾸몄던 것이다. 그러니까 말하자면 집 이전에 침대가 있었고, 침대 이전에 나무가 있었던 셈이다. 아내는 수수께끼도 아닌 듯 지나가는 말로 그 침대를 내오라 하고, 영웅은 누가 자신의 침대 다리를 베어냈는지 화를 냄으로써 답을 말한다.

어떤 학자는 이 침대 기둥인 올리브 나무가 아직도 살아 있는 것으로 해석하고, 그것이 이 집안의 생명력의 표현이라고 보기도 한다. 이쪽 해석으로 더 깊게 들어가면 페넬로페가 이 서사시에 등장하는 여러 여신들처럼 옛 메소포타미아의 무서운 여신의 모습을 간직하고 있다는 쪽으로 나아갈 수도 있다. 사실 수많은 구혼자들을 자기 집에 잡아두었다가 결국 끔찍하게 죽도록 만든 것은 바로 여신처럼 매력적인 이 여인이 아니던가! 거기까지는 나아가지 않더라도 어쨌든, 아직도 굳게 뿌리박힌 그 나무는 부부의 결속을 상징하는 것으로 볼 수 있겠다.

시인은 원래 어디서 〈오뒷세이아〉를 끝냈나?

〈오뒷세이아〉의 결말 부분이 원래 어디였었는지는 지금도 논란이 되고 있다. 이 논란은 이미 헬레니즘 시대에 생겨난 것으로, 23권 296행에서 부부가 잠자리에 드는 것이 원래의 끝telos, peras이라는 주장이 많았다. 물론 우리가 가진 판본에는, 다음날 아침 오뒷세우스 일행이 도시 밖으로 나가서 늙은 아버지 라에르테스의 과수원을 찾아가고, 구혼자들의 영혼이 헤르메스를 따라 저승으로 떠나고, 죽은 구혼자들의 친척들이 과수원에 찾아와 싸움이 벌어지는 장면이 이어진다. 그리고 아테네 여신의 중재로 싸움을 그치는 장면이 이 서사시의 끝이다. 위에 말한 의문을 제기한 사람들은 방금 말한 이 내용들이 모두 후대의 가필이라고 주장하는 것이다.

　여기서 그 논리를 다 옮길 수는 없다. 하지만 24권이 앞에서부터 주의 깊게 준비되어왔으며, 이미 완결된 작품에 가필된 것이 아니라는 주장도 설득력 있게 제기되고 있다. 오뒷세우스의 복수를 제의적으로 설명하고자 하는 나로서는, 구혼자들의 영혼이 저승으로 가는 장면과 오뒷세우스가 과수원에서 아버지를 만나는 장면이 꼭 필요하다고 생각하기 때문에, 거의 현재대로 끝나는 것이 원래 시인의 의도였다고 믿는다. 이럴 경우, 헬레니즘 학자들이 사용했던 'telos'라는 말은, '끝'이 아니라 '목적'이라고 해석해야 할 것이다.

〈일리아스〉와 〈오뒷세이아〉는 과연 같은 시인의 것인가?

글의 첫머리에 두 서사시가 모두 호메로스의 것인 양 얘기했었는데, 사실은 두 서사시가 같은 시인의 작품인지 아닌지는 아직도 논란이 되고 있다. 같은 시인의 것이라고 주장하는 학자들은 같은 점이 너무 많다는 것을 강조하고, 다른 시인이라고 주장하는 사람들은 다른 점이 상당히 많다는 점을 지적한다. 다른 점의 예를 몇 개 들자면, 오뒷세우스는 맨 마지막에 활로써 적들을 제압하는데, 〈일리아스〉에서는 그가 활을 잘 쏜다는 점이 전혀 언급도 되지 않는다. 또 〈오뒷세이아〉에서 헤파이스토스의 아내는 아프로디테로 되어 있지만, 〈일리아스〉에서 그는 카리스와 살고 있다. 대체로 〈오뒷세이아〉는 〈일리아스〉에 자세히 묘사된 사건은 언급하기를 피하고, 거기서 다뤄지지 않은 것들은 비교적 자세히 전해준다고 할 수 있다.

두 서사시의 전체적 분위기도 서로 다른데, 흔히 하는 말이 〈일리아스〉는 비극적이고 〈오뒷세이아〉는 낭만적이라고 한다. 또 누구는 〈일리아스〉가 인간은 죽어야 한다는 사실에 대해 분노를 표하고 있다면, 〈오뒷세이아〉는 태어났다는 사실 자체에 대해 괴로워하고 있다고 하기도 한다. 〈일리아스〉가 인간의 조건human condition을 보여주는 반면, 〈오뒷세이아〉는 인간의 삶이 어떻게 펼쳐지는지를 보여준다는 이도 있다. 우리가 이런 해석들을 모두 그대로 받아들이는 건 아니지만 어쨌든 두 작품에 대조점이 있다. 이런 대조적인 성격이 한 시인의 젊은 시절과 나이 든 시절의 차이를 보여준다 해야 할까, 아니면 서로 다른 성향을 가진 두 거장의 솜씨를 보여준다고 해야 할까? 나로서도 사실 늘 마음이 이리 갔다 저리 갔다 하는데, 서로 다른 시인이라고 보는 쪽이 더 재미있을 듯해서 현재로서는 그쪽으로 마음이 기울어 있다. 독자들도 한 번쯤 생각해보실 일이다.

III

헤시오도스의 〈신들의 계보〉

우주와 신들의 탄생에 관하여

호메로스의 두 작품에 이어 헤시오도스를 소개하자니 걱정이 앞선다. 일반 독자들에게 이 이름은, 어디서 들어본 것 같기는 한데 분명하게 기억나지는 않는, 혹은 읽어야 한다고 강조하는 글을 더러 보기는 했지만 읽은 적은 없는 작가이기가 쉽기 때문이다.

사실 헤시오도스가 아직 널리 알려지지 않은 데는 그럴 만한 이유가 있다. 그의 작품들이 대체로 짧은데다가 별로 재미가 없다는 점이다. 우리나라에서 외국의 작품이 알려지려면 무엇보다 '세계문학전집'에 끼어야 하고, 그러려면 분량이 일정 정도 이상이어야 한다. 그리고 재미에 대해 말하자면, 그의 두 작품 중 하나는 기본적으로 '족보'라 할 수 있고, 다른 것은 말하자면 '격언집'이니 무어 그리 재미가 있겠는가?

어쨌든 이렇게 재미없고 독자들도 별 관심 없어 할 작품에 대해 얘기하자니, 내 글이 '고전을 읽어야 한다'는 수없이 들어온 '공자님 말씀' 중 하나가 되어버릴 것도 같고, 내용을 자세히 설명해봐야 그냥 듣고 잊어버릴, '어디서 들은 것 같지만 생각은 나지 않는' 수많은 겉핥기 글 중 하나가 되지나 않을까, 하는 걱정이 앞서는 것이다.

헤시오도스의 대표작은 〈신들의 계보〉와 〈일들과 날들〉이다

넋두리를 그치고 본론으로 들어가자.

희랍 문학사의 특수한 현상을 하나 지적하자면, 시대별로 한 가지 문학 장르만 번성하였다는 것이다. 희랍 땅에서 문자가 사라졌던 '암흑기'(대체로 기원전 1200~800년)가 지나고 페니키아 문자가 도입된 후 처음으로 번성한 장르는 서사시였고, 그 시대가 지나고 나면 서정시 시대(기원전 7~6세기), 다음으로 비극과 희극의 시대(기원전 5~4세기)가 이어진다. 이후 헬레니즘 시대에 이르러서야 한꺼번에 모든 장르가 번성하게 된다.

서사시 시대의 위대한 두 '인물'이 호메로스와 헤시오도스이다. 앞의 두 장을 읽으신 독자들은 내가 왜 '인물'이라고 작은따옴표를 썼는지 아실 것이다. 호메로스의 이름으로 전해지는 작품들이 한 사람의 창작인지, 여러 사람의 손을 거친 것인지 하는 논쟁이 아직도 계속되고 있다는 얘기를 했었으니 말이다. 같은 문제가 헤시오도스에 대해서도 있는데, 그에 대해서는 잠시 후에 더 얘기하겠다. 이 두 인물에게는 각각 두 개의 작품이 있는데, 호메로스의 두 작품은 이미 얘기했고, 앞으로 얘기할 것은 헤시오도스의 두 작품 〈신들의 계보〉와 〈일들과 날들〉이다.

〈신들의 계보〉에는 보통 '신통기神統記'라는 제목이 많이 쓰여왔고, 국내에 나온 유일한 희랍어 원전 번역도 그 제목을 택했다. 물론 이 작품이 신들의 혈통血統을 가르치고, 제우스의 통치統治가 확립되는 과정도 보여주므로, '통統'의 두 가지 뜻을 모두 이용할 수 있는 장점이 있기는 하다. 하지만 나로서는 매번 한자를 덧붙이고 또 그 뜻을 설명해야 한다는 불편함 때문에 이것은 피하고 싶다. 더구나 점점 한자를 모르는 사람이 많아지니, 옆에 한자를 써보아야 큰 도움이 안 된다. 더욱이 젊은 세대라면 뭔가 '신통방통한' 일을 기록한 책이라고 생각할지도 모르겠다. 혹시 젊은 세대를 너무 무시한다고 생각하실 분이 있을지도 모르겠지만, 실제로 내 수업을 듣는 학생들 사이에서 그 비슷한 일이 있었다.

〈일들과 날들〉은 국내에 거의 소개되지 않은 탓에 여러 가지 우스운 이름으로 불려왔고, 그중 그래도 좀 나은 것이 '노동(일)과 나날'이라는 제목인데, 이 역시 내용과 맞지 않으니, 그냥 정직하게 전통적인 제목을 직역하여 〈일들과 날들〉로 하자는 것이 내 제안이다. 자세한 얘기는 뒤에서 다시 하겠다.

각설하고, 헤시오도스의 서사시를 소개하는 방법으로 가장 좋은 것은 아마도 호메로스와 비교하는 것일 듯하다. 그런 비교점 중 한 가지는 이미 앞에 나왔다. 헤시오도스의 것이 더 '짧다'는 점이다. 이것은 우리가 '서사시적'이라는 형용사에서 받는 인상과 잘 맞지 않지만, 애당초 서사시가 '이야기 시'인 한, 짧은 이야기 시도 서사시로서 자격이 없는 것은 아니다.

〈일리아스〉가 약 1만 5천 행, 〈오뒷세이아〉가 약 1만 2천 행에 이르는 데 반하여, 〈신들의 계보〉는 1천 행 남짓, 〈일들과 날들〉은 더 짧아서 830행 정도에 그친다. 사실 이렇게 짧으니 독자로서는 부담 없이 시작할 수 있고, 무엇보다 중도에 포기하지 않을 가능성이 높다는 장점이 있다.

〈신들의 계보〉를 분석하는 여러 방식들

앞에서 다른 작품들을 소개할 때 그랬듯이 우선 작품 전체의 얼개를 보기로 하자.

앞서 말한 대로 〈신들의 계보〉는 기본적으로 '족보'라고 할 수 있다. 올륌포스 신들의 조상은 누구이고, 그들 자신은 어떻게 태어났으며, 그들의 자손들은 또 어떻게 났는지 하는 것이 주된 내용이다. 이런 '족보'의 특징은 그 내용이 덧붙여나가기parataxis로 되어 있다는 것, 그래서 재미가 없다는 것이다. 하지만 〈신들의 계보〉를 읽어보면 내가 앞에서 경고한 것만큼 재미가 없지는 않은데, 그것은 중간 중간에 다른 이야기가 끼어 있기 때문이다.

그리고 이 작품이 기본적으로 '족보'인 만큼, 그 구성 원리로서 가장 기본적인 것은 시간과 세대이다. 내용은 크게 네 도막으로 나뉜다. 우선 115행에 이르는 매우 긴 서시prooimion가 있고, 그다음 내용은 세대별 구분이다. 즉 전체의 1/3 정도까지는 첫 존재들과 그들의 자손들, 그다음은 900행 가까이까지 펼쳐지는 티탄들과 그들의 자손들, 마지막이 올륌포스 신들의 자손들에 관한 내용이다. 그러니까 〈신들의 계보〉는 대충 네 개의 세대가 이어지는 '족보'라고 생각하면 되겠다.

올륌포스 신들의 자식들에 대한 내용은 여신들이 인간 남자들과 어떻게 결합하였는지를 얘기한 후에 그냥 끊어지고 만다. 그다음 내용은 남성 신들이 인간 여성들과의 사이에서 어떤 자식들을 낳았는지 하는 내용인데, 지금은 〈여인들의 목록〉이라는 제목으로 일부 조각들만 전한다.

앞에서 헤시오도스의 작품이 둘뿐인 것처럼 말했지만, 온전히 전하는 작품 중 헤시오도스 작이라고 전하는 것이 하나 더 있다. 〈헤라클레스의 방패〉라는 작품이다. 이것은 〈여인들의 목록〉 중 하나가 꽤 길게 늘어난 것이라고 생각하면 된다. 즉 제우스와 알크메네 사이에 헤라클레스가 태어난 사연에 대한 시이다. 물론 거기서 그치지 않고, 헤라클레스가 퀴크노스라는 적을 만나 맞붙게 되는 장면에 방패 묘사를 넣은 것이 덧붙어 있고, 그래서 지금의 그 제목을 얻게 되었다.

한편, 〈신들의 계보〉를 달리 좀 더 정적靜的인 방식으로 나누어 보는 방법들이 있다. 그런 것 중 하나는 우선, 작품 중간에 놓인 프로메테우스 이야기를 중심으로, 앞에는 두 번의 계승 신화가, 뒤에는 두 번의 전쟁이 있음을 강조하는 것이다. 즉, 앞부분은 제우스가 어떤 계통에서 태어나, 어떻게 신들의 왕이 되었는지를, 뒷부분은 그가 어떻게 자신의 지위를 지켰는지를 다룬다는 것이다.

또 하나의 해석은, 중심적인 이야기 흐름은 세계의 시작부터 제우스의 결혼들까지 순차적으로 흘러가지만, 중간에 끼어 있는 다른 이야기들은 거꾸로 제우스의 결혼에서 태어난 가장 후대 자손부터 나타나기 시작해서 제우스의 결혼들까지 거슬러간다는 것이다. 그러면 전체적으로 시간성은 '중화'된다고 할 수 있다. 이는 가장 오래된 사건 곁에 가장 후대의 일이 나란히 소개되어 있기 때문이며, 뒤로 갈수록 나란히 나오는 사건들의 시간적 간격은 작아지게 된다.

사실 학자가 아닌 일반인들로서는 이 모든 분석이 다 도움이 되므로, 꼭 어느 한쪽을 택할 것이 아니라 이들 모두를 염두에 두고 읽으면 좋을 것이다. 종합하자면, 이야기 전체의 흐름은 윗세대에서 아랫세대로 이어지지만, 작품 전체의 중심에는 프로메테우스 이야기가 놓여 있다. 그리고 전반부 두 개의 계승 신화 사이에는 계보가 한 덩이 끼어 있어 시간적 진행을 막으면서 나중 일을 간간히 소개하고, 후반부에서는 두 개의 전쟁 이야기 사이에 타르타로스에 대한 묘사가 들어가 있어 시간적 진행을 막으면서 후반부의 중심 역할을 한다는 것이다.

서시의 개인성: 개인의 탄생인가, 서사적 전략인가?

다시 세대가 이어지는 것을 강조하는 관점으로 돌아가서, 헤시오도스의 전체 작품군을 함께 보자면 〈신들의 계보〉는 마치 〈여인들의 목록〉을 위한 서시序詩, prooimion처럼 되어 있고, 그 '서시'에 또 하나의 서시가 붙어 있는 것 같은 모양새가 된다. 그런데 이 서시가 또한 헤시오도스의 특징을 보여주는 것 중 하나로 꼽힌다. 바로 여기에 '헤시오도스'라는 이름이 나오고(22행), 또 시인 자신이 어떻게 헬리콘 산에서 무사Mousa 여신들을 만나 선물들을 받았는지가 나오기 때문이다. 이 헬리콘 산은 보통 델포이가 위치해 있는 파르나소스 산괴山塊의 남동쪽에 위치해 있는 것으로 되어 있다.

    이런 개인적 정보와 체험을 보고하는 것은 〈일들과 날들〉에서도 계속되는데, 이와 같이 이름을 밝히고 자기 집안과 고향 사정, 그 지역의 여러 지명들을 언급하는 것이 호메로스의 철저한 '익명성'과 대비되는 '개인성'을 보여주는 것으로 간주되어왔다. 하지만 이러한 특징을 '호메로스 파'에 맞서는 '헤시오도스 파'의 집단적 전략으로 보는 학자들도 있다. 이들에 따르면 헤시오도스라는 이름은 공동 창작자들의 '가면'이다.

    서시의 내용 중 중요한 것은, 헤시오도스가 헬리콘 산에서 양을 치다가 무사 여신들을 만나 월계수 지팡이와 신이 부여한 목소리를 받았다는 일화와, 앞으로 노래할 내용의 간단한 요약이다. 조금씩 다른 형태로 세 번이나 되풀이되는 이 요약은, 신들의 계보를 한 번은 제우스와 헤라에서 시작해서 가이아, 오케아노스, 밤까지 거꾸로 거슬러 올라가고, 또 한 번은 가이아와 우라노스에서 시작해서 제우스까지 이르는 것으로 되어 있다. 마지막에는 신들과 가이아와 강들과 바다와 별들과 우라노스가 어떻게 태어났는지 가르쳐달라는 부탁의 형태를 취한다. 서시의 끝부분에 나오는 여러 기원 중 마지막 것은, 이 최초의 존재들 중 어떤 것이 제일 먼저 생겨났는지 말해달라는 것인데, 마치 그에 대한 답처럼 '맨 처음에 생긴 것은' 하면서 시작하는 것이 본문이다.

처음에 생겨난 것은 카오스, 가이아, 에로스였다

그 본문의 내용은 사실 희랍 신화에 익숙한 사람은 다 아는 것이다. 즉, 우선 카오스가 생겨나고, 다음으로 가이아와 에로스가 생겨났다는 것. 처음에는 카오스와 가이아가 각각 혼자서 여러 존재를 낳지만, 곧 에로스의 작용으로 결합에 의한 생식이 시작된다. 이런 생성 방식은 이미 서시에서, 제우스와 기억의 여신의 결합으로부터 무사 여신들이 태어나는 것으로 예시되어 있다. 그리고 이것은 세계 생성을 '출산' 또는 '사랑'이라는 하나의 원리로 설명하는 것이므로, 이를 희랍 철학의 단초로 보고 큰 의미를 부여하는 학자도 있다.

'카오스'라는 말은 요즘은 보통 '무질서'라는 뜻으로 사용되지만, 이는 대체로 오비디우스 〈변신이야기〉의 영향 때문이다. 그래서 많은 신화 책들이 태초에 '혼돈'이 있었다고 가르치는데, 원래 희랍어로 'Chaos'라는 말은 '하품하다chasko'와 연관된 말로 '큰 틈'을 의미한다. (이 말에서 틈을 뜻하는 영어의 'chasm'이라는 단어가 나왔다.) '틈'이라고 하면, 당장 그 틈의 가장자리를 이루는 것이 무엇이냐는 질문이 나오기 쉽지만 일단 여기서는 그냥 넓고 넓은 허공을 생각하면 된다. 물론 곧 이어 땅(가이아)과 타르타로스가 생기기 때문에 이 틈은 그것들에 의해 한정된다.

카오스 다음으로 생긴 것은 가이아와 에로스이다. 여기서 카오스는 원초적 공간 또는 분리의 원리이고, 가이아는 모든 것의 원재료가 되는 원초적 질료, 에로스는 결합의 원리라고 보면 되겠다. 이들 말고도 타르타로스도 최초의 존재들 중 하나로 꼽히는데, 이 존재는 나중에 가이아와 결합해서 튀포에우스(튀폰)를 낳게 하는 것 외에는 역할이 없으니 크게 신경 쓸 것 없다. 가이아도 그렇지만, 제우스의 통치가 안정되고 나면 이 타르타로스는 물리적인 존재로 자리 잡게 되는데, 그것은 땅속 깊은 곳의 장소로서, 나중에 티탄들이 갇히는 곳으로 자세히 소개된다.

빛과 어두움, 부정적 개념들은 카오스의 자손이다

여기서 길은 두 갈래로 갈라진다. 카오스와 가이아가 각각 혼자서 자손을 낳기 시작하고, 그 자손들을 통해 새로운 존재들이 생겨나기 때문이다. 그래서 한 길은 카오스를 따라가고, 다른 쪽은 가이아를 따라가게 된다.

카오스에게서는 뉙스(밤)와 에레보스(어둠)가 생겨난다. 이 둘은 결합해서 아이테르(창공)와 헤메라(낮)을 낳는다. 어두운 것들이 밝은 것들을 낳는 식인데, 어쩌면 이는 세계가 점점 밝고 또렷한 모습을 지니는 쪽으로 발전한다는 사고의 반영인지도 모르겠다. 그리고 이 네 존재는 세계 사물들을 위한 일종의 (좀 희미한) 배경 역할을 하게 된다. 앞으로 우리는 좀 더 또렷한 배경들이 등장하고, 거기서 활동할, 구체적인 몸을 가진 존재들이 나타나는 것을 볼 터이다.

한편 여기서 또 주목할 점은, 카오스는 누구와도 결합하지 않고 혼자서 자식들을 낳았지만, 그 자식 세대부터는 대개 혼자서가 아니라 결합을 통해 새로운 존재를 낳는다는 사실이다. 이것은 에로스의 작용이라고 보아야 할 것이다. 말하자면 처음에는 에로스가 영향력이 없었지만, 곧 활발한 활동을 시작한 것이다. 우리는 가이아의 경우에도 같은 일이 일어나는 것을 보게 된다. 즉, 처음에는 혼자서 자식들을 낳지만, 잠시 후에는 결합을 통해서 자식을 낳는 것이다. 물론 이후에도 간간이 혼자서 자식을 낳는 존재들이 등장하긴 한다.

카오스 자손들의 이후 계보는 우라노스의 퇴출 장면 다음에 나오지만, 편의상 그냥 지금 이 자리에서 마저 보기로 하자. 카오스의 자식 중에서 가장 중요한 것은 뉙스(밤)이다. 무엇보다도 뉙스에게서 많은 자손이 태어나기 때문이다. 이 자손들은 뉙스가 누군가와 짝짓지 않고 혼자 낳은 존재들로, 대개 죽음, 운명, 고통 따위의 추상적이고 부정적인 개념들이다. 이들 가운데서 또 가장 중요한 것은 에리스(불화)라고 할 수 있다. 독자들에게는 이 존재가 아킬레우스 부모님의 결혼식장에 나타나서 황금 사과를 던져, 결국 이것이 트로이아 전쟁의 불씨가 되었다는 이야기로 잘 알려져 있을 것이다. 하지만 지금 이 단계에서 에리스가 중요하다는 것은 그가 많은 자식을 낳았기 때문이다. 이 자식들도 모두 전쟁, 굶주림, 살인 따위의 더욱 부정적인 개념들이다.

그러니까 카오스의 자손들은 다소간 희미한 성격의 빛과 어두움들, 그리고 부재不在와 상실에 가까운 여러 개념들이라고만 알아두면 되겠다. 어찌 보면 반물질反物質의 세계 같기도 한데, 헤시오도스는 적극적이고 긍정적인 것들 반대편에 이런 것들의 체계까지 갖춰져 있어야 세계가 완전하다고 생각했던 듯하다. 혹은 헤시오도스의 작품들 전체를 함께 생각하면, 나중에 판도라의 단지에 들어갈 것들을 여기서 미리 준비하고 있는 것인지도 모르겠다.

한데 여기서 밤의 자식들 중에 들어 있는 헤스페리데스는 보통은 아틀라스의 딸들로 되어 있고, 그들의 역할은 오케아노스 강가에서 헤라의 황금 사과나무를 지키는 것으로 별로 부정적인 일이 아니다. 역시 밤의 자식으로 소개된 운명의 여신들(모이라이)은 뒤에서는(904행) 제우스의 딸들로 되어 있어서, 이 서사시가 전체적으로 완전하게 조정되지 않았음을 보여준다.

가이아가 산과 바다, 티탄들을 낳다

이번에는 위에서 남겨두고 온 다른 길, 즉 가이아의 계통이다. 우선 가이아는 다른 누구와도 짝짓지 않고 혼자서 여러 존재들을 낳는데, 이들은 하늘(우라노스), 산(우레아), 바다(폰토스)같이 이 세상을 구성하는 자연물들이다. 이것들은 다음에 나타날 활동적인 존재들을 위한, 카오스가 낳은 것에 비해 좀 더 구체적인 배경을 이룬다.

가이아는 다음으로 우라노스와 짝을 지어 다른 존재들을 계속 낳아간다. 우라노스는 가이아가 혼자서 낳은 존재이므로 가이아의 분신이라고 할 수 있고, 따라서 이 결합은 모습을 달리한 자기 자신과의 결합이니 여기에 굳이 '근친상간' 같은 부담스런 개념을 끌어들일 필요는 없겠다.

가이아와 우라노스의 결합에서 태어난 존재 중에는 괴물이라 할 것들도 있고, 좀 더 인간 형상에 가까운 것들도 있다. 인간에 가장 가까운 존재들은 아마도 열두 명의 티탄들인 듯하다. 여섯은 아들이고, 여섯은 딸이었는데 이들에 대해서는 '황금 머리띠의' 혹은 '사랑스런' 같이 좋은 수식어만 붙어 있고 별다른 묘사가 없는 것으로 보아 특기할 만한 기괴한 점은 없었던 것 같다.

가이아가 낳은 존재들 중, 티탄 다음으로 인간에 가까운 것은 눈이 하나뿐인 퀴클롭스들이다. 이들은 나중에 제우스에게 천둥, 번개, 벼락을 만들어준 존재들로서, 세 명 각각에게 천둥(브론테스), 번개(아르게스), 벼락(스테로페스)이라는 이름이 붙어 있다. 우리에게 더 잘 알려진 것은 나중에 오뒷세우스의 모험에 등장하는 퀴클롭스들인데, 이들도 눈이 하나뿐인 것으로 되어 있긴 하지만, 우라노스의 자식이 아니라 야만적이고 거친 인간들인 것처럼 되어 있으며, 그중 하나는 포세이돈의 자식으로 되어 있다. 이들은 원래 동화 속의 괴물인데, 태초의 존재들과 같은 특성을 갖고 있어서 같은 이름을 얻게 된 것 같다.

가이아의 자식들 중 가장 괴물 같은 존재들은 세 명의 헤카톤케이르들이다. 이들은 팔이 백 개, 머리가 쉰 개씩 있는 존재들로서 우리말로 옮길 적절한 이름이 없어 조금 난처하다. 이들에게도 콧토스, 브리아레오스, 귀게스라는 개인 이름이 주어져 있지만, 이들이 개인 자격으로 등장하는 중요 사건은 없고, 단지 이 중에서 브리아레오스가 포세이돈의 사위가 되었다는 보고(817행 이하) 정도를 볼 수 있다.

하늘과 땅이 나뉘다

우라노스는 태어난 자식들을 모두 가이아 깊은 곳에 감추고 햇빛으로 나오지 못하게 했단다. 결국 어머니 뱃속에서 나오지 못하게 했다는 말인데, 그 이유에 대해서는 자식들이 무서운 존재여서 그랬다고만 나와 있다.

> 그리고 그들의 거대한 형체에는 무한하고 강력한 힘이 깃들어 있었다.
> 왜냐하면 가이아와 우라노스에게서 태어난 자들은 모두
> 가장 무서운 아이들이었기 때문이다. 그래서 그들의 아버지는
> 처음부터 그들을 싫어했다. 그들이 태어나는 대로 우라노스는 모조리
> 가이아의 깊은 곳에다 감추고는 그들이 햇빛 속으로
> 나오지 못하게 했다. 자신의 악행을 즐기면서.
>
> (153~158행)

국내에 나와 있는 여러 신화 책에서는, 이들이 너무 이상하게 생겨서 그랬다고 소개하고 있는데, 이것은 일부 저자들이 뒤에 나오는 헤카톤케이르들에 대한 기술(617행 이하)을 자식들 전체에게로 확대 적용한 것이고, 혹시 퀴클롭스들까지는 어떨지 몰라도 티탄들에게는 적용될 수가 없다. 적어도 이들은 그리 이상하게 생긴 존재들이 아니었던

듯하니 말이다. 이 신화를 정신분석의 입장에서 보는 학자들은, 아버지가 자식을 감금하는 이 사태를 세대 간의 경쟁과 증오로 해석한다. 138행에는 크로노스도 아버지 우라노스를 싫어한 것으로 되어 있다.

자식들이 밖으로 나오지 못하자 어머니인 가이아는 괴로워했다. 헤시오도스는 별다른 설명을 하고 있지 않지만, 그냥 이유를 추정해보자면 자신의 뱃속에 자식들이 꽉 차 있으니 본인도 힘들었을 것이고, 자식들이 빛을 보지 못한다는 사실도 괴로웠을 것이다. 그래서 그녀는 아다마스('제압되지 않는 것'이란 뜻인데, 보통 '강철'로 해석된다)로 만들어진 낫을 자식 중 하나에게 맡겨 우라노스의 성기를 자르게 한다. 모두가 두려워 이 일을 맡지 않을 때 자진해서 나선 것이 크로노스이다. 그는 막내였지만 이 일로 해서 티탄들의 우두머리가 된다. 크로노스는 숨어 있다가 우라노스가 성적 결합을 위해 다가왔을 때 그의 성기를 잘라버린다. 왜 하필이면 성기 절단인가? 그 이유는, 이전에 자식들이 가이아의 뱃속에서 나오지 못했던 것이 우라노스와 가이아가 성적인 결합 상태로 계속 붙어 있었기 때문이다. 그러니 이런 결합을 끊어야 자식들이 어머니 밖으로 나올 수가 있고, 그 방법은 성기 절단이 될 수밖에 없는 것이다.

이 성기 절단 사건은 하늘과 땅의 분리를 설명하는 역할을 한다. 이와 유사한 신화는 세계 도처에서 발견되고 있어서 아예 '분리 신화 separation myth'라는 이름이 붙어 있다. 우리가 잘 아는 다른 사례로는 '자크와 콩나무'를 들 수 있다. 그리고 이 신화가 필요한 이유도 있으니, 바로 왜 하늘이 무너지지 않는지에 대한 설명이 필요하기 때문이다. (동양에도 이런 쓸데없는 걱정을 하는 사람이 있어서 '기나라 사람의 걱정'을 뜻하는 '기우杞憂'라는 말이 생겼다.) 하늘이란 것이 사실은 지구 중

력에 붙잡힌 공기의 층이라는 것을 알고 있는 우리 현대인에게는 하늘이 무너질까봐 두려워한다는 것이 낯설어 보이지만, 이런 걱정이 생긴 이유도 있다. 옛 사람들은 하늘이 돌이나 금속으로 이루어졌다고 생각했기 때문이다. 이런 생각에도 또 이유가 있으니, 운석隕石의 존재가 그런 생각을 하게 만들었을 것이다. 그러니까 하늘에서 떨어지는 운석이 돌이나 금속으로 되어 있는 것을 보고서 하늘이 이런 물질로 이루어졌다고 생각했으며, 그런데도 하늘이 무너지지 않는다면 거기에는 무엇인가 이유가 있으리라고 믿었던 것이다. 그래서 나온 설명이, 원래는 하늘과 땅이 붙어 있었는데 어떤 계기에 서로 나뉘었으며 그래서 다시는 만나지 않게 되었다는 것이다. 물론 옛사람들은 이런 설명 하나로는 만족하지 않았기 때문에 같은 기능을 하는 다른 설명들도 나란히 적어 놓았다. 하늘을 떠받드는 거인(아틀라스)이 그 하나고, 이와 거의 같은 것으로, 하늘을 받치고 있는 기둥이 있다. 이 두 가지 모두 나중에 나온다.

거품에서 아프로디테가 태어나다

신적인 존재들이 흘리는 피나 체액은 결코 헛되이 없어지지 않는 것으로 되어 있는데, 우라노스의 성기가 최초의 예라 할 수 있다. 거기서 떨어진 핏방울로 해서, 가이아에게 복수의 여신(에리뉘스)들과, 기가스(거인)들, 그리고 물푸레나무 요정들이 잉태되었으며, 또 그것이 바다에 떨어졌을 때 거기서 아프로디테가 태어났던 것이다.

    이들 중에 에리뉘스는 보통 가족 간에 저질러진 죄를 벌하는 여신

올림포스 신들과 거인들의 전쟁을 그린 적색상 펠리케. 올림포스 신들은 왼쪽 위에 그려져 있고, 거인들은 오른쪽 아래에 그려져 있다. 양쪽 구성원의 생김새는 별로 다르지 않고, 거인들 중 일부가 가죽을 걸쳤다는 점이 약간의 차이를 이룬다. 올림포스 신들 중 맨 왼쪽은 나그네 모자를 쓴 것으로 보아 헤르메스인 듯하고, 한가운데 선 것은 아레스로 보인다.

들로서, 특히 아가멤논의 아들 오레스테스에게 나타났던 것으로 유명하다. 이 사람은 자신의 어머니 클뤼타임네스트라가 아버지를 죽였기 때문에, 아버지의 복수를 위해 어머니를 죽일 수밖에 없었다. 그 후에 그는 에리뉘스들에게 쫓겨 방황하게 된다.

거인족인 기가스들은 〈신들의 계보〉에서는 더 이상 언급되지 않는데, 다른 전통들에 따르면 이들도 올륌포스의 신들과 전쟁을 벌인 것으로 되어 있다. 이것을 '기간토마키아(거인과의 전쟁)'라고 하는데, 도기 그림에 보면 이 거인들은 보통 인간과 별로 다르지 않게 생겼고 인간들처럼 완전무장을 했거나, 아니면 창과 방패는 갖췄지만 가죽옷을 걸친 것으로 되어 있다. 하지만 후대의 작품들, 예를 들면 유명한 페르가몬의 신전 제단 조각에는 이들의 발이 뱀 모양으로 그려져 있다. 이는 땅에서 태어난 존재들의 특성을 보여주는 것으로서, 이전같이 그냥 사람 모양으로 그리면 별로 구별점이 없다고 생각해서 이렇게 처리한 듯하다.

멜리아들은 보통 물푸레나무의 요정들로 되어 있지만, 헤시오도스 자신은 이 요정들을 그냥 나무들 일반의 요정으로 생각했던 듯하다. 그리고 여기서 이 요정들이 언급되는 것에 대해 좋은 설명이 없는데, 혹시 인간들의 탄생을 암시하려는 것일 수도 있겠다. 〈일들과 날들〉에 보면 청동시대의 인간들이 물푸레나무에서 태어나는 것(145행)으로 되어 있기 때문이다. 근동 신화들에서는 보통 인간들이 신들 대신 여러 어려운 일들이 하도록 만들어진 것으로 되어 있는데, 희랍 신화에는 인간의 탄생에 대해 별다른 얘기가 없으며, 이따금 옛 부조 작품 등에 프로메테우스가 아테네 여신의 도움을 받아 흙으로 인간을 조성하는 것으로 되어 있다.●

우라노스의 성기에서 태어난 마지막 존재가 아프로디테이다. 그 성기가 바다에 떨어져 희랍어로 거품을 뜻하는 'aphros'가 일고, 거기서 아름다운 처녀가 생겨났기 때문에 그 이름이 아프로디테Aphrodite가 되었다는 것이다. 흔히 '비너스의 탄생'이라는 제목으로 널리 알려진 보티첼리의 그림이 전해주는 상황이다. 이 여신은 우선 퀴테라 섬으로 다가갔다가, 아마도 바람을 타고서 퀴프로스 섬으로 갔던 것 같다. 그래서 이 섬의 이름을 따서 '퀴테레이아' 또는 '퀴프리아'라는 별칭이 생겼다.

● 인간이 흙으로 만들어졌다는 것은, 플라톤의 〈프로타고라스〉 320d와 아리스토파네스 〈새〉 686행 등에 나오지만, 프로메테우스가 만들었다는 주장은 기원전 4세기에 헤라클레이데스가 처음 했던 것으로 알려져 있다. 물론 그 이전부터 그런 믿음이 있었을 수는 있다.

아프로디테의 탄생. 보통 루도비시Ludovisi 보좌寶座라고 불리는 기원전 470년경의 조각. 중앙에 그려진 여성이 아프로디테이고, 좌우에서 계절의 여신들이 그녀를 끌어올리고 있다. 아프로디테는 바다에서 솟아나는 중이 므로 두 여신보다 낮은 위치로 그려졌다. 로마 시대에는 여신, 특히 아프로디테는 가슴을 드러낸 것으로 그려 졌으나, 희랍에서는 (특히 상고archaic 시대에는) 여성의 몸을 드러내는 일이 많지 않았다.

  이 여신에게 붙어 다니는 수식어는 '웃음을 좋아하는philommeides' 인데, 사실 이 형용사는 '남근을 좋아하는philommedes'이란 표현과 발음 차이가 거의 나지 않아서, 어떤 학자들은 아프로디테의 탄생 설화 자체 가 그 이름과 수식어에서 파생된 것이라고 주장한다. 아프로디테라는 이름 때문에 거품에서 태어났다는 얘기가 생겨났고, 웃음을 좋아한다 는 수식어에서 성기 절단 얘기가 파생되었으리라는 것이다. 이런 설명 방식은 이 여신과 퀴테라 섬과의 연관성도 밝혀주는데, 희랍어로 '퀴-' 라는 어근은 '임신'과 연관되어 있기 때문이다. 희랍어 'kyo'가 바로 '임신하다'이다.

Ⅲ. 헤시오도스의 〈신들의 계보〉

실제로 어떤 과정을 거쳐 이 여신의 탄생 설화가 생겨났는지는 모르지만, 그 이름이 '거품'에서 비롯되었다는 것은 일종의 민간어원설이라는 것이 학자들의 중론이다. 그보다는 오히려 근동에서 널리 섬겨지던 여신 아스타르테 또는 아스다롯에서 변형되어 생긴 이름이 아닌가 하는 것이다.

헤시오도스가 이런 기이한 탄생 설화를 전해주는 데 반해, 이상한 이야기를 싫어했던 호메로스는 아프로디테를 그냥 제우스와 디오네 사이에서 태어난 딸로 소개한다. 하지만 디오네Dione라는 이름은 제우스의 소유격 '디오스dios'에서 나온 여성형이니까, 아프로디테는 결국 그냥 제우스의 딸이라는 말이다.

한편 아프로디테가 태어나고 나니 이제 에로스의 지위가 문제된다. 보통 전해지는 얘기로 에로스는 아프로디테의 자식이자 동행자로 되어 있기 때문이다. 그래서 헤시오도스는, 아프로디테가 태어날 때 에로스가 그 자리에 있었으며, 이후에 그녀가 신들에게로 갈 때도 동행한 것으로 꾸몄다. 보통 에로스라는 이름을 들었을 때 우리가 떠올리는 상은 날개 달린 어린이지만, 그런 모습으로 형상화 된 것은 헬레니즘 시대 이후, 특히 로마 시대에 이르러서다. 그래서 고전기 도기 그림에서 보이는 에로스의 모습 중에는 청년으로 그려진 것도 있으며, 우리가 이 장의 맨 앞에서 본 에로스는 아직 인간 형상을 갖추지 않은 거대한 힘이나 어떤 원리 같은 것이다. 어쩌면 세계와 신들이 인간 모습과 가까운 것이 되어감에 따라 에로스도 인간의 모습을 갖추었다고 해야 할지 모르겠다.

전반부의 중심: 바다의 자손들은 주로 요정들과 괴물들이다

앞에서, 지금 우리가 다루는 작품이 일종의 '족보'라고 했는데, 족보의 특징은 후대로 갈수록 가지가 많아진다는 점이다. 그것을 그냥 말로 풀다 보면 같은 세대에 속한 존재들도 나중에 소개되는 수가 종종 있다. 지금 우리가 당도한 부분이 바로 그런 지점이다.

이 부분(211행 이하)은 두 개의 계승 신화 사이에 끼어 전반부의 중심 같은 역할을 한다. '계승 신화'란 '신들의 왕' 자리가 다음 세대로 전해지는 과정을 얘기해주는 신화이다. 대부분 아시겠지만, 그래도 모르는 분을 위해 얘기하자면, 처음엔 우라노스가 신들의 왕이었다가 방금 보았듯이 쫓겨났고, 다음으로 크로노스가 왕 노릇을 하다가 제우스에게 쫓겨난다. 이 두 가지 이야기 사이에 들어 있는 것이 지금 다룰 이 계보들이다. 이런 계승 신화들은 근동 신화에도 공통적으로 나타나는 것이고, 헤시오도스의 작품이 그것의 영향을 받았을 가능성이 크다.

앞서 우리는 맨 처음에 생겨난 존재들 중, 카오스의 자손들 쪽으로 '약간' 가보고는 방향을 가이아의 자손들 쪽으로 돌렸다. 하지만 그것도 좀 많이 나간 것으로, 카오스에게서 태어난 밤과 불화(에리스)의 자손들이 소개되는 것은 '분리 신화' 앞이 아니라 그 뒤, 바로 이 자리이다.

그 '어두운' 계보에 이어 나오는 것은, 가이아가 결합 없이 낳은 자식들 중에서, 방금 얘기한 하늘(우라노스)의 자손들 이외의 존재들이다. 이들 중 산의 자손은 따로 언급할 것이 없는지 그냥 지나가고, 바다의 자손들이 자세히 소개된다. 이들은 이 세계를 구성하는 물리적 자연물들이거나, 괴물, 또는 요정으로서 영웅들을 돕거나 그들에게 제거되는 대상으로 나온다. 〈신들의 계보〉는 일종의 '족보'이기 때문에 신화에 등장하는 모든 존재에게 혈통상의 자리를 부여하고 있다. 그래서 앞으로 다른 이야기에 나올 '출연진'을 미리 짜 놓는 역할도 한다. 하지만 이런 때 이른 역할 배정이 작품 전체를 시간적으로 '중화'하기도 한다는 것은 앞에서 이미 지적한 바 있다.

폰토스(바다)의 자식들은, 속임 없는 '바다의 노인' 네레우스와 타우마스, 포르퀴스, 케토, 에우뤼비에이다. 이 중에 네레우스는 50명의 딸(네레이데스)을 낳는데, 그중 하나가 훗날 아킬레우스의 어머니가 되는 테티스이다. 이들의 이름은 아름다운 목록시를 이룬다. 앞서 말했듯 고유명사로 운율을 맞추는 것은 매우 어렵기 때문에 이런 대목은 청중의 감탄을 이끌어냈을 것이고, 또 청중들은 각각의 이름들이 갖는 의미들을 생각하면서 즐거움을 느꼈을 것이다. 한편 타우마스는 주로 날개 달린 존재들을 낳는데, 신들의 전령 이리스와 나중에 아르고 호 영웅들에게 퇴치되는 하르퓌이아들이 눈에 띈다.

포르퀴스와 케토는 짝을 이뤄 수많은 괴물스런 존재들을 낳고, 이들에 대한 소개는 곧장 희랍 신화의 중심적인 영웅들의 소개가 된다. 우선 페르세우스가 죽이게 되는 고르고들, 특히 메두사, 그리고 그가 이들에게 가기 위해 요정을 찾아갈 때 만났던 그라이아이('노파들')가 나온다. 그리고 메두사가 목을 베일 때 거기서 태어나는 날개 달린 말 페가소스와 '황금의 칼' 크뤼사오르가 소개되며, 후자에게서 삼중 인간 게뤼오네우스가 태어나 헤라클레스에게 죽는 것까지 언급된다.

한편 케토가 낳은 중간적 괴물로 에키드나가 있다. 이 존재는 절반은 아름다운 여인이고, 절반은 거대한 뱀으로서, 뱀의 특성을 갖는 튀폰과 결합하여 역시 뱀의 특성을 갖는 자손들을 낳는다. 게뤼오네우스(게뤼온)의 머리 둘 달린 개 오르토스, 저승의 개 케르베로스(대개는 머리가 셋으로 되어 있지만, 여기서는 머리 쉰 개로 소개된다), 머리 아홉 개 달린 물뱀 휘드라로, 이들은 모두 헤라클레스에게 죽거나 붙잡히게 된다. 또 에키드나는 벨레로폰테스에게 죽는 삼중 괴물 키마이라, 오이디푸스와 맞서게 될 스핑크스, 헤라클레스에게 죽는 네메아의 사자도 낳는다. 케토가 낳은 마지막 자식은 헤라의 황금 사과나무를 지키는 라돈이다. 이 역시 어떤 판본에 따르면 헤라클레스에게 죽기 때문에, 케토와 그녀의 딸 에키드나가 낳은 괴물들은 대부분 이 영웅에게 희생된다고 정리할 수 있겠다.

앞에서 〈신들의 계보〉의 구조를 얘기할 때 말했듯이, 이 작품의 중심적인 흐름 중간에 끼어든 부분에서는 시간들이 역행하고 있어서, 시간적으로는 뒤에 일어나는 일들이 작품 내에서는 앞쪽에 소개되는 경우가 많다. 예를 들어, 작품 맨 뒤에 나오는 튀폰도 벌써 여기 나왔으며, 이미 땅속에 있는 것으로 보아 제우스에게 제압된 상태인 듯하다. 그런데 헤시오도스의 서술 기법의 특징 중 하나가, 같은 성격의 사건이나, 이미지를 반복적으로 사용한다는 점이다. 그래서 여기 소개되고, 영웅들에게 퇴치되는 괴물들도 나중에 소개되는 것과 유사성을 갖고 있다. 가령 뱀의 특성을 갖는 괴물들이 많은데, 이는 제우스와 마지막 대결을 벌이게 되는 튀폰(튀포에우스)의 특성이다. 또 케르베로스나 오르토스에게 보이는 개의 특성, 네메아의 사자, 게뤼온이 기르던 소들은 모두 튀폰이 내는 소리로 다시 등장하게 된다. (튀폰은 여러 짐승의 소리를 낸다.) 따라서 여기서 영웅들, 특히 헤라클레스가 제거하는 괴물들은 뒤에(시간적으로는 그보다 먼저) 제우스가 제압할 더 큰 괴물의 분산되고 축소된 모습들이다.

이와 비슷하게 전에 일어난 사건을 되풀이하는 존재가, 메두사의 베인 목에서 튀어 나오는 페가소스이다. 이는 우라노스의 성기가 잘리는 순간에 태어나는 아프로디테와 닮은꼴이다. 이 둘 다 나중에 올륌포스로 가게 되며, 둘 다 이름의 뜻이 설명된다. 페가소스Pegasos의 이름은 샘pege과 연관되어 설명된다. 한편 메두사Medousa는, 그 이름이 '다스리다medo'에서 파생된 만큼, 그녀 역시 어쩌면 원래는 우라노스처럼 큰 권력을 지닌 여신이었을 수 있다. 그러니까, 큰 권력을 지닌 우라노스의 신체가 훼손되고 거기서 아프로디테가 태어나 이름이 설명되었던 것처럼, 큰 권력을 지닌 여성 메두사의 신체가 훼손되면서 거기서 페가소스가 태어나고 이름 설명이 주어졌단 말이다.

티탄들에게서 세계 구성물들과 존귀한 여신들이 태어나다

이상에서 벌써 희랍 신화의 중심적인 인물들과 그들의 위업이 상당히 소개된 셈인데, 여기서(337행) 얘기는 이 세계를 이루는 자연들로 방향을 바꾼다. 이들은 주로 우라노스와 가이아의 자식들(티탄들) 중에서, 나중에 올륌포스 신들의 가족을 이루는 레아와 크로노스 짝을 제외한 나머지 존재들에게서 태어난다.

앞에서 그냥 지나왔지만 티탄들은 남자 여섯, 여자 여섯으로(132행 이하), 이들은 대체로 남매간에 짝을 지어 여러 존재들을 낳는 것으로 되어 있다. 여기서는 신화에서 중요하지 않은 존재들이 많이 등장하는데, 이들을 모두 기억하려고 하면 전체를 읽어나갈 수 없으니, 그냥 눈으로 훑어만 보고 지나가시기를 권고한다. 사실은 나도 다 기억을 못해서 매번 계보를 다시 확인하고 있다.

원초적인 바다의 여신 테튀스는 세계를 두루 도는 강 오케아노스와 결합하여 세상의 강들과 3천 명이나 되는 요정들을 낳는다. 물론 이들의 이름이 다 열거되지는 않지만 상당한 이름들의 목록이 소개된다. 그중 눈에 띄는 존재들은 나중에 제우스의 아내가 되는 메티스와 에우뤼노메, 그리고 저승의 강인 스튁스 등이다.

테이아와 휘페리온은 해, 달, 새벽 같은 빛나는 존재들을 낳는다. 〈오뒷세이아〉에서는 태양신이 헬리오스 휘페리온으로 소개되는데, 여기서는 헬리오스가 휘페리온의 자식으로 되어 있다.

티탄인 크레이오스는 폰토스의 딸인 에우뤼비에와 결합하여, 바람과 별들의 아버지가 되는 아스트라이오스와 팔라스, 페르세스를 낳는데, 마지막 둘은 그 자체로서보다는 그 아내나 후손들로 더 유명하다. 팔라스는 스튁스와 결합하여 힘과 폭력, 그리고 승리의 여신(니케)를 낳으며, 스튁스는 이들을 데리고 제우스에게 가담하여 티탄들과 싸운다. 그 결단을 내리기까지의 과정이 상당한 길이로 소개되어 있다.

포이베와 코이오스는 결합하여 나중에 아폴론을 낳고, 또 아르테미스의 어머니가 되는 레토도 낳는다. 아폴론이 포이보스라고 불리는 것을 기억한다면 그 혈통에 포이베가 있는 것은 어렵지 않게 기억할 수 있다. 이 결합에서 아스테리에라는 존재도 태어나는데, 이 존재는 위 문단에 소개된 페르세스와 결합하여 헤카테 여신을 낳는다. 이 헤카테는 희랍 신화에서 크게 두드러지지 않지만 실제 종교 생활에서는 높이 섬김을 받던 존재로서, 이 서사시에서도 이례적으로 찬양을 받고 있다. 이 여신께서 도우시면, 땅에서도 바다에서도 복을 받고, 전장에서나 재판정에서나 운동경기에서나 모두 성공을 거두며, 가축도 젊은이들도 모두 잘 성장한다는 것이다. 이 헤카테는 제우스 통치 이전부터 갖고 있던 명예를 계속 유지하는 사례인데, 반대로 새로이 큰 명예를 얻은 것이 조금 전에 소개된 스튁스이다. 한편 헤카테 여신이 지나치다 싶을 정도로 크게 찬양받는 것 때문에, 학자들은 이 여신의 이름$_{Hekate}$이 제우스의 '뜻에 따라서$_{heketi}$'라는 의미가 아닌가 생각하고 있으며, 그녀의 영역이 온 세상에 걸쳐 있는 것은 제우스의 능력이 온 세상에 미친다는 뜻이 아닌가 여기고 있다. 〈일리아스〉에는 제우스의 형제들이 제비뽑기로 세계의 세 영역을 나눠 가진 것으로 되어 있는 반면, 이 서사시에서는 제우스가 전 영역을 관장하는 것처럼 되어 있는데, 그 권력의 범위를 보여주는 것이 바로 헤카테 여신이란 것이다.

이 부분에서는 어려운 이름들이 많이 나와 독자들께서 혼란을 느낄 수도 있지만, 그저 티탄들에게서 세계 구성물들이 나왔고, 나중에 제우스의 부인이 되는 여신들 몇과, 높이 존중 받는 중요한 두 여신 스튁스와 헤카테도 그들에게서 나왔다고만 기억하시면 되겠다.

크로노스가 자식들을 삼키다

티탄들 중에서 마지막으로 레아와 크로노스 짝이 소개되면서, 이야기는 두 번째 계승 신화로 나아간다. 여기서(453행)부터는 다시, 무미건조한 계보가 아니라 시간적 흐름을 타는 이야기가 등장한다.

아버지 우라노스를 권좌에서 몰아내고 신들 세계의 우두머리가 된 것은 크로노스였다. 그는 자신의 누이인 레아를 아내로 취하여 올륌포스 신들 중에서 윗세대라고 할 수 있는 존재들을 낳는다. 아들로는

레아에게 돌을 받는 크로노스. 기원전 400년경 부조. 오른쪽에 앉은 크로노스는 상체의 3/4쯤을 정면으로 향하고 있다. 상고시대 정면성의 원리의 흔적이다. 그의 왼팔을 깨져 있는데, 특별히 지물(持物)을 갖고 있지는 않은 듯하다.

제우스, 포세이돈, 하데스를 낳고, 딸들로는 헤라, 데메테르, 헤스티아를 낳은 것이다. 이들 중에서 헤스티아는 특별히 로마에서 높이 섬겨졌지만, 그다지 인간의 모습으로 그려지지 않은 신으로서 과연 이 신을 올륌포스의 주요 신들 중 하나로 넣어야 하는지 잘 모르겠다. 늘 저승에 머무는 하데스 역시 올륌포스 열두 신에 포함시켜야 할지 결정하기 어려운데, 사실 신들의 숫자를 열둘로 제한한 것은 로마인들이고 원래 희랍에는 그런 개념이 없었다.

　이들은 막내인 제우스를 제외하고는 모두 아버지 뱃속에 들어갔다 나온 존재이다. 크로노스가 자기 자식들이 태어나는 대로 모두 삼켜버렸기 때문이다. 이것은 사실 우라노스가 했던 악행의 다른 판본인데, 이번에는 그 이유가 자기 운명을 피하기 위해서인 것으로 나와 있다. 즉, 다음 세대 신들에게 권력을 빼앗기리라는 예언을 듣고서 그랬다는

Ⅲ. 헤시오도스의 〈신들의 계보〉

것이다(461행 이하).

사실 크로노스가 자식들은 삼킨 것은 이전의 경험에서 배운 바가 있어서다. 우라노스의 경우는 선택지가 두 가지였다. 자식을 어머니 속에 두거나 아니면 자기 속에 두는 것이다. 당시에는 이 세상이 사실상 하늘과 땅만으로 구성되어 있었으니, 자식을 어딘가에 가두려면 그곳은 땅속이거나 하늘 중 하나일 수밖에 없었다. 그래서 우라노스가 선택했던 것은 다들 보았다시피 땅이었다. 그 다음 세대의 신으로서, 전 세대의 전략이 여성의 배신으로 실패하는 것을 본 크로노스가 택한 것은 남아 있는 다른 선택지, 즉 자식들을 자기 속에 감추는 것이었다.

하지만 이 전략 역시 아내의 배반으로 실패하게 된다. 아비가 자식들을 차례로 삼키는 것을 본 레아는 제우스가 태어났을 때는 돌을 강보에 싸서 아기인 양 넘겨주고, 아기는 빼돌려서 크레테의 동굴에서 몰래 키웠던 것이다. 헤시오도스는 그 동굴이 아이가이온 산에 있다고 말하지만 그것이 어느 산을 가리키는지 불분명하여, 후대의 작가들 중 어떤 이는 크레테 동부의 딕테 산을, 어떤 이는 크레테 중부의 이데 산을 내세운다.

제우스는 얼른 자라서 큰 힘을 갖추게 되었다. 제우스는 식물의 생장을 상징하는 신일 수도 있는데, 그럴 경우 그의 성장에는 1년이 걸렸을 것이다. 그는 우선 계략을 사용하여 크로노스가 삼킨 자식들을 다시 토하게 만들었다. 제일 먼저 토해져 나온 것은 제우스 대신 삼켰던 돌인데, 이 돌은 세계의 배꼽(옴팔로스)을 상징하여 델포이에 세워졌다 한다.

이렇게 해서 제우스는 형제들을 이끌게 되었는데, 태어나기로는 그가 제일 막내였지만, 아버지 배 바깥에, 그러니까 세상에 있기로는 첫째였던 것이다. 그래서 호메로스의 주장대로 제우스는 형제 중 맏이라고 할 수도 있는 것이다. 그와 형제들은 이 세상의 권력을 나누게 되는데, 그 이전에 해결해야 할 일이 있었다. 아버지 세대인 티탄들과 전쟁을 치르는 것이다. 하지만 이야기는 제우스가 퀴클롭스들을 땅속에서 해방시키고, 그들이 제우스에게 천둥, 번개, 벼락을 만들어주었다는 대목에서 갑자기 끊기고, 프로메테우스 이야기로 화제가 옮겨간다.

전체의 중심: 프로메테우스가 제우스를 속이고, 여자가 생겨나다

이 부분(507행 이하)은 전체의 중심으로서, 앞부분의 두 계승 신화와 뒷부분의 두 전쟁을 가르는 역할을 한다.

 이야기는 일단 티탄 중에서 나중에 제우스의 아내가 되는 테미스와 므네모쉬네를 제외하고는 유일하게 아직까지 소개되지 않고 남아 있는 존재인 이아페토스의 계보로 시작된다. 그의 자식들은 모두 제우스의 적이 되었는데, 나중에 하늘을 떠받치게 된 아틀라스, 제우스의 벼락에 맞게 되는 메노이티오스, 그리고 꾀 많은 프로메테우스와 좀 어리석은 에피메테우스이다. 우선 에피메테우스가 여자를 받아들여 인간들에게 재앙이 생겼으며, 프로메테우스도 묶인 채 독수리에게 간을 파먹히다가 헤라클레스에 의해 해방되었다는 사실이 언급된다. 프로메테우스가 어쩌다가 그런 벌을 받게 되었으며, 에피메테우스는 어떤 연유로 여자를 얻게 되었는지는 그 다음에 소개된다. 여기서도 시간의 역행이 보인다.

 그 이야기는 이렇다. 처음에는 신들과 인간들이 섞여 살았던 것으로 되어 있다. 하지만 어떤 계기에 신들과 인간들이 서로 몫을 나누게 되었는데, 인간을 돕는 존재인 프로메테우스가 속임수를 썼단다. 한쪽에는 아주 좋은 고기를 내장 따위로 싸서 별로 좋지 않은 것처럼 보이게 만들어 놓고, 다른 쪽에는 쓸모없는 뼈들을 좋은 기름으로 싸서 아주 좋은 것인 양 보이게 해 놓은 후, 제우스에게 아무 쪽이나 먼저 선택하게 했다는 것이다. 제우스는 기름에 싼 뼈를 선택했고, 나중에야 속은 것을 알고 분노하여 불을 숨겨버렸단다. (그 이전에 인간들은 이미 불을 이용했던 것 같다.) 하지만 프로메테우스는 불마저 훔쳐다가 인간에게 주었고, 그래서 제우스가 다시 생각해낸 보복책이 여자를 만드는 것이었다. (이에 따르면 이전까지는 남자들만 있었던 모양이다.)

사실 여기서는 제우스가 정말 속은 것인지, 아니면 일부러 속아준 것인지 불분명하게 되어 있는데, 이는 〈신들의 계보〉가 제우스의 지혜를 찬양하고 있어서일 것이다. 그래서 제우스는 프로메테우스의 속임수를 꿰뚫어 보았으면서도(551행), 기름에 싸인 뼈를 보는 순간 분노하는 것으로 되어 있다(554~555행).

여기에 등장한 프로메테우스의 속임수는 사실은 '원인 설화' 중 하나이다. 이전부터 신들에게 기름에 싼 뼈를 태워 바치는 관습이 있었는데, 그 이유를 여기서 설명하는 것이다. 하지만 원래 그 관행은 뼈에 생명이 깃들여 있다는 믿음, 뼈를 신에게 바치면 죽은 생명이 부활할 수 있다는 믿음에서 나온 것으로 보인다. 구약성서에서 에스겔이 본 환상도 그런 것이며, 미르치아 엘리아데가 《샤마니즘》이라는 책에서 소개하는 이야기도 그렇다. 어떤 샤먼이 말을 타고 궁벽한 지방을 여행하다가, 먹을 것이 없어서 자기 말을 잡아서 원주민들과 나눠먹었단다. 다 먹고 나서 뼈를 모아 가죽으로 싸서 주문을 외자 다시 말이 되었는데, 그 말이 다리를 절더란다. 알아보니 원주민 중 한 사람이 멋모르고 다리뼈를 쪼개서 골수를 빼 먹었기 때문이었다.

그 후에 제우스가 취한 조치에는 각기 다른 두 가지 판본이 있는데, 〈신들의 계보〉에는 약간 단순한 판본이 나온다. 제우스가 헤파이스토스를 시켜 진흙으로 여자를 만들게 하고, 아테네를 시켜 치장을 한 후에 신들과 인간들에게 소개했으며, 그 후로 인간들은 여자로 인해 괴로움을 당하게 되었다는 것이다.

여기서는 여자에게 특별한 이름이 주어져 있지 않으며, 그녀가 항아리(혹은 '판도라의 상자')를 가져오는 것도 아니어서 그냥 여성 자체가 재앙으로 되어 있다. 하지만 〈일들과 날들〉에는 구체적으로 나오는 여성의 특성이 여기에는 생략되어 있어서 여성이 왜 재앙인지 알기가 좀 힘들게 되어 있다. 그저 여성은 수벌이 일은 하지 않고 꿀만 축내듯, 집 안에서 식량만을 축낸다고만 되어 있다. 하지만 그래도 결혼을 통하여 노년에 돌봐줄 후손을 얻을 수가 있으니, 좋은 아내를 얻으면 적어도 복과 고통이 섞인 상태는 된단다. (헤시오도스의 여성 혐오는 유명하다.) 하지만 나중에 〈일들과 날들〉에서 구체화될 여성의 특성들은 헤파이스토스가 만들고 아테네가 둘러주는 황금 머리띠에 들어 있다. 거기에는 무서운 짐승들의 형상이 들어 있는데, 목소리와 생명을 가진 듯했다고 한다. 여기서 특히 목소리는 나중에 등장하는 튀폰의 수백 가지 목소리와 유사한 것으로서 불길한 분위기를 조성한다.

이 이야기에서도 아직 탄생하지 않은 아테네와 헤파이스토스가 등장하므로, 뒷일을 먼저 소개한 것이 된다. 이들은 작품 맨 마지막 부분(924행 이하)에 태어나고, 사실은 서로 맞서는 진영에 속하는 것으로 되어 있다. 제우스가 혼자서 아테네를 '낳은' 후에, 헤라가 화가 나서 역시 혼자 힘으로 헤파이스토스를 낳는다는 것이다. 앞에서 (실제로는 아직 태어나지 않은) 튀폰이 이미 제압된 모습으로 땅속에서 에키드나에게 괴물들을 낳게 하는 것을 소개했는데, 여기서도 벌써 모든 분란이 다 그치고, (나중에) 튀폰을 낳아 제우스에게 대항하게 하는 가이아도 그저 물리적인 땅으로서 제우스가 여자를 만들 재료(흙)를 공급하는 것으로 그려져 있다. 따라서 이 부분 역시 전체적으로 시간적 '중화' 효과를 갖는 부분이라 하겠다.

그리고 여기서도 같은 이미지의 반복이 나타나는데, 겉은 아름답지만 사실은 재앙인 여자는 프로메테우스가 제우스에게 준 기름에 싸인 뼈와 같은 성격의 것이다. 한편 이것은 레아가 크로노스에게 강보에 싸서 준 돌과 마찬가지여서, 이미지 반복은 한 번으로 끝나지 않는다. 또 이 모든 일에 속임수가 개재되어 있다는 점 역시 주목할 만하다.

이왕 판도라 얘기가 나왔으니 다음 작품에 나오는 내용도 미리 소개하기로 하자. 앞서 말했듯 〈신들의 계보〉는 제우스의 통치를 정당화하고 있기 때문에, 프로메테우스의 속임수가 완전히 통하지는 않은 것처럼 되어 있다. 즉, 즉 제우스가 알고도 속아준 것으로 볼 수도 있게 그려졌으며, 여성의 창조에 대한 언급은 그 이야기를 마치기 위해 하는 것으로, 약간 부차적으로 나와 있다. 반면 〈일들과 날들〉에는 같은 이야기가, 어쩌다가 인간이 불행한 삶을 살게 되었는지에 대한 설명으로 나오기 때문에 좀 더 강한 판본이 소개된다.

거기서도 제우스의 명에 따라 여성을 만드는 것은 헤파이스토스지만, 여러 신들이 모여 이 여성에게 선물을 주는 것으로 되어 있다. 그래서 그녀의 이름이 판도라가 되었다는 것이다. 왜냐하면 희랍어로 'pan'은 '모든'이란 뜻이고, 'doron'은 '선물'이란 뜻이기 때문이다.

(dora는 doron의 복수형으로 보아도 되고, dor-에 여성 어미를 붙인 것으로 보아도 된다.) 하지만 어떤 학자들은 판도라가 원래는 땅의 여신으로서 '모든 선물을 주는 자'란 뜻이었으리라고 해석하기도 한다. 하여간 그 선물이라는 것이 남자의 마음을 호리면서도 교활한 짓을 꾸미는 성품인지라, 이 판본에서도 여성이 그 자체로 '사랑스런 재앙'이라는 것은 변함이 없다. 전에 비해 좀 더 강해진 내용은, 여기에 더하여 항아리가 등장한다는 사실이다. 이 항아리에는 온갖 질병과 고통이 가득했는데, 판도라가 이 항아리를 열어서 거기서 그것들이 쏟아져 나왔고, 그 후로 인간들은 괴로운 삶을 살게 되었다는 것이다. 하지만 이 항아리를 판도라가 가져왔다고는 나와 있지 않다.

보통 알려진 판본에는 신들이 판도라에게 절대로 상자를 열지 말라고 했는데, 판도라가 호기심을 못 이겨 연 것으로 되어 있다. 다른 이야기, 가령 아풀레이우스의 〈변신이야기〉에 나오는 프쉬케의 경우와 비교하면 결국 이런 이야기가 나올 법도 하다. 프쉬케가 바로 호기심을 못 이겨 상자를 열어보았기 때문이다. 그러나 어쨌든 헤시오도스의 작품에는 그런 얘기가 전혀 나오지 않는다. '열어보지 말라'는 주의는커녕, 신들이 항아리를 주어 보냈다는 말조차 없다. 판도라가 왜 그것을 열었는지, 그 안에 아직도 남아 있다는 희망이 좋은 것인지 아니면 나쁜 것인지, 또 그것이 거기 남아 있으니 이 세상에 희망이 있다는 것인지, 아니면 뚜껑이 닫혔으니 이 세상에는 희망이 없다는 것인지 모두 분명치 않다.

또 하나 기이한 것은 이 판도라를 받아들인 것이 프로메테우스의 형제인 에피메테우스라는 점이다. 에피메테우스라는 이름의 뜻을 '나중에 생각하는 자'라고 볼 수도 있으니, 그가 이런 어리석은 짓을 하

아틀라스와 프로메테우스. 기원전 560년경의 라코니아 잔. 왼쪽에는 하늘을 떠받친 아틀라스가, 오른쪽에는 큰 새의 공격을 받고 있는 프로메테우스가 보인다. 전자는 티탄 전쟁의 결과를 대표하며, 후자는 제우스와의 개인적인 다툼의 결과라 하겠다. 아틀라스의 '돌' 하늘에는 별들을 표현한 것으로 보이는 점들이 박혀 있다.

는 것도 이해가 되지만, 그 에피메테우스는 티탄의 자손인데, 그가 한 행동 때문에 왜 인류가 괴로움을 당하는지에 대해서는 아무런 설명도 없다.

어찌 보면 판도라의 항아리는 사실 군더더기라고 할 수도 있다. 판도라 자신이 겉은 아름답지만 그 효과에 있어서 재앙이므로, 항아리나 다름없는 역할을 하고 있기 때문이다. 따라서 나중에 항아리가 도입된 것은 사실상 같은 기능을 하는 장치를 여럿 병렬하던 옛 방식의 한 예라 하겠다. 뒤에 보면 티탄들이 갇히는 타르타로스도 일종의 항아리처럼 그려져 있는데, 혹시 거기서 항아리라는 착상이 떠올랐는지도 모르겠다.

제우스는 여자를 만들어서 인간들에게 보복한 후에도 분이 풀리지 않아서, 사슬을 기둥 한가운데로 넣어 프로메테우스를 묶어 놓았다고 한다(522행). 물론 다른 판본들에는 대개 카우카소스 산의 절벽에 묶인 것으로 되어 있는데, 여기 등장하는 기둥은 어쩌면 하늘을 떠받치는 기둥일지도 모르겠다. 하여간 제우스는 프로메테우스를 묶어 놓았을 뿐 아니라 매일 낮이면 독수리가 날아와 그의 간을 파먹었는데, 밤이면 다시 간이 자라났으며, 프로메테우스의 이러한 고통은 헤라클레스가 와서 독수리를 죽일 때까지 계속된다. 이 벌에 대한 언급은 이미 여자 만들기보다 앞에 나왔고, 이미 거기서 헤라클레스가 구해주었다는 말(526행 이하)까지 나왔는데, 여자 이야기가 다 끝나고 나면 다시 프로메테우스가 여전히 사슬에 묶여 있다고(613행 이하) 강조된다. 다소 앞뒤 조정이 덜 된 듯 보이지만, 어쨌든 전체적으로 이 일화는 제우스의 지혜를 강조하면서 〈신들의 계보〉 한가운데에 놓여 있다.

올륌포스 신들이 티탄들과 전쟁을 벌이다

〈신들의 계보〉는 신들의 혈통뿐 아니라, 올륌포스 신들의 통치권이 안정되기까지의 과정도 그리고 있는데, 이 과정에서 두 번의 전쟁이 벌어진다. 그 하나는 티탄들과의 전쟁이고, 다른 것은 튀폰과의 전쟁이다. 하지만 다른 전통에 나오는 거인과의 전쟁은 이 서사시에는 나오지 않는다.

티탄들과의 전쟁 이야기는 프로메테우스 이야기 직전에 준비되었다가 중단되었는데, 그 프로메테우스 사건이 지나가자 다시 이어진다.

그 앞뒤를 연결해보자면, 이 사건은 크로노스가 자식들을 다시 토해낸 사건에 바로 이어지는 듯 되어 있어서, 아마도 그 구토 사건이 세대 간 전쟁의 시초였던 것으로 보인다. 이 전쟁은 10년을 끌었던 것으로 되어 있는데, 자세한 진행 상황은 그려지지 않고, 다만 마지막에 올륌포스 신들이 가이아의 충고에 따라 우라노스의 자식들 중 티탄이 아닌 존재들을 풀어주고 이들의 도움을 받은 것으로만 해놓았다. 크로노스는 우라노스를 거세한 다음, 형제들을 다 풀어주었지만, 퀴클롭스들과 헤카톤케이르들은 그냥 지하에 갇힌 채로 버려두었던 것처럼 되어 있다. 이제 이들이 드디어 땅 밖으로 나와서 활약을 하게 된 것이다. 퀴클롭스들은 제우스에게, 앞서 말했던 것처럼 천둥, 번개, 벼락을 주었고, 헤카톤케이르들은 올륌포스 신들의 편에서 가장 앞장서서 싸웠다. 올륌포스 신들은 제우스와 이 헤카톤케이르들의 활약에 힘입어 마침내 승리하게 된다.

앞에 〈일리아스〉에 대한 글에서 언급했듯이, 헤시오도스의 전쟁 장면 묘사는 좀 멀리서 관찰하는 것처럼 소리와 진동, 화염으로 그려진다. 한 가지 주의할 것은 이 전쟁으로 해서 어쩌면 세계가 태초의 무질서로 돌아갈 위험에 처했던 듯하다는 점이다. 그래서 태초의 공간이 다시 등장하는데, '열기가 카오스를 채우고'(700행), 대지와 하늘이 부딪는 듯했던(702행) 것이다. 어쩌면 시인은 이것을 두 번째 세계 탄생으로 생각했는지도 모르겠다.

이것은 작품 전반부에, 후반부에 속한 내용들이 들어가 있는 것과 닮은꼴이다. 사실 티탄과의 전쟁도 이미 스튁스의 계보에서 조금 소개되지 않았던가? 거기에는 그녀의 자식들 중 승리의 여신인 니케와, 힘(크라토스), 완력(비아)이 평소 제우스의 권력 기반인 것으로 되어 있는데, 구체적 묘사는 없지만 아마 이들도 그의 승리에 한몫했을 것이다.

후반부의 중심: 티탄들이 타르타로스에 갇히다

티탄과의 전쟁은 패자들에 대한 징벌 묘사로 이어지는데, 우선 그들이 갇히게 되는 타르타로스의 모습이 그려진다. 이 부분(717행 이하)은 후반부 두 번의 전쟁 중간에 놓여서 뒷부분의 중심 역할을 한다. 그곳은 땅으로부터의 거리가, 하늘에서 땅까지의 거리만큼 떨어진 곳이다. 그 거리가 청동 모루가 떨어지는 데 걸리는 시간으로 표시된 것은, 헤파이스토스의 추락 이야기나 마찬가지로 운석의 추락과 연관된 것으로 보인다. 인간들이 처음 사용한 철은, 운석에 포함된 운철隕鐵이었으리라는 추측이 있는데, 운석의 추락이 그것을 다루는 대장장이의 추락으로, 거기서 다시 그 대장장이의 도구의 추락으로 이야기가 발전했다는 것이다.

 이 부분은 마치 항아리처럼 그려져 있어서, 그 목 주위에 어둠이 세 겹으로 둘린 것으로 되어 있고, 그 위에 대지와 바다의 뿌리가 있으며, 또 그곳에 대지와 타르타로스와 바다와 하늘의 원천과 끝들이 자리 잡고 있는 것으로 되어 있다. 이것은 사실상 이 작품 처음에 시작된 세계 묘사를 완결하는 부분이다. 거기에는 앞(517행 이하)에서는 땅 끝에 있다고 했던 아틀라스가 하늘을 받치고 있으며(746행), 밤과 낮이 거기서 교대하고, 잠과 죽음이 거주하고 있다. 지하의 신들과 스튁스도 그곳에 자리 잡고 있으며, 그 집의 은 기둥은 하늘에 닿아 있다. 이는 앞에 나온 '프로메테우스의 기둥'처럼 하늘을 무너지지 않게 하는 세 번째 장치이다.

한데 여기서 구체적인 이름이 나오는 티탄족은 하늘을 떠받들고 있는 아틀라스밖에는 없다. 앞에서 보았듯 아틀라스의 형제들은 특히 제우스의 미움을 많이 받는 것으로 되어 있으니 아마도 이들의 아버지인 이아페토스가 올림포스 신들과 맞서 싸웠을 법한데, 그런 언급이 없으니 그저 짐작할 뿐이다. 사실 헤시오도스에 이름이 나오는 여러 티탄들은 대개 올림포스 신들과 가까운 관계여서 과연 누가 그들과 싸웠을지 궁금할 지경이다. 여기서 중요한 것은 세대 간의 전쟁이 있었다는 점이지, 그 전쟁의 주체가 구체적으로 누구였는지는 아닌 듯하다.

그리고 이 부분에서 튀폰을 낳은 타르타로스가 더 이상 살아 움직이는 주체가 아니라, 물리적 자연으로 티탄들의 징벌의 장소가 된다는 것도, 뒤에 일어날 일을 미리 얘기한 시간적 '중화' 장치로 볼 수 있겠다.

제우스가 튀폰과 전쟁을 벌이다

제우스가 통치권을 확립하는 과정에서 가장 무서운 적은 튀폰이었다. 〈신들의 계보〉에는 튀폰과 튀포에우스, 두 가지 이름이 다 쓰이고 있는데, 아폴로도로스에 따르면 튀폰은 머리가 하늘의 별에 부딪힐 정도로 덩치가 컸다고 하며, 그의 어깨에는 백 개의 뱀 머리가 돋아나 있고, 눈에서는 불이 번쩍이는 것으로 되어 있다. 보통 도기 그림에 그는 두 다리도 뱀의 모양으로 그려져 있다. 어찌 보면, 그가 불을 뿜을 수 있었다고 해석할 만한 구절도 나오는데, 정말 그런지는 불분명하다. 어쨌든 이 존재는 제우스가 조금만 방심했더라면 이 세계를 다스릴 수도 있었을 만큼(836~837행) 강력한 존재였다.

이 괴물은 올륌포스 신들이 티탄 족들을 몰아낸 후에, 가이아가 타르타로스와 결합해서 낳은 것으로 되어 있다. 조금 전에 가이아가 올륌포스 신들을 도와 중요한 충고를 한 것으로 나와서 조금 혼란이 될지 모르지만, 가이아는 그 속을 알 수 없는 무서운 존재로 되어 있으니 그리 놀랄 일도 아니다. 한편 '호메로스의 찬가' 중 하나인 〈아폴론 찬가〉에 따르면 헤라가 이 튀폰을 혼자서 낳은 것으로 되어 있다. 이는 헤라가 혼자서 헤파이스토스를 낳았다는 이야기(927행 이하)와, 그녀가 제우스를 몰아내려 했었다는 〈일리아스〉 1권 397행 이하의 내용이 결합된 것인지도 모른다.

아폴로도로스의 〈도서관〉에는, 제우스가 처음에 튀폰에게 상처를 입히고는 안심하고 다가갔다가, 오히려 그에게 붙잡혀서 온 몸의 건腱이 끊기고 동굴에 갇혔으며, 헤르메스의 도움으로 간신히 탈출하여 결국 튀폰을 이겼고, 이 괴물은 보통 시칠리아의 아이트나 산 밑에 묻힌 것으로 되어 있다. 하지만, 제우스의 힘과 그 통치의 정당성을 강조하는 이 〈신들의 계보〉에는, 제우스가 별 탈 없이 튀폰을 제압하는 것으로 나와 있다. 한편 이 전쟁 역시 불길과 진동, 소음으로 묘사되어 있다.

제우스에 의해 제압된 후에 튀폰은 타르타로스로 던져져서 세상의 여러 나쁜 바람들을 제공하는 존재가 되었다고 하는데, 여름철이면 동아시아에 찾아오는 태풍颱風의 로마자 표기가 'typhoon'이 된 데도 이 튀폰의 이름이 영향을 주었다고 한다.

튀폰과 싸우는 제우스. 기원전 540년 경의 휘드리아(물 담는 항아리). 제우스가 벼락으로 튀폰을 공격하고 있다. 튀폰은 땅에서 태어난 괴물들이 자주 그러하듯, 다리가 뱀으로 되어 있다. 제우스의 얼굴 앞에는 희랍 글자로 그의 이름이 쓰여 있다.

튀폰 이야기는 서시 부분에 예고되지도 않았고, 그 시작 부분이 제우스의 결혼 묘사 부분("축복받은 신들이 노고를 끝내고/티탄족과 힘으로 특권들을 결판냈을 때", 881~882행)과 유사하게 티탄 전쟁이 끝난 직후인 것처럼("하나 제우스께서 하늘에서 티탄족을 몰아내셨을 때", 820행) 되어 있어서, 어떤 학자들은 이것이 티탄과의 전쟁을 본떠서 누군가가 덧붙인 것이 아닌가, 의심하기도 했다. 하지만 이 부분은 앞에 나온 내용들을 요약하는 의미가 있다. 이 전쟁은 작품 전반부를 차지하는 계승 신화의 특성과, 후반부의 앞쪽에 나온 신들의 전쟁이라는 두 가지 면모를 모두 보여주기 때문이다. 시인은 작품 후반에 전체를 요약하는 일화를 하나 더 넣고 싶었을지도 모른다. 이것은 사실, 앞에 언급되었던 사건이나 이미 사용된 이미지를 반복해서 다시 쓰는 시인의 성향과 일치하는 것이며, 다음 작품에서도 이런 기법이 쓰이는 것을 보게 될 것이다.

　　이 부분의 다른 특징은, 여기서는 티탄과의 전쟁에서와는 달리 인간에 대한 관심이 드러난다는 것이다. 즉 지하에 묻힌 튀폰에게서 인간들에게 해를 끼치는 바람들이 생겨났다는 언급 때문이다. 재미있는 것은 이 작품에서 인간들이 등장하는 방식이다. 작품 앞쪽일수록 구체적인 사람이 나오고(이 작품에서 가장 구체적으로 나온 인간은 맨 앞에 언급된 헤시오도스이고, 그 다음이 헤라클레스이다), 뒤로 갈수록 점차 일반화되어가는 꼴을 보이기 때문이다. 그래서 작품 거의 끝부분이라고 할 수 있는 이 튀폰 일화에서는 인간이 너무 일반화되어 있어서, 정말 이 부분에 인간에 대한 언급이 나왔던가, 다시 찾아보게 될 정도이다. 이런 특징은 앞으로 나올 다른 작품과의 연결 고리가 된다. 시인은 항상 다음 것을 준비하는 경향이 있다. 이런 경향에 대한 자세한 얘기는 뒤에서 하겠다.

통치권을 확립한 제우스가 많은 자식들을 낳다

이런 전쟁을 겪은 후, 제우스는 신들의 요구로 그들의 왕이 되었고 특권을 나누어 주었다. 제비뽑기가 아니라, 제우스의 자의적인 배분으로, 〈신들의 계보〉는 〈일리아스〉에 비해 훨씬 제우스 중심적이다. 이렇게 특권을 배분하는 과정은 이 서사시에는 좀 소략하게 그려졌는데, 이 작품이 영향을 받은 것으로 보이는 동방의 서사시들에서는 전쟁 전과 후의 회의들이 좀 더 자세히 그려지는 경향이 있다. 참고로 서양 서사시의 전통 위에 서있는 밀턴의 《실락원》 2장에는 그런 회의가 자세히 그려진다.

신들의 전쟁이 끝나고 제우스의 통치가 확립된 시점에 아직 올륌포스 열두 신의 자리는 다 채워져 있지 않은 상태였다. 제우스와 같은 세대에 속하는 신들은 모두 태어나 있었지만, 그 다음 세대 혹은 다른 세대에 속하는 신으로서는 우라노스의 잘린 성기가 바다에 떨어져서 거기서 생겨났다는 아프로디테밖에는 없었다. 그러니 다음은 이 최고 신의 왕성한 자녀 생산 활동이 묘사될 차례이다. 그래서 일단 제우스의 여러 결혼과 그 결과 태어난 신들이 소개되는데, 학자들은 원래 〈신들의 계보〉가 그 중간 어디선가(예를 들면 900행 부근에서) 끝난다고 보고 있다. 꼭 거기가 아니라도 어쨌든 이 서사시는 거기서 몇 걸음 못 가서 여신들의 자식들을 소개하다가 그냥 끝나고 만다.

하지만 어쨌든 현재 전하는 대로의 〈신들의 계보〉에는 제우스가 헤라 이전에 결합했던 여신들이 소개된다. 자신보다 강한 아들을 낳기로 되어 있어서 제우스가 삼켜버렸던 메티스(지혜), 제우스의 통치 성격을 보여주는 테미스(법)와 에우뤼노메(널리 법을 펼침), 페르세포네를 낳아주는 데메테르, 무사 여신들을 낳아주는 므네모쉬네(기억), 아폴론과 아르테미스를 낳아주는 레토, 그리고 마지막이 헤라이다. 헤라는, 헤라클레스와 결혼하게 되는 헤베(청춘)를 비롯해 전쟁의 신 아레스, 출산의 신 에일레이튀이아를 낳는다.

여기서 제우스가 메티스를 삼킨 사건은 이전에 있었던 우라노스와 크로노스의 조치를 상기시키는데, 중요한 차이는 이로써 제우스가 지혜를 물리적으로 뱃속에 가지게 된 데 더하여 여성적 원리를 자기 속에 포섭하게 되었다는 점이다. 항상 후대를 편드는 가이아의 행태에서 보듯이 여성들은 늘 세대 간의 교체를 지지하는 쪽이다. 제우스의 통치가 안정되고 더 이상의 질서 재편이 없으려면 그 재편의 원인을 제공하고, 또 그것을 부추기는 여성을 어떻게든 포섭하는 수밖에 없었을 것이다. 아이스퀼로스의 〈결박된 프로메테우스〉를 보면 제우스의 통치도 초기에는 매우 강경하고 거친 것이었지만, 나중에는 좀 더 온화하고 합리적인 것으로 변해간 듯하다. 물론 이는 아이스퀼로스의 해석이다. 제우스의 이런 변화가 여성적 원리의 적용에서 온 것이라면 지나친 해석일까?

그 후 제우스는 메티스가 낳았어야 할 아테네를 머리로 낳고, 헤라 역시 남성 없이 헤파이스토스를 낳는다. (앞에서도 얘기했지만, '호메로스의 찬가' 중 〈아폴론 찬가〉에 따르면 이때 헤라가 낳은 아기가 튀폰이라고도 한다.) 그 후 제우스가 마이아에게서 헤르메스를 낳고, 세멜레에게서 디오뉘소스를 낳음으로써 올륌포스 신들의 자리가 모두 채워진다. 보통 '열두 신'이라고 하는데 사실 나로서는 어떻게 하는 것이 좋은지 잘 모르겠다. 보통 거기 꼽아 넣는 헤스티아는 거의 알레고리●로서 인격화가 덜 된 듯 보이니, 있으나 없으나 한 존재이다. 신들이 자주 올륌포스에 모이는 것으로 그려놓은 〈일리아스〉의 상황을 참고하여, 올륌포스 신의 숫자를 굳이 열둘로 맞추자면, 하데스와 페르세포네는 제외해야 할 것이다. 이들은 지하에서 얼굴을 내밀지 않기 때문이다. 반면에 레토는 항상 올륌포스에 살고 있어서, 올륌포스 가족에서 제외하기가 좀 어색하다. 디오뉘소스에게도 문제가 있으니, 기능은

● 추상개념이 구체적인 모습으로 나타나는 것을 보통 '알레고리'라고들 한다.

아테네의 탄생. 기원전 550년 경 흑색상 암포라. 제우스가 임신 중인 메티스(지혜)를 삼킨 후, 달이 차자 그의 머리가 아파왔고 헤파이스토스 또는 프로메테우스가 도끼로 머리를 쪼개자 거기서 완전 무장한 여신이 튀어나왔다고 한다. 그래서 아테네는 '어머니 없이 태어난, 아버지의 딸'이다. 중앙에 제우스가 오른손에 벼락을 들고 약간 움츠린 듯한 자세로 그려져 있다. 아테네 여신은 제우스의 머리에서 거의 빠져나온 상태이다. 그 앞에는 출산의 여신 에일레이튀이아와 아레스가, 제우스의 뒤에는 뤼라를 든 아폴론과 나그네 모자를 쓴 헤르메스가 그려져 있다. 헤시오도스에 따르면 아테네는 다른 신들보다 먼저 태어나야만 할 것 같은데, 이 그림에는 여러 신들이 이미 태어나 있는 듯 그려졌다.

확실하지만 그는 〈일리아스〉에 거의 등장하지 않는다. '올륌포스 열두 신'은 사실 인위적인 개념이다. 따라서 그냥 '중요한 열두 신' 정도로 하는 것이 좋겠다.

제우스가 앞뒤 세대를 가리지 않고 여러 여성들과 결합하여 여러 신을 낳는데 반해, 포세이돈은 별로 대단치 않은 바다신 트리톤 하나를 낳았을 뿐이며, 하데스는 불모의 저승 신이므로 자식이 없다. 결국 제우스를 뒤엎을 존재는 이제 태어나기 어렵게 된 것이다. 그의 자식

세대도 신끼리 결합하여 자식을 낳는 경우는 거의 없기 때문에, 어떤 학자는 이것을 두고 '결혼이 출산을 대신한다'고 말하기도 한다. 한편 〈일리아스〉 1권 398행을 보면, 지금 여기 거의 유일하게 자녀를 낳는 것으로 소개되는 헤라와 포세이돈이 제우스에게 반란을 일으켰다는 얘기가 소개되어 있으니, 출산력과 권력(완력)은 비례하는 것인지도 모르겠다.

헤시오도스가 암시적으로 지나간 영웅들의 행적은 아폴로도로스의 과제가 된다

그밖에 신들의 자식들과 후손 중에서 영웅들의 행적과 긴밀하게 연관되는 몇 사람, 예를 들어 카드모스의 짝이 되는 하르모니아, 테세우스를 돕지만 버림받는 아리아드네, 이아손을 돕고 역시 버림받는 메데이아 등의 계보를 말한 후, 시인은 인간 남자와 결합한 여신들과 그 후손을 노래한다. 여기서 다시 희랍 신화의 주요 인물들이 준비된다. 테바이 사람들, 헤라클레스의 모험, 아르고 호의 모험, 트로이아 전쟁, 오뒷세우스의 모험 등이 인물들의 계보로 지나가고, 여인들의 목록으로 이어지는 부분에서 서사시가 끝난다.

아폴로도로스는 후에 희랍 영웅들의 이야기를 계보에 따라 정리하였는데, 그의 작업은 마치 헤시오도스가 〈신들의 계보〉 마지막 부분에 서둘러 지나가면서 암시만 했던 이야기를 꼼꼼하게 다시 정리한 것처럼 보인다.

전체적으로 〈신들의 계보〉는 이 세계가 질서 없는 데서 출발하여 질서 잡힌 것으로 변해가는 과정을 그린다. 헤라클레스가 괴물들을 제거하는 것도, 이전에 크고 무서운 힘이던 것들이 물리적 자연으로 자리 잡는 것도, 예전에는 직접적인 폭력으로 싸우던 신들이 꾀로써 겨루는 것(제우스는 메티스를 말로 꾀었다)도 모두 이런 '문명화'의 표징이라 하겠다. 그 과정에서 옛날 일이 되풀이되기는 하지만 점점 규모가 작아지고 효과도 작아진다. 이제 제우스가 통치하는 세계에서 인간들이 어떻게 살아갈지가 새로운 문제로 떠오른다. 그 주제는 헤시오도스의 두 번째 작품으로 이어진다.

IV

헤시오도스의 〈일들과 날들〉

인간은 어떤 질서에 따라 살아야 하는가?

보통 헤시오도스의 것으로 인정되는 온전히 남은 두 작품 중, 좀 더 나중에 만들어진 것으로 보이는 게 이제 설명하려는 〈일들과 날들〉이다. 이 작품은 서사시 운율을 사용하고 있지만, 사실상 서사시가 아니라는 학자도 있다. 다른 서사시들과 다르게 낱낱의 조각들을 연결한 것처럼 되어 있고, '서사'에 해당되는 이야기랄 것이 없어서다. 그래서 보통은 '가르치는 시didactic poem'라고들 하는데, 나로서는 넓은 의미의 서사시에 넣어도 되지 않나 생각한다. 그냥 보기에도 일단 두 가지 신화가 소개되는데다가, 전체의 흐름이 〈신들의 계보〉와 연결되어 일관된 하나의 흐름을 따르기 때문이다.

앞에서 다른 작품들을 소개할 때는 구조를 좀 강조했었는데, 이 작품은 그러기가 곤란하다. 거의 '이어 붙이기'로 진행하고 있기 때문이다. 물론 전체적인 경향은 있다. 앞의 작품에 이어 점차적으로 규모를 줄여가며 뒤로 갈수록 사소한 주제들이 나오고, 시간적 범위도 줄여간다는 점이다. 그리고 그 와중에 앞에서부터 사용되던 이미지들을 반복으로 사용하여 암암리에 어떤 연결을 보여준다. 그것은 구조적인 연결이라기보다는 우리에게 남아 있는 이미지들 사이의 연결이다. 그나마 조금이라도 독자들께 도움이 될 구조를 얘기하자면, 두 번의 충고가 농사법 앞뒤에 포진하고 있다는 점이다. 두 번째 충고들 다음에 택일법이 붙어 있으니, 이 작품의 뒷부분은 제목에 나오는 두 부분을 중심으로, '충고들1-농사법-충고들2-택일법'이 된다. 그 앞부분은 구조라고 말하기도 좀 그렇지만, 주제들로 보면 '두 가지 에리스-두 가지 신화-우화' 순으로 진행되니, 아쉬운 대로 이 둘을 전체의 얼개로 생각하시면 읽는 데 약간이라도 도움이 되지 않을까 한다. 전체적으로 보자면, 앞에서는 정의가 강조되고 뒤에서는 근면이 강조되는 모양새이다.

    내용으로 들어가기 전에, 앞에서 예고했던 대로 제목에 대한 얘기를 좀 하자. 〈일들과 날들〉이란 제목은, 헬레니즘 시대부터 사용되어온 희랍어 제목 'Erga kai Hemerai'를 그대로 옮긴 것이다. 하지만 이 제목은 사실 작품 내용의 일부에만 들어맞는다. 작품 중간에 농사법에 관한 내용이 있고, 작품 마지막에 한 달 중 어느 날이 길일吉日이고 어느 날이 흉일凶日인지를 밝히는 부분이 있는데, 두 부분을 전체의 대표로 생각해서 그 제목을 잡은 것이다. 거기 맞춰 우리식 제목을 잡자면 '농사법과 택일擇日법' 정도라고 할까?

    앞에서 다룬 〈신들의 계보〉는 그래도 여러 신화 책을 통해 그 내용이라도 알려져 있지만, 이 작품은 국내에 거의 소개되지 않았기 때문에, 사람들이 그 내용을 몰라 제목도 여러 가지로 이상하게, 더러는 우습게 옮겨왔다. 우리나라에서 가장 널리 쓰이는 제목은 〈노동과 나날〉인데, 아마도 이 제목이, 평소에는 애써 노동을 하다가 더러 나날을 즐기기도 하는, 우리네 삶을 표현해주는 듯도 하고, 왠지 낭만적인 감흥을 주기도 하는 것이어서 그런 모양이다. 하지만 '농사법'과 '노동'은 어감이 많이 다르고, '나날'도 '택일법'과는 한참 멀다. 좀 더 놀라운 제목들로는 〈사업과 시대〉, 〈작품과 생애〉 따위가 발견된다.

〈일들과 날들〉에는 헤시오도스 개인에 대한 정보가 많이 들어 있다

이 서사시는 여러 충고들과 금언들을 계속 덧붙여 놓은 것이기 때문에 요약이 쉽지 않다. 이 서사시에서 우선적으로 주목되는 것은 농사법 부분 다음에 나오는 항해에 대한 충고들 앞머리에 시인 자신의 '개인적인' 정보가 들어 있다는 점이다. 즉, 자신의 아버지가 퀴메라는 소아시아의 항구에서 무역을 하다가 사정이 여의치 않자 역逆이민하여 희랍 땅의 아스크라로 왔다는 것, 그리고 자신이 노래 경연을 위해 에우보이아로 짧은 항해를 했었다는 것이다. 앞에 말한 대로 이것은 시인의 '개인성'을 구성하는 정보 중 일부이다.

아스크라는 여름에는 덥고 겨울에는 매우 추운 곳으로 되어 있는데(639~640행), 왜 시인의 아버지가 거기 정착했는지는 불분명하다. 단지 그가 탔던 배의 선주가 그 근방에 내려놓아서 그랬다는 다소 무책임한 추측도 있고, 그 지역에 신전이 많고 축제 역시 많아 몰려드는 관광객을 상대로 어떤 사업을 하지 않았나 하는 추정도 가능하다. 뒤에 보면 그가 노래 경연에서 우승하여 그 상을 헬리콘 산의 무사 여신들께 바쳤다고 하니, 그럴 듯한 신전이 있었던 것은 분명하다. 어쨌든 시인의 아버지는 거기서 사업이 잘 되었던지 아들들이 서로 다툴 만한 재산을 남긴 모양이다.

〈일들과 날들〉은 저자가 자기 형제에게 충고하는 형식이다

이 작품의 특징 중 하나는 그것이 대화 상대자addressee를 가지고 있다는 점이다. 그 상대는 우선 시인의 형제인 페르세스로서, 시인과는 물려받은 재산을 놓고 소송을 한 적이 있으며, 재판관들을 매수해서 부당하게 이긴 것으로 되어 있다. 그는 그렇게 얻은 재산을 다 날리고 시인에게 더 얻어내려다 실패하자, 또다시 재판을 시도하려는 것으로 보인다. 물론 이런 설정도 하나의 전략이 아닌가 의심받고 있기는 하지만, 이런 상황 설정이 이 서사시에서 정의에 대해 언급하는 데 도움이 되는 것은 사실이다. 이 작품은 정의의 필요성을 약자의 관점에서 설파하는 것으로 알려져 있기 때문이다.

사실 어찌 보면 이것이 이 작품을 영향력 있는 것으로 만든 특성인 듯도 하다. 무엇보다 인간 사회에는 정의가 필요하며 우리는 정의롭게 살아야 하고, 또 정의가 결국에는 득이 되며 정의롭지 못한 사회는 신에게 버림받고 재앙을 당한다는 주장이다. 이런 주장은 작품 내용 구성에도 영향을 준 것으로 보인다.

이 작품은 아마도 시인이 먼저 쓴 것으로 보이는 〈신들의 계보〉의 내용을 수정하는 것으로 시작된다. 앞 작품에는 '불화(에리스)'가 밤의 딸이며 아주 나쁜 것처럼 되어 있는데, 이 작품에서는 사실 에리스에는 두 가지가 있어서, 좋은 것은 사람들 사이에 선의의 경쟁을 일으키는 것이라고 고쳐 다시 소개된다. 시인은 페르세스에게 나쁜 에리스를 좇지 말라고 말할 뿐이지만, 전체적으로 보면 좋은 에리스를 따라 열심히 일하라는 뜻을 함축한 듯 보인다. 시인은 이런 식의 정정을 계속해나가는데, 앞 작품에 대해서 뿐 아니라, 〈일들과 날들〉 내에서도 작품 앞부분에 했던 말을 뒤에서 수정하는 작업을 한다. 그래서 그 과정을 역동적으로 이해하지 않으면 앞뒤 내용이 상호 모순되는 것으로 보일 수도 있다. 이 작품을 아무 데서나 끊어, 거기가 끝이라고 해도 좋다는 일부 학자들의 입장은 대체로 이런 '모순성' 때문인 것으로 보인다.

좀 더 복잡해진 판도라 이야기: 인간은 왜 일을 해야만 살 수 있는가?

시인은 두 에리스에 대한 소개에 이어, 인간이 왜 일을 해야만 살 수 있게 되었는지를 두 가지 신화를 들어 설명한다. 이 신화들은 〈신들의 계보〉에 나온 사태 진행을 요약하는 한편, 앞으로 나올 내용들의 '이미지 창고' 노릇을 한다.

그 하나는 판도라 이야기이다. 이 신화는 〈신들의 계보〉에서 이미 이야기되었으므로 이 작품에서는 프로메테우스가 제우스를 어떻게 속였는지는 자세히 언급하지 않고, 신들이 판도라를 만들고 꾸미는 과정을 좀 더 자세히 다루어 놓았다. 이미 앞에서 이 작품에 나온 판본도 소개했었지만 다시 돌아보자면, 이번 것에는 이전 판본과 다른 점들이 눈에 많이 띈다. 시인은 에리스에 대하여 전에 말했던 것을 수정하듯이, 여자의 탄생에 대해서도 수정을 원했던 것 같다. 전체적으로 이야기가 풍성하고 복잡해졌다. 우선 판도라를 만드는 과정이 확장되어 두 부분, 즉 제우스의 명령 부분과 그것의 실행 부분으로 늘어났으며(둘이 완전히 일치하지는 않는다), 참여하는 신들의 숫자도 많아졌다. 여성의 사악한 특성이 헤르메스에 의해 부여되는 점, 여자에게 이름이 주어지는 점도 달라진 것이고, 또 에피메테우스가 프로메테우스의 충고를 잊었다는 얘기도, 판도라가 항아리를 열었다는 설정도 이전에 없던 내용들이다.

여기서 프로메테우스의 속임수를 다시 한 번 자세히 소개하지 않은 것은 이미 그 내용이 앞 작품에 나왔기 때문이기도 하지만, 다른 한

판도라의 탄생을 묘사한 기원전 470년경 퀼릭스(술잔) 내부. 제우스의 명에 따라 헤파이스토스가 여자를 만들고, 아테네 여신이 매력을 부여하고 있다. 신이 둘만 등장한다는 점에서 이 그림은 〈신들의 계보〉에 나온 내용과 가깝다. 여자의 위쪽에는 '아네시도라 Anesidora'(선물을 보내는 이)라고 쓰여 있어서, '판도라'라는 이름이 '모든 신에게서 선물을 받은'이란 뜻이 아니라 원래 '모든 선물을 주는'이라는 뜻이었을 것이라고 하는 어떤 학자들의 주장을 입증하는 듯하다.

편 시인이 이제는 신들 사이의 극단적인 속임수 같은 것은 더 이상 언급하고 싶지 않았기 때문일 수도 있다. 우리는 앞 작품에서 비슷한 사건, 비슷한 이미지들이 거듭 사용되면서도 뒤로 갈수록 규모가 줄어드는 것을 보았다. 그런 경향은 이 작품에서도 보이는데, 작품 앞부분에 이전의 작품을 요약하는 부분을 배치했으면서도, 약간은 충격을 줄여 놓은 셈이다.

한편 여기 좀 더 강하게 그려진 어리석은 에피메테우스는 시인의 어리석은 형제 페르세스를 빗대어 그린 것으로 보인다. 그리고 판도라와 그녀 항아리의 이미지는 앞에도 이미 많이 쓰였지만, 앞으로도 거듭 되풀이해서 나타나게 될 것이다. 또 〈신들의 계보〉에서 첫 여자의 불길한 측면은 그녀의 머리 장식에 있는 짐승들과 그것들의 목소리로 드러나는데, 〈일들과 날들〉에 나온 판본에서는 판도라에게 목소리가 주어지고, 항아리 속의 나쁜 것들에게서는 목소리가 박탈된다. 그래서 재앙들은 소리 없이 세상을 다니면서 악을 퍼뜨린다는 것이다.

앞에서 이 신화와 관련된 몇 가지 의문을 제기했었는데, 그런 의문들은 항아리 속에 남겨졌다는 희망에 대해서도 생긴다. 희망은 나쁜 것들과 함께 들어 있었으니, 나쁜 것이라고 해야 할까, 아니면 희망은 좋은 것이고, 원래는 항아리 밖으로 나갔다는 것들도 희망처럼 좋은 것들인데 이야기가 바뀐 것일까? 희망이 바깥으로 나오기 전에 뚜껑이 닫혔다니, 이 세상에는 희망이 있다는 것일까, 없다는 것일까? 나로서는 희망은 좋은 것이고, 전에 뚜껑이 열렸을 때 거기 있던 것들이 밖으로 나왔듯이, 언제든지 우리가 뚜껑을 열면 희망도 바깥으로 나올 수 있다고, 즉 세상엔 희망이 있을 수 있다고 보고 싶다. 이런 해석은 잠시 후에 살펴볼 영웅시대 해석과도 연관된다.

인간의 다섯 시대 이야기: 인간의 고통에 대한 다른 설명

시인은 그냥 여자라는 재앙만으로는 마음이 놓이지 않았던지 재앙이 담긴 항아리를 덧붙이고도, 다시 다른 신화를 하나 더 얘기한다. 인간의 다섯 시대 이야기이다. 처음에는 황금시대였지만, 그 다음에 은 시대, 청동 시대, 영웅시대를 거쳐 우리는 철 시대에 살고 있다는 것이다. 이 시대는 작품 첫 머리에 소개되는 두 가지 경쟁(불화) 중에서 나쁜 쪽의 것이 지배하는 시대이다.

처음에 신들은 황금 종족을 만들었다. 이때는 매우 평화롭고 풍요로웠으며, 그 당시 세계를 다스리던 것은 크로노스였다. 황금 종족은 잠들 듯이 죽었고, 이후에 인간들을 지켜주고 복 주는 정령들이 되었

프로메테우스를 구출하는 헤라클레스. 기원전 610년경 제작된 앗티케 크라테르(술 섞는 항아리). 인간들을 위해 신들을 속이고 불까지 훔쳐다준 프로메테우스는 카우카소스 산중의 바위벼랑에 묶인 채 오랜 세월 독수리에게 간을 파 먹히는 벌을 받았지만, 결국 헤라클레스에 의해 구출된다. 사실은 그가, 제우스가 테티스와 결혼하면 제우스를 능가하는 자식이 태어나리라는 비밀을 알고 있어서, 그 비밀을 가르쳐주고 풀려났다는 판본도 있다.

다. 다음에 신들은 은 종족을 만들었다. 이들의 특징은 어리석음이다. 100년 동안이나 어머니의 보살핌 속에 어린 시절을 보내다가 성숙한 나이에 이르면 얼마 지나지 않아 죽는다. 그렇다 해도 논리적으로 따져 보면, 적어도 여자들은 자식들을 돌보기 위해서라도 성년기를 100년 이상 살아야 할 것이다. 이들은 어린아이 같은 존재이므로 범죄를 억제할 능력이 없고, 신들도 섬기지 않았으므로 제우스께서 이들을 사라지게 했다고 한다. 그래도 이들은 지하에서 축복된 상태로 지내게 된 모양이긴 하다. 그 다음 청동 종족은 물푸레나무에서 난 것으로 되어 있다. 이들은 모든 물건을 청동으로 만들어 썼고, 곡식은 먹지 않은 것으로 되어 있다. 이들은 서로 싸워 모두 사라졌는데, 이전 시대 인간들과는 달리 저승에서 이름 없는 상태가 되었다고 한다. 그 다음에 생겨난 영웅들은 이전 시대 사람들보다 나았지만 테바이 전쟁과 트로이아 전쟁에서 모두 죽었다. 하지만 이들 중 일부는 행복한 자들의 섬에서 복된 삶을 누리고 있다 한다. 그 다음이 철 시대로, 우리 시대의 나쁜 점들만 모아 놓은 것으로 생각하면 되겠다.

시인은 자신이 이 시대보다 먼저 죽었거나, 그 시대 이후에 태어났으면 하고 원하는데, 이 때문에 혹시 헤시오도스가 역사가 순환하여 다시 한 주기가 시작된다고 믿었을지도 모른다는 의혹을 남긴다. 원래 금속들로 표현되는 퇴행적 역사관은 직선 사관인데 말이다. 하지만 이 말은 그냥 철 시대가 싫다는 것을 표현하는 것뿐이니 너무 심각하게 생각하지 말자는 의견도 있다.

점점 안 좋은 자질의 인간들이 나타나고, 점점 살기 힘든 세상이 되어 가는 것으로 그려진 이 '퇴행적 역사관'에서 금속들의 이름이 갖는 함축은 그리 일관되지 못하다. 황금시대와 은 시대의 금과 은은 그 시대의 가치를 나타내는 상징적인 의미로 사용된 것인데 반해, 청동 시대와 철 시대의 청동과 철은 그 시대에 실제로 사용된 금속을 나타내기 때문이다. 그리고 이와 같이 가치가 다른 금속들의 나열로서 시대를 구분하는 것은 다른 문화권에서도 발견되는 현상인데, 금속들 사이에 약간 어색하게 끼어들어간 영웅시대는 아마도 시인(들) 자신이 만들어 끼워 넣은 것으로 보인다. 점점 퇴보하는 전체 흐름과 맞지 않게 갑자기 좋은 방향으로 진행한 이 단계는, 헤시오도스 전통이 '적수'격인 호메로스 전통을 일정 부분 인정하고 받아들인 결과로들 보통 해석한다. 물론 이렇게 추세와는 반대로 가는 시대가 들어간 것은, 우리 시대도 퇴행을 멈추고 좀 더 나은 쪽으로 발전할 희망이 있음을 보이려는 시인의 의도 때문이라고 해석하는 학자도 있긴 하다. 전체적으로 이 이야기의 역할은 인간들이 왜 불행한 삶을 살게 되었는지에 대한, 판도라 이야기

크라나흐, 〈황금시대〉(1530)
인간들이 고생하면서 땅을 갈지 않아도 되던 시절을 루카스 크라나흐는 이렇게 그렸다.

와는 다른 종류의 대안적 설명이라 할 수 있다.

이따금 각 시대에, 그 시대를 나타내는 금속으로 된 인간들이 살았다고 되어 있는 책들이 있다. 이런 주장은 아마도 이아손과 메데이아 이야기에 등장하는 청동 인간 탈로스 때문일 것이다. 그가 청동 시대의 마지막 생존자라는 설이 있어서다. 거기서 유추해서 황금시대와 은 시대에도 황금과 은으로 된 인간이 살았다는 것이다. 하지만 헤시오도스의 본문에서는 여기 나온 금속들이 모든 종족을 꾸며주는 형용사로 사용되고 있고, 또 철 시대에 사는 우리가 철로 되어 있지 않은 만큼, 다른 시대의 인간들도 금속으로 되어 있진 않았다고 보아야 할 것이다.

이 이야기가 '판도라의 상자'와 서로 대안적 관계에 있다고 말했는데, 두 이야기를 서로 맞춰보자면 사실 잘 들어맞지 않는다. 가령 이런 문제다. 프로메테우스가 불을 훔치고, 곧 이어 판도라가 나타나서 항아리를 열어서 인간들이 불행해진 사건은 어떤 시대에 있었던 일인가? 억지로 맞추자면, 인간들의 삶이 급격하게 불행해진 청동 시대 초반이라고 해야 할 것이다. 하지만 청동 시대 인간들은 곡식도 먹지 않았다고 하니 적어도 굶주림은 없었을 것이고, 전쟁에 몰두하긴 했어도 도덕적인 악은 없었던 것 같으니 거기 넣기도 이상하다. 더구나 그 다음의 영웅시대가 그리 나쁜 세상 같지 않으니 그것도 이상하다. 그러면 철 시대 직전에 판도라를 넣어야 할까? 하지만 프로메테우스, 에피메테우스 같은 신적 존재들이 관련된 사건을 영웅시대 다음에 넣는 것도 이상하다. 결국 다섯 시대 이야기와 판도라 사건은 서로 잘 맞지 않는 것이다.

　여기까지의 이야기 진행은 원초적 힘인 밤의 딸들과 두 에리스, 티탄인 프로메테우스를 거쳐 크로노스에 뒤이은 제우스의 통치기와 현세까지 다다른다. 결국 이 부분은 〈신들의 계보〉에서 다룬 시기를 모두 반영하고 요약한 셈이다. 여기 나온 이미지들은 이후 반복적으로 쓰이고, 특히 두 에리스는 전체를 양분하여 차지할 것이다. 앞부분에는 〈신들의 계보〉를 지배했던 나쁜 에리스가, 뒷부분에는 좋은 에리스가 우세하게 될 것이다.

매와 밤꾀꼬리의 우화: 정의는 일시적으로 약하나 결국에는 승리한다

철 시대의 마지막은 특히 나쁜 일들로 가득한데, 그 시대 인간들이 소멸할 시기의 징표는 어린아이들이 흰머리를 한 채로 태어나는 것이다. 이런 신체적 특성에 대한 편견은 고대 사회에 흔했던 것이니, 혹시 이런 질환을 가진 분이나 그 가족은 너무 상처받지 마시길 바란다. 하지만 시인은 그런 징조들보다는 도덕적인 타락 상태를 더 자세히 묘사한다. 한마디로 정의가 사라지고 폭력이 판치는 세상이다. 그때는 염치와 응보가 신들의 세계로 떠나게 된다.

여기서 이야기는 갑자기 우화로 방향을 돌린다. 이 우화는 서양문학 사상 최초의 것으로, 특이하게도 왕들에게 들려주는 것으로 되어 있다. 앞에서 이 시의 특징으로 대화 상대가 있다는 것을 꼽았는데, 그 상대에는 선물을 받고 정의를 구부러뜨리는 왕들도 들어간다. 그리고 세 번째 상대는 바로 우리들이다. 우화 내용은 간단하다. 매가 밤꾀꼬리를 움켜잡고 저녁거리로 삼기 위해 날아가는데, 밤꾀꼬리가 애처롭게 운다. 그러자 매는 그것을 비난하여, 강자와 겨루는 자는 어리석다고 꾸짖는다. 그런 자는 치욕에 고통까지 덧붙여 받는다고.

여기까지만 읽으면 이 우화는 강자와 맞서지 말라는 뜻으로 보인다. 하지만 두 번째 작품에서 첫 작품을 교정한 바 있는 이 시인은, 이 작품 내에서도 앞에 나온 내용을 계속 수정해간다. 한데 그런 '수정 작업'은 독자가 스스로 해석해 넣어야 한다. 시인은 부분들의 관계를 분명하게 밝히지 않고, 그냥 나란히 늘어놓는 방식을 사용하고 하는데, 어떤 이는 이것을 '상고 시대archaic의 방식'이라고 부른다. 시인은 갑자기 페르세스를 불러, 정의에 귀를 기울이고 폭력에 의지하지 말라고 말한다. 결국에는 정의가 득이 된다는 것이다. 정의가 끌려가면 군중이 웅성거리고, 이후에 정의는 보이지 않게 복수를 한다는 것이다. 결국 정의는 일시적으로는 허약하나, 장기적으로는 강력한 존재로 되어 있는 것이다.

다음으로 정의로운 나라에 얼마나 큰 복이 내리는지, 부정한 나라에 얼마나 큰 해가 닥치는지 얘기한다. 특히 정의로운 나라에는 참나무의 바깥쪽에 도토리가 풍성하게 달리고, 그 속에는 꿀벌 떼가 가득하다고 하여, 판도라나 그녀의 항아리와는 달리 안팎이 모두 좋은 것으로 되어 있다. 또 이런 나라 사람들은 배를 타고 다니지 않는 것으로 되어 있다. 이는 오비디우스가 〈변신이야기〉에서 황금시대를 그릴 때 사용하는 표현이다. 부정한 나라는 한 사람(아마도 왕)의 부정의 때문에 온 나라가 고통을 받는 것으로 되어 있다. 그래서 정의가 끌려갈 때 군중 속에 반대의 웅성거림이 일어나는 것이다. 그리고 이런 관점에서 보면, 에피메테우스의 실수로 인간들이 고통을 겪는 것도 말하자면 '같은 편'이기 때문인 듯하다. 이런 나라의 여러 나쁜 일 중에 여자들이 출산하지 않는다는 말도 있다. 이런 식으로 보자면 현재 우리나라의 출산율이 급격히 떨어지고 있는 것은 사회가 부정의하기 때문이라는 결론이 나온다.

여기서 다시 시인의 대화 상대는 왕들로 바뀐다. 그러니 재판을 제대로 하라는 것이다. 인간들을 감시하는 3만이나 되는 정령들이 있으며, 정의의 여신도 직접 제우스께 보고하고, 또 제우스의 눈 자체가 모든 것을 보고 있노라고. 사실 인간이 왜 정의롭게 살아야 하는지 설명하기란 곤란한데, 플라톤은 〈국가〉에서 '정의는 그 자체로 우리 영혼에 좋은 것'(612b)이라고 했지만, 아직 그런 논변에 도달하지 못한 시인은 지상에서 받는 상벌과 신의 감시를 우리가 정의로워야 할 이유로 내세우고 있다.

다시 대화 상대는 페르세스가 되어 정의에 주의하고 폭력을 잊으라며, 우화의 의미가 좀 더 명확하게 주어진다. 짐승들끼리는 정의가 없어 서로 잡아먹지만, 신은 인간에게 정의를 주어 그러지 못하게 했다는 것이다. 그러면서 정의가 주는 이익과 부정의가 가져오는 재난을 다시 강조한다. 이렇게 같은 내용을 조금씩 달리 표현하며 되풀이하는 것이 이 작품의 진행 방식이다. 일종의 변주이다. 대화 상대를 바꿔가면서 세 번 불러 듣기를 명하는 이 대목에는, 앞부분에는 프로메테우스 신화의 이미지가, 뒷부분에는 인간의 다섯 시대 신화 이미지가 많이 발견된다.

첫 번째 충고들: 이렇게 행동하라

이 작품에는 비슷한 내용의 충고가 크게 두 덩이 있는데, 이들은 각기 농사법과 항해법을 사이에 두고 앞뒤로 배치되어 있다. 이들 역시 앞의 것에 비해 뒤의 것이 좀 더 범위가 좁고, 더 개인적이며, 좀 더 온화한 세계관을 보이는 듯하다. 전체적으로 이 작품의 앞부분은 도시를, 뒷부분은 가정을 주제로 삼는다고 할 수 있다.

이미 신화와 우화가 나왔지만, 앞서 말한 추상개념이 구체적인 모습을 띠고 나타나는 것을 의미하는 알레고리가 여기서 다시 등장한다. 신약성서에도 등장하고 앙드레 지드의 소설 제목으로도 쓰여 유명한 '길'의 비유다. 나쁜 데로 가는 길은 평탄하고, 좋은 데로 가는 길은 험하다는 것이다. 그런 것을 스스로 생각하면 좋겠지만, 그렇지 못하면 남의 충고라도 들으라며. 그래서 결론은, '페르세스여, 일하라!'이다. 이 마지막 명령은 특히 엄숙하게 서사시의 공식구를 사용하여, 페르세스를 '신에게서 난 자여 dion genos'(299행)라고 부른 후에 주어져 있다. 물론 페르세스가 제대로 먹을 것도 없으면서, 여유 있는 사람처럼 송사를 쫓아다니는 걸 비아냥거리는 구절일 수도 있다. 또 다른 해석도 있는데, 이는 그가 거지 신세가 되었음을 암시한다는 것이다. 〈오뒷세이아〉 14권 58행에 지적되었듯, 거지는 제우스께서 보내신 존재이기 때문이다. 또한 앞에서 좋은 에리스의 예로서 '거지는 거지와, 시인은 시인과' 경쟁하는 것을 예로 들었기 때문에, 나중에 시인이 자신을 노래하는 자로 소개하는 것을 보면 이 해석이 그럴싸하게 들린다. 결국 페르세스는 거지가, 헤시오도스는 시인이 되었다!

다음에는 근면과 거기서 파생되는 부가 얼마나 좋은 것인지, 게으름과 그 결과가 얼마나 나쁜지 설명된다. 이 부분에서는 염치가 궁핍한 자에게는 좋지 않은 것이라고 해서, 앞부분에서 염치에 대해, 그것이 악의 세상을 떠난다고 언급한 것을 수정한다. 염치도 불화처럼 두 가지가 있는 셈이다.

많은 학자들이 이 작품의 구조를 어떻게 잡아야할지 몰라 곤혹스러워 하는데, 거의 설명이라고 할 수 없지만, '연상association'이 시의 조직 원리로 꼽히기도 한다. 즉 여러 생각들이 잇달아 나오는데, 각각의 생각은 그 앞의 것과 연결되어 있지만, 한 단계만 넘어가도 서로 연결점이 없다는 것이다. 우리의 꿈이나, 잡담할 때의 화제 연결이 바로 그런 식으로 되어 있다. 여기서도 염치 얘기가 나오자, 앞에서 언급한 몰염치 상태가 떠오르고, 그래서 다시 시인의 생각은 철 시대 마지막의 타락 상태로 돌아간다. 거기서 다시 그런 악행은 제우스께서 벌하신다는 데로 가서, 신들께 합당한 경배를 드리라는 데로, 그러면 신들께서 복을 주어 이웃의 농토까지 사들이게 된다는 데로, 거기서 다시 이웃과 친하게 지내야 도움을 받을 수 있다는 데로, 주는 사람에게 주라는 충고로, 자진해서 주는 것은 좋지만 빼앗기는 것은 아무리 작은 것이라도 원한이 생긴다는 데로 나아간다. 여기서 갑자기 주는 자의 입장에서 빼앗기는 자의 입장으로 시각이 변하는데, 약자의 관점을 취하는 것은 헤시오도스의 특징 중 하나라 하겠다. 작은 것 얘기는 다시 '티끌 모아 태산'이라는 충고로 진전하고, 재물은 집 안에 두라는 것, 있는 것에 만족하라는 것, 재물은 중간에 아껴야 한다는 것, 친구 간에도 신용을 지키고, 형제에게도 증인을 세우고, 지나친 신뢰도 불신도 위험하다, 여자를 조심해라, 아들은 하나만 두어라, 다른 아들(아마도 손자)을 두고 죽어라, 자식이 여럿이면 여유가 있다, 부를 원한다면 열심히 일하라. 여러 연상 작용에 따른, 때로는 서로 모순되는 충고들 끝에 결국, 좋은 에리스 얘기를 꺼낼 때 의도했던 데로 돌아왔다. '페르세스여, 일하라!'

이렇게 판도라 신화를 얘기함으로써 왜 인간이 일해야 하는지를 설명하고, 이어 인간의 다섯 시대를 이야기함으로써, 정의가 굉장히 중요한 요소로 도입되었다. 사실 이 작품의 특징을 가장 잘 드러내는 개념을 택하라면, 바로 '정의와 근면'이 아닐까 한다. 거기에 '시의時宜'와 '여자 조심'에 '경건'까지 곁들이면 거의 완벽한 요약이다.

농사는 이렇게 지어야 한다

제목에 농사일이 들어가 있지만, 이 작품은 농사법을 온전히 전수하는 것을 목표로 하지 않는다. 오히려 중점은, 어떻게 미리 준비해두어야 하는지, 어떻게 적절한 시기를 포착하여 일을 행할 수 있는지이다. 앞 작품에서 이미 티탄과의 전쟁을 준비해놓고, 중간에 프로메테우스 이야기를 끼워 넣은 후, 이어서 전쟁 자체를 그렸던 시인은 스스로 준비의 모범을 보인 셈이다.

농부의 일 년 주기는 가을에 시작되고, 겨울을 거쳐, 봄에 완결된다. 그 시기를 알려주는 것은 별들과 새 따위 생물들이다. 우선 플레이아데스가 중요한 지표가 된다. 겨울철 남쪽 하늘에 뚜렷하게 보이는 오리온자리 옆 황소자리에서 오른쪽으로 조금 떨어진 곳에 위치한 이 산개성단散開星團은 5월 중순이면 일출 직전에 뜨는데, 이때가 수확기이다. 농사에 익숙하지 않은 현대 도시인들에게는 늦봄에 수확하는 것이 이상하게 보이겠지만, 겨울 보리와 겨울 밀은 늦가을에 파종해서 이 무렵에 수확하는 게 정상이다. 이 성단이 해뜨기 직전에 지면, 다시 쟁기질을 하고 씨를 뿌릴 때다. 이렇게 일의 시기를 선언해놓고, 시인은 다시 그 일을 위한 준비로 돌아간다. 집과 여자, 소를 준비해야 한다. 여자는 아내감이 아니라, 소를 돌볼 사람이다. 이런 실질적인 충고 다음에는 그것의 유익한 점, 혹은 그 일을 게을리 할 때의 불이익이 따라 나온다. 농기구 만들 나무 베기는 가을비가 한 차례 내려 더위가 그쳤을 때가 좋다는 것, 또 각각의 기구들에는 알맞은 길이와 모양이 있다는 것, 밭을 가는 사람은 사십대가 좋다는 것 등도 자세히 얘기한다. 앞에 말한 대로 가장 중요한 것은 시기와 준비다.

두루미가 울면 쟁기질하고 씨를 뿌려야 한다. 밭은 봄에 갈고, 여름에 다시 갈아 휴경지로 묵혔다가 가을에 갈아 파종하는 것이 좋다. 이런 충고를 다 요약할 수는 없으니 조금씩 건너뛰자. 늦어도 동지까지는 밭을 갈아야 좋은 수확을 기대할 수 있는데, 그 시기를 놓치는 경우, 봄에 운 좋게 비가 내리면 다시 한 번 기회가 있다.

겨울에도 대장간 같은 데서 사람들과 어울리지 말고 시간을 잘 활용해라. 공허한 희망은 아무 득이 없다. 그리고 특이하게도 겨울바람이 얼마나 매서운지가 한참 길게 묘사된다. 그중에는 아늑한 집 안 깊숙한 데 고이 모셔진 소녀에 대한 묘사가 있는데, 이 부분은 판도라와 그녀

니코스테네스가 제작한 기원전 6세기 후반의 앗티케 흑색상 퀼릭스(술잔). 밭갈이, 씨 뿌리기, 사냥하는 모습이 그려져 있다. 안타깝게도 대부분의 그리스 미술가들은 농경 활동이나 시골 풍경을 작품 주제로 삼는 일이 거의 없었다.

의 항아리 이미지를 사용한 것으로 꼽힌다. 대장간이나 희망에 대한 언급도 마찬가지이다. 판도라는 대장장이 신이 만들었고, 그녀의 항아리에는 희망이 남아 있으니 이상한 일도 아니다.

겨울철에 알맞은 옷차림과 그것을 어떻게 미리 준비할 것인지 한참 얘기한 다음에도, 역시 적절한 시간에 대한 언급이 나온다. 이번 것은 하루의 일을 마칠 시간을 잡는 법이다. 북풍이 닥치기 전에 미리 일을 끝내고 집으로 돌아가라는 것이다.

목동자리의 아륵투로스가 저녁에 보이기 시작하면 곧 제비가 돌아오고 봄이 시작된다. 그때도 제비에 한 발 앞서 포도나무 가지를 쳐야 한다. 그 다음에는 시간을 많이 건너뛰어 수확기로 간다. 주된 충고는 아침 일찍 일을 시작하라는 것이다. 이른 아침이 하루의 삼분의 일을 좌우한다(578행)는, '아침형 인간'을 강조하는 경영자들이 좋아할 만한 부분이다.

다음은 엉겅퀴 만발하고 매미가 울어대는 여름이다. 여기서는 어떻게 이 힘든 계절을 무리하지 않고 견뎌낼지를 가르친다. 잘 먹고 시원한 그늘에서 포도주를 즐기라는 것이다. 이 부분만 보면 〈노동과 나날〉도 그럴싸한 제목이 될 것 같긴 하지만. 또 여자에 대한 충고도 있는데, 확실하게 말은 않지만 여자는 가장 음탕하고 남자들은 가장 허약한 계절(586행)이라고 했으니, 그 숨은 뜻은 역시 '여자를 피하라'는 것인 듯하다.

거기서 화제는 다시 수확으로 돌아간다. 오리온자리, 그중 아마도 제일 먼저 보이는 베텔게우스가 나타나면 타작을 해서 곡식을 집에 들이고 잘 지키도록 하라. 새벽에 아륵투로스가 보이기 시작하면 포도를 수확하라. 농사에 대한 전체 가르침은 쟁기질로 돌아가서 끝난다. 휘아데스가 해 뜰 무렵에 지면 다시 쟁기질을 하면서 일 년 주기가 시작되는 것이다.

농사법에 대한 이 부분에서 우리는 여자에 대한 언급들을 많이 보게 되는데, 여전히 여자를 고르고 부리는 데 주의하라는 내용들이지만, 겨울철 집 안에서 곱게 보호되는 소녀에 대한 묘사가 별 어두운 암시 없이 나오는 점이나, 여신 중 아프로디테보다는 데메테르가 언급되는 것(599행) 따위를 주의 깊게 보는 학자는 여성에 대한 시인의 태도가 전보다 누그러졌다고 해석하기도 한다.

이 부분에서 재미있는 점 중 하나는 수수께끼 내듯 돌려 말하는 구절kenning들이 있다는 것이다. 추운 겨울철에 굴속에서 제 발을 갉아먹는 '뼈 없는 녀석'(524행)은 누구인가? 답은 '문어'다. '제 집을 지고 다니는 녀석'(571행)은? 달팽이. '낮에 자는 자'(605행)는? 도둑. 이 마지막 것은 페르세스에 대한 숨은 비판일 수도 있다. 다른 재미있는 점은, 이 보이오티아 시인의 계절 구분에 유일하게 등장하는 달의 이름(레나이온, 504행)이 보이오티아 달력이 아니라 이오니아 달력에 속한다는 점이다. 〈신들의 계보〉 첫 부분에서는 헬리콘 산에 머무는 것으로 되어 있

IV. 헤시오도스의 〈일들과 날들〉 | 173

던 무사 여신들이 곧 올륌포스로 옮겨간 것처럼, 어쩌면 시인은 이 구절로써 그저 보이오티아라는 좁은 지역에 스스로를 한정하지 않고, 자기가 희랍 전체를 대상으로 노래하고 있음을 보인 것인지도 모르겠다.

항해는 이렇게 하라

농사법 뒤에는 '항해법'이 들어 있다. 이 부분은 항해를 잘하는 법이라기보다는 거의 '항해를 말리는' 부분이라고 할 수 있다. 겨울에는 배를 뭍에 끌어올려 잘 보관하고 때를 기다려야 한다. 여기서도 중요한 것은 적절한 때다. 그리고 앞에 말한 것처럼 이 부분에서 자기 아버지의 역이민과 자신의 짧은 항해 경험이 소개된다. 후자는 100미터도 되지 않는 좁은 해협을 건넌 것이다. 옛 트로이아 원정 선단이 떠났던 아울리스에서 에우보이아 섬으로 건너갔던 일이다. 이제 힘으로 겨루던 영웅들의 시대는 가고, 말과 노래로 겨루는 시대가 되었다. 그의 충고에 따르면, 항해에 적절한 시기는 하지 이후 50일 정도뿐이다. 봄에도 무화과 잎이 새로 돋을 때 한 번 기회가 있긴 하지만, 아주 안전하지는 못하다.

 이 부분의 충고도 약간은 모순적이다. 화물은 적절히 실어야 하는데, 그래도 이익을 남기려면 화물이 큰 게 좋단다. 그러면서도 재산을 다 거기 실으면 안 되고, 더 큰 부분은 집에 남겨 두어야 한단다. 항해의 적기가 한 해의 농사일을 마친 후인 것에서도 보이듯, 이 부분은 독립적이라기보다는 농사법 끄트머리에 덧붙은 것이고, 결국 농사일의 비유로 끝난다. 짐을 너무 많이 실어 굴대가 부러지는 일이 없도록 하라는 말이다.

두 번째 충고들: 이런 식으로 행동하라

농사법과 항해법 다음에 다시 한 뭉치의 충고들이 나온다. 앞에 말했듯 좀 더 개인적인 내용이다.

우선 결혼 상대를 고르는 법. 남자의 적령기는 서른 전후고, 여자는 사춘기 지나고 5년째가 좋단다. 이에 따르면 남녀의 나이 차이는 요즘 사람들이 알맞다고 생각하는 것과는 거리가 좀 있어 보인다. 서른 전후의 남자에게 스물 남짓의 여자를 권하기 때문이다. 물론 남자가 경제적으로 자립해야 하니 결혼이 조금 늦어지는 것은 어쩔 수가 없다. 그리고 여자가 좀 어려야 남편이 자기 식으로 여자를 가르칠 수 있다는 해석도 있다. 여자는 이웃에서 어려서부터 알아오던 사람이 좋다고 한다. 보통은 그래야 성격 파악을 잘 할 수 있다고 점잖게들 해석하지만, 그래야 남의 웃음거리가 되지 않는다는 말 때문에 '놀던 여자'를 데려오지 말라는 뜻으로 보는 학자도 있다. 어쨌든 여기서는 여성이 재앙이라는 말은 더 이상 하지 않으니, 작품 전반부보다는 조금 유연해진 셈이다.

다음은 사람들을 대하는 방법이다. 여기서도 행동 준칙은 '적에게는 쓰라리게 친구에게는 달콤하게'라는 기독교 이전 고대 사회의 보편적인 것이다. 하지만 상대가 화해를 원하면 응하라는 온화한 충고도 잊지 않는다. 형제에 대해서도 앞의 충고에서 나온 것보다는 좀 더 인간적인 준칙을 제시한다. 친구보다 형제를 앞세우라는 것이다.

이 두 번째 충고 부분의 특징은 사소한 금기가 많아졌다는 점이다. 손 씻기, 소변 보기, 체액體液의 관리, 강 건너기, 손톱 깎기 등에 대한 언급들이다. 이로써 시인의 세계 질서는, 카오스라는 거의 생각도 할 수 없이 넓고 큰 것에서 시작하여, 손톱 관리법이라는 사소함의 극까지 닿았다. 어떤 학자는 이 부분에 미신적인 금기가 많이 나타나는 것을 두고, 뒤로 갈수록 이 세계의 진리에 대한 시인의 확신이 줄어든다고 해석하기도 한다. 어쩌면, 앞에서는 시인이 제우스의 정의를 확실한 것으로 내세웠지만, 진실은 그렇지 않고 오히려 부정의가 승리하는 경우도, 혹은 정의가 보답 받지 못하는 경우도 많으므로, 오히려 이런 불확실성에 대한 암시로서 시인이 처음에 약속했던바 세계의 진실을 보여주는 것인지도 모르겠다.

계속해서 주전자 관리법, 대패질 금기, 솥단지 축성, 무덤을 대하는 법, 제물을 대하는 법 등 우리가 보기에 너무 사소하다 싶은 것들이 언급되고, 구설수를 피하라는 것으로 충고들이 끝난다. 요즘 우리 교육의 문제점 중 하나로, 학생들에게 자기 생각을 개진할 기회를 주지 않고, 이따금 튀어나오는 '엉뚱한 발상'을 너무 억압해서 창의성이 계발되지 못한다는 것이 지적된다. 무엇보다 그 바탕이 되는 격언, '침묵은 금이다' 역시 이따금 공격을 당하는데, 창의성의 표본이라고 할 희랍인들의 격언에도 비슷한 것이 있으니 재미있다. '혀는 인색해야 좋고 절제할 때 가장 매력적'(719~720행)이라는 것이다.

행사를 위한 날짜는 이렇게 택하라

〈신들의 계보〉와 마찬가지로 이 작품도 어디서 끝나는지에 대한 논란이 있는데, 어떤 학자들은 '택일법' 부분은 삭제하고 아예 작품 제목도 '일들Erga'로 부르려 한다. 하지만 날짜를 선택하는 방법에 대한 충고도 전통적인 지혜에 속하므로 그냥 이대로 두는 것이 좋다는 의견도 상당히 많다. 사실 이런 종류의 서로 모순되고 믿기 어려운 충고들은 19세기까지도 계속 생산되었다. 이들은 대개 과거 현인들의 이름으로 세상에 나왔는데, 그중에는 솔로몬의 충고라는 것도 있고, 희랍의 옛 예언자 멜람푸스의 권위를 빌린 것도 있다.

　이 부분에서 중요한 것은 정말로 각 날이 여기 나온 대로 길하거나 불길하냐보다는, 여기에 그동안 반복적으로 사용되던 이미지들이 반복되고, 큰 범위에서 작은 범위로 좁혀져온 경향이 여기서도 드러난다는 점이다.

　날짜들은 세 가지 분류법을 따르는데, 그냥 한 달 30일을 작은 숫자부터 큰 숫자로 진행하는 것, 한 달을 달의 차고 기우는 데 따라 보름 이전과 이후로 나누는 것, 한 달을 열흘씩 상순, 중순, 하순으로 나누는 것 등이다. 처음에는 숫자가 작은 날부터 큰 데로 진행하면서 각 날이 어떤 일에 좋은지 나쁜지 얘기하다가, 중간에 주제가 통하는 다른 날로 빠져버린다. 가령 어느 날이 여자아이가 태어나기에 좋은 날이 아니라고 하다가, 여자아이가 태어나면 안 좋은 다른 날로 얘기가 흘러간다. 거기 덧붙여서, 그렇지만 그 다른 날은 어떤 짐승을 거세하기는 좋다고 덧붙였다가, 다시 다른 짐승 거세하기 좋은 다른 날로, 또 한 번 얘기가 곁길로 샌다. 이러니 당연하게도 날짜별 순서는 흐트러져버린다. 하지만 뒤쪽으로 가면, 어떤 날의 오전은 좋지만 오후는 좋지 않다는 데까지 가서, 일 년 단위의 농사 주기가 한 달 단위의 택일법으로, 거기서 다시 하루 단위로 범위가 좁혀지는 경향을 보여준다. 이런 가운데 아주 규칙적이지는 않지만, 앞에서 나왔던 여자, 아들, 항아리, 소, 개, 노새, 곡식, 나무, 배, 멍에 등의 화제가 되풀이하여 나타난다. 이 논의들의 끝에는, 죄 짓지 말고 신들을 공경하며 전조를 잘 살피면, 선한 수호신들과 함께 행복하게 살라는 아주 평범한 충고가 나온다. 첫 부분에 강조한 정의 개념을 불러내며, 선한 정령이 되었다는 황금시대 인간들을 상기시키는 끝맺음이다.

근동과의 연관은 다음 기회에

이상의 논의에서 헤시오도스의 작품들과 근동近東 신화 혹은 근동 문학과의 관련성은 언급하지 못했다. 일반적으로 〈신들의 계보〉 내용은 〈울리쿰미Ullikummi의 노래〉로 대표되는 힛타이트 계승 신화나 〈에누마 엘리쉬Enuma Elish〉에 나오는 것 같은 바빌로니아 신화의 영향을 많이 받은 것으로, 그리고 〈일들과 날들〉은 이집트 것이나 구약성서와 연관된 근동 지혜 문학과 깊은 연관이 있는 것으로 알려져 있다. 이 모든 것을 얘기하자면 나도, 독자들도 잘 모르는 다른 문화권 얘기를 한참 해야 하니 여기서는 일단 이 정도로 넘어가는 수밖에 없겠다.

앞에서 말했던 대로 헤시오도스의 작품들은 짧다는 것이 강점이니 가벼운 마음으로 한번 읽어보시면서 나름대로 구조도 나눠보시고, 두 작품이 어디쯤에서 끝나는 것이 좋을지도 한 번씩 생각해보시면 어떨까 한다.

V

아폴로니오스의 〈아르고 호 이야기〉

소년에서 영웅으로, 젊은이들의 어른 되기

계속되는 서사시 이야기다. 앞에 다룬 〈일들과 날들〉은 서사시 운율을 사용하고 있긴 하지만, '서사'보다는 '가르침'이 더 큰 몫을 차지하고 있어서 우리가 '서사시'라는 말에서 떠올리는 인상과는 거리가 좀 있어 보였다. 하지만 지금부터 설명하려는 이 작품은 진정 서사시의 적통嫡統 위에 서 있다고 할 만하다.

이 서사시 역시, 작품 자체는 생소하다고 할 수도 있지만, 내용만큼은 희랍 신화를 아는 독자들 사이에 꽤 알려진 것들이다. 이아손*이라는 영웅을 앞세운 희랍 젊은이들이 당시 알려진 세계의 동쪽 끝으로 황금양털 가죽을 구하러 가는 이야기 말이다. 하지만 알려진 이야기 줄거리와는 별도로 문학 작품은 언제나 자신의 질서가 있으니, 여기서는 그 작품이 어떤 것인지 알아보도록 하자.

이 작품은 헬레니즘 시대의 것이다. 헬레니즘 시대는 유명한 두 인물의 죽음으로 그 앞뒤 경계가 정해져 있다. 즉, 알렉산드로스(알렉산더) 대왕의 죽음(기원전 323년)부터 클레오파트라의 죽음(기원전 30년)까지다. 이는 유명한 시대 구분법이니 꼭 알아두시기 바란다. 이 두 큰

● 아폴로니오스 로디오스는 서사시의 전통에 따라 이오니아 식 표기를 사용한다. 그래서 주인공 이름도 '이에손'으로 되어 있는데, 이 글에서는 그냥 널리 알려진 대로 '이아손'으로 표기하겠다. 그를 이 시련으로 떠나보낸 왕의 이름도 아폴로니오스가 쓴 대로 '펠리에스'라 하지 않고, 표준적인 표기를 좇아 '펠리아스'로 하겠다.

인물의 죽음은 모두 의미 있는 것인데, 전자의 죽음은 이제 폴리스(도시국가)의 시대가 끝나고 대제국의 시대가 열렸다는 뜻이고, 후자의 죽음은 이제 동방의 영향력이 약해지고 로마가 지중해 연안을 석권했다는 뜻이다. 이 시대의 문화 중심지는 이집트의 알렉산드리아였다.

저자인 아폴로니오스 로디오스, 즉 로도스 출신 아폴로니오스의 생애에 대해서는 확실하게 알려진 게 없다. 기원전 3세기 초반에서 중반 사이 어느 땐가 태어난 것 같은데, 정확히 언제 죽었는지도 알려져 있지 않다. 시험에 나오는 숫자들에 질려버린 우리에게는 다행한 일이지만 너무 무책임하다는 비난을 피하기 위해, 기원전 296년에서 260년 사이에 태어난 것으로 추정된다는 점을 덧붙여두자. 지금이야 로도스 출신이라고 알려져 있지만 그는 원래 알렉산드리아 출신이다. 그는 젊어서 〈아르고 호 이야기〉를 만들었다가 처음에는 혹평을 받았다. 하지만 로도스 섬으로 물러나서 개작하여 다시 발표한 결과 큰 성공을 거두어, 그 후로 '로도스 출신'이라는 호칭을 갖게 되었다고 한다. 그러니까 여기서는 그저 〈아르고 호 이야기〉가 기원전 3세기 작품이며, 굉장히 공들여 다시 만들어졌다는 것만 기억하면 되겠다. 이런 과정을 거친 작품들은 세부까지 계산해서 만들어졌기 때문에, 기본적으로 문자 없이 만들어진 단계를 거쳐 온 호메로스의 서사시보다 훨씬 주의를 기울여야 숨은 기교들을 찾아낼 수가 있다.

앞에서 이미 희랍 문학사에서는 특이하게도 각 시대에 한 가지의 장르만 번성했으며, 헬레니즘 시대에 이르러서야 모든 문학 장르가 한꺼번에 꽃피게 되었다고 말했었는데, 그 헬레니즘 시기의 서사시를 대표하는 작품이 바로 아폴로니오스 로디오스의 〈아르고 호 이야기〉이다. 그리고 방금 이 작품이 서사시의 적계嫡系에 서 있는 것으로 소개했지만, 사실 서사시라는 단어를 들을 때 일반적으로 떠올리는 인상과는 달리 〈아르고 호 이야기〉는 그리 길지가 않다. 〈오뒷세이아〉의 절반인 6천 행에 조금 못 미치는 것이다. 이것은 아리스토텔레스가 〈시학〉(1459b)에서 서사시의 적절한 길이로 제시한 것과 유사한 분량으로, 보통 비극 작가가 한 번에 발표하는 네 개의 작품, 이른바 '4부작tetralogia'이라는 것과 엇비슷한 분량이다. 헬레니즘 시대에는 칼리마코스를 중심으로 긴 시들을 싫어하는 흐름이 있어서, 어떤 사람은 아폴로니오스가 이 흐름과 반대되는 입장에 서 있다고 말하지만, 이렇게 서사시의 분량을 줄인 것을 보면 반드시 그렇게 볼 것도 아니다.

〈아르고 호 이야기〉는 시간적 순서대로 짜여 있다

이 작품의 구조는 겉보기에 매우 단순하게 되어 있다. 아무런 기교도 없이 그냥 시간적 순서를 따라 이야기를 적은 것이다. 전체 네 권 중에서 앞의 두 권은 목적지인 콜키스로 가기 위한 준비 과정과 가는 도중에 생긴 일을 다룬다. 셋째 권은 대체로 콜키스 땅에서 있었던 일을 다루고, 넷째 권은 돌아올 때의 일을 다룬다.

이와 같이 시간적 순서대로 글을 짜놓은 것은 호메로스의 〈오뒷세이아〉나 베르길리우스의 〈아이네이스〉와 다른 점이다. 앞의 글에서 이미 얘기했지만 〈오뒷세이아〉에서 시간적으로 가장 앞선 사건인 오뒷세우스의 모험들은 작품 중간인 9권부터 12권에 걸쳐 오뒷세우스 자신의 입을 통해 전해지며, 〈아이네이스〉의 경우도 시간적으로 가장 앞선 사건인 트로이아의 함락 전말이 2권에서 다뤄지고, 거기서 이어지는 아이네아스의 유랑 과정이 3권에서 아이네아스 자신의 입을 통해 전해진다. 〈아르고 호 이야기〉의 단순한 순차적 구성은 예전에는 비난의 대상이었다. 그저 단순한 에피소드의 연결이란 말이다. 하지만 요즘은 시인이 영웅들의 모험과 자신의 공연 행위를 일치시키려 한 데서 이런 구성의 이유를 찾는 연구들이 나타나고 있다.

헬레니즘기는 이미 문자로 창작하고 작품이 책으로 읽히던 시대였지만, 시인은 자신이 마치 호메로스 시대의 가객인 양, 청중을 앞에 두고 그 자리에서 작품을 만들어나가는 것 같은 태도를 취한다. 그래서 그 공연은 일종의 항해가 되고, 자신은 예언자들처럼 과거도 현재도 미래도 아는 자로서, 음악과 신탁의 신이자 항해를 돕는 신인 아폴론과 긴밀하게 연관된다. 시인이 작품 초반에 무사Mousa 여신이 아니라 아폴론의 도움을 청한 것이나, 마지막에 자신이 항해를 마친 것처럼 목적지에 닿았다(4권 1776행)고 말한 것은 이런 맥락에서 이해되어야 할 것이다.

하지만 작품 앞부분에서 거듭 불리고 제사를 받던 아폴론은 2권 중반에 북풍 너머에 사는 사람들(휘페르보레오이)을 찾아가는 모습이 목격(2권 674행 이하)되고 나서는 한동안 등장하지 않는다. 아마도 3권 내용이 주로 콜키스에 정박해 있는 채로 진행되기 때문일 것이다. 더구나 3권의 주된 주제는 메데이아의 사랑이다. 연애에 소질이 없는 이 신은 자리를 좀 비켜주는 것이 좋겠다. 본문을 보면 알겠지만 기능상 아폴론과 연관된 예언자 몹소스도 연애를 모르는 자로서 이아손과 메데이아가 만나는 자리에서 '쫓겨'난다. 그래서 3권 초반에 시인이 도움을 청하는 것은 무사 여신 중 하나인 에라토에게다. 에라토라는 이름은 곧장 에로스들(에라테스)을 상기시키는데, 로마 시인인 오비디우스 역시 이것을 알아챘고, 〈사랑의 기술Ars Amatoria〉 2권에서 자기도 에라토의 도움을 청하면서 아예 이름 풀이까지 넣었다. 그녀가 사랑의 이름을 갖고 있다고nunc Erato, nam tu nomen amoris habes(16행).

그러나 다시 항해가 진행되면서 아폴론이 복귀한다. 4권 초반에 영웅들이 휠레에스 인들을 길잡이로 삼고자 했을 때(522행 이하) 아폴론의 세발솥이 등장하더니, 트리톤의 호수 근처에서 있었던 칸토스의 죽음과 관련된 인물의 조상으로 다시 포이보스가 언급되고(1490행 이하), 트리톤의 도움(1547행 이하)과 관련해서는 다시 세발솥으로, 그리고 마지막으로 아나페 섬 근처에서 어둠을 만났을 때(1701행 이하)는 신이 직접 모습을 나타낸다. 그리고 일반인들은 알기 어려운 것이지만 이 모험의 마지막 사건이라고 할 수 있는 아이기나 섬의 물 긷기 경쟁(1765행 이하)도 사실은 아폴론과 연관된 것이다. 왜냐하면 아폴론이 가진 항해를 돕는 기능을 나타내는 말이 'delphinios'인데, 이 물 나르기 경쟁은 아이기나 섬에서 바로 'delphinios'라는 이름을 가진 달에 행해졌기 때문이다.

이왕 얘기가 나온 김에 각 권에 딸린, 신에게 도움 청하기invocation에 대해서 조금만 더 언급하자면, 두 번째 권에는 이 장치가 생략되어 있다. 이 권은 앞 권의 끝 부분에 나온 장소를 가리키는 말, '거기에'로 시작된다. 처음 두 권이 콜키스라는 목적지를 향한 연속된 항해이기 때문에 그렇다는 것이 한 가지 설명이고, 시인이 권 나누기가 사실은 인위적인 장치라는 것을 알리고 싶어서 그랬다는 것이 다른 설명이다.

한편 네 번째 권은 그냥 보통의 서사시들이 그런 것처럼 무사 여신의 도움을 청하는 것으로 되어 있다. 사실 이런 도움 청하기는 별로 눈에 두드러지지 않는데, 인간의 힘으로 기억하기 어려운, 공연하기 어려운 대목을 만나면 무사 여신을 부르는 것이 호메로스 이래의 전통이기 때문이다. 따라서 4권에서 시인이 무사 여신을 부르는 것은 영웅들의 귀향이 멀고 고생스러워서 그런 것일 수 있다. 길고 긴 이 마지막 권에서 영웅들은 인적 없는 사막에 갇혀 거의 죽음을 맞을 마음의 준비를 하게 된다.

시간적 순서를 따르는 이야기 진행은 시인의 이야기와 등장인물의 이야기를 일치시키는 효과도 낳는다. 이것은 〈오뒷세이아〉나 〈아이네이스〉와는 다른 방식이다. 가령 〈오뒷세이아〉 9권 이하에서 오뒷세우스가 들려주는 모험 이야기나, 23권에서 오뒷세우스가 페넬로페에게 자신의 모험을 요약해서 들려주는 부분에서, 이야기는 시간적 순서를 따라 전해진다. 하지만 전체 작품은 앞에서 말한 것처럼 중간에 시간적으로 역행하는 부분이 들어 있다. 〈아르고 호 이야기〉에서는 이런 불일치가 없다. 이 작품에도 한 등장인물이 다른 이에게 그동안의 모험을 요약해서 들려주는 부분이 두 번 있는데, 한 번은 2권에서 일행이 뤼코스라는 왕을 만났을 때(762행 이하)고, 다른 한 번은 4권에서 이들이 키르케를 찾아갔을 때(730행 이하)다. 하지만 전체 이야기가 시간적 순서대로 되어 있고, 그 속에 들어 있는 요약도 같은 순서로 되어 있어서 시인이 등장인물과 자신을 일치시키기 쉽게 되어 있다는 것이다.

시인은 자신을 항상 같은 사람과 일치시키지는 않는데, 그가 가장 높이고 가장 자신과 동일하게 여기는 이는 아마도 오르페우스인 듯하다. 이 사람은 모험 참가자들 중에서 제일 먼저 언급되어 높임을 받고 있으며(1권 23행), 아폴론이 나타났을 때도 가장 먼저 나서서 그에게 제사 드리기를 촉구하는 역할을 한다(2권 684행). 그리고 시인과 마찬가지로 아폴론의 도움을 받는 존재인 예언자도 시인 자신과 동일시되는

데, 가장 대표적인 인물이 피네우스이다. 피네우스의 예언이 실현되었다는 것을 지적하는 순간마다 시인은 자신의 노래도 참되다는 것을 강조하는 듯 보인다.

꼭 그렇게 누구라고 특정하지 않아도 시인이 영웅들과 배를 같이 타고 있는 듯한 태도를 보이는 사례가 있으니, 쉬르티스의 모래톱에 갇히게 되었을 때가 그렇다. 거기서 모래톱의 풍경은 마치 영화에서 이른바 '시점 쇼트'를 사용한 것처럼 배에 탄 사람의 시각으로 보는 것같이 되어 있다. 시인이 사용하는 표현들도 이런 동일시를 강화하는데, 특히 등장인물이 기도를 드리며 사용하는 표현(가령 '자비로우소서' 1권 693행, 4권 1333행, 4권 1411행, 4권 1600행)들은, 시인 자신이 신들께 기원을 드리는 대목에서 그대로 다시 나타난다('자비로우소서' 1권 708행, 4권 984행, 4권 1773행). 4권이 특별히 길게, 다른 권의 1.5배 정도로 되어 있는 것도 이런 동일시에 도움을 준다. 영웅들이 모래톱에 갇혔을 때, 행수는 벌써 다른 권들 같으면 끝났을 정도에 이르렀다. 영웅들의 귀향 과정이 길고 지루한 만큼, 시인의 '공연'도 길게 계속되는 것이다.

작품의 연대年代와 구조에 대해서는 대충 얘기가 되었으니, 전체 내용을 다시 요약해가면서 조금 더 세부적으로 살펴보자.

영웅들이 모여, 말하는 배 아르고를 띄우다

이 작품은 펠리아스에게 내린 신탁에서 이야기를 시작(이것 역시 아폴론과의 연관을 강조한다)하고 있어서 특별히 그가 정통성을 가진 왕인지를 문제 삼지 않지만, 보통 알려진 다른 판본들은 이아손의 숙부인 펠리아스가 이아손의 아버지 아이손을 몰아내고 왕 노릇을 하고 있던 것으로 전한다. 그리고 이아손이 한쪽 신발이 벗겨진 채 나타난 것에 대해서도 헤라 여신이 그렇게 만들었다고 전하는 판본(휘기누스 〈신화집〉 13)이 있는데, 이 작품에서는 그냥 이아손이 헤라를 어깨에 얹어 강을 건네주었다는 말(3권 66행 이하)만 있고, 그것이 신발을 잃어버린 때와 같은지는 언급하지 않는다. 헤라를 옮겨준 것은 사냥 다녀오는 길에 그랬던 것이고, 신발을 잃어버린 것은 제사에 참석하러 가던 길이었다니, 두 사건은 별개일 가능성이 더 크다. 물론 사냥을 다녀오는 길에 곧장 제사 드리는 데로 갔을 수도 있지만.

뒤이어 시인은 배에 대해서는 다른 사람들이 노래했으니 자신은 거기 온 사람들을 노래하겠다고 하면서, 모험 참가자들의 목록을 읊는데, 이것은 사실 다른 판본들과는 다른 파격이다. 다른 것들은 보통 그 목록을 맨 앞에 두고 있기 때문이다. 시인이 이런 식으로 꾸민 것은, 이 목록을 별개의 정보로 놓지 않고 그것도 하나의 사건으로, 즉 배가 만들어지자 거기 사람들이 하나씩 도착하는 것으로 설정해서, 시간적 순서에 맞춰 넣었기 때문이다. 앞에 말했던 시간적 구성을 흐트러뜨리지 않으려는 의도라 하겠다.

앞에서 얘기를 하지 않고 지나왔지만 사실은 다른 파격이 하나 더 있는데, 작품의 시작에 이야기 주제를 선언하지 않은 것이다. 〈일리아스〉의 첫 행이 '분노를'이란 말로써 아킬레우스의 분노라는 주제를 드러내고, 〈오뒷세이아〉 첫 행이 '남자를'이란 말로써 오뒷세우스를 맨 앞에 놓은 것과 비교해보면, 이것은 눈에 띄는 특징이고, 옛 사람들이 보기엔 더욱 더 특이했을 것이다. 아폴로니오스가 호메로스에서 많은 용어와 표현들을 빌려다 쓰고 있는 점을 생각한다면 더욱 그렇다. 호메

아르고 호의 제작을 보여주는 서기 1세기 테라코타 장식판. 오른쪽에는 아르고스가 배에 걸터앉아 작업 중이고, 왼쪽에는 아테네 여신이 돛폭을 매만지고 있다. 중앙에서 그녀를 돕고 있는 인물은 키잡이 티퓌스로 보인다. 중앙 뒤쪽에 특별히 나무가 한 그루 그려져 있는데, 아르고 호의 용골, 또는 뱃머리에 도도네의 참나무가 쓰인 것을 상기시키기 위해서일 것이다. 배경의 건축물이 아치문을 갖고 있어서 로마 시대의 작품임을 확실하게 알 수 있다. 여신의 머리 뒤에 앉아 있는 올빼미가 귀엽다.

로스를 본받은 베르길리우스는 '무구武具와 남자를arma virumque' 노래하겠다고 해서 〈일리아스〉와 〈오뒷세이아〉를 공히 본받는 모습을 보인다. 하지만 아폴로니오스는 자기에게 이름을 준 신 포이보스 아폴론을 부름으로써 이야기를 시작한다. 참고로 '아폴로니오스'는 '아폴론에게 속한' 정도로 옮겨질 수 있는 이름으로, 일종의 파생어다.

영웅들이 타고 떠나는 배, 아르고 호는 그 용골에 아테네 여신이, 제우스의 신탁으로 유명한 도도네의 참나무 가지를 가져다 붙였기 때문에 배가 말을 할 수 있었다. 하지만 시인은 호메로스의 전통을 좇아이 마법적인 요소를 좀 눌러 숨기려 애쓴다. 그래서 이 배가 직접 말을 하는 경우는 한 번밖에 없다. 이아손과 메데이아가 압쉬르토스를 죽였기 때문에 키르케에게로 항해해서 죄를 씻어야 한다고 말하는 대목(4권 580행 이하)이다. 다른 판본에 따르면 헤라클레스가 배에서 내린 것이, 아르고 호가 너무 무거워서 못 가겠다고 내리라고 해서였다고 하니 적어도 아르고 호의 역할이 좀 더 많았던 것 같은데 말이다.

이아손 일행은 세 부류, 또는 네 부류로 나눠보는 것이 편리하겠다. 먼저 헤라클레스, 카스토르와 폴뤼데우케스, 오르페우스, 펠레우스, 텔라몬 등과 같이 이름이 널리 알려진 대大영웅들, 다음으로 일종의 천리안을 가진 륑케우스, 하늘을 날 수 있었던 북풍 신의 두 아들 칼라이스와 제테스같이 특별한 재능을 가진 사람들, 또 예언자인 이드몬과 몹소스, 배를 만든 아르고스, 키잡이인 티퓌스 등과 같은 기능인들 등으로 말이다. 이 세 부류에 속하지 않는 사람들은 그냥 소小영웅이라고 하면 될 것이다.

여자들의 섬 렘노스에 머물다

아르고 호의 영웅들이 처음 당도한 곳은 여자들만 사는 섬, 렘노스다. 영웅들은 거기 한동안 머물며 그 여인들에게 자식을 낳게 만들어준다. 얼핏 보기에 남성 판타지인 듯한 이 일화는 앞으로의 작품 전개와 관련해서 중요한 의미를 갖는다.

우선 성性 역할의 전도顚倒. 처음에 아르고 호의 사절이 찾아오자, 여왕인 휩시퓔레는 아르고 호 영웅들에게 상륙을 허락하되, 그들을 성밖에 머물도록 하자고 제안한다. 하지만 이어 한 노파가 이의를 제기하고, 주위에서 찬동의 환호성이 터진다. 사실은 모든 여자들이 여왕의 제안에 불만을 품고 있었던 것이다. 이 작품의 특징 중 하나는 남녀의 성역할이 뒤바뀐 경우가 많이 보인다는 점이다. 여기서도 여성들은 대담하게 성적 욕구를 표현하고, 남자들은 다소간 수동적이고 수줍은 태도를 보인다. 이런 면모는 드디어 이아손이 성으로 들어오는 장면에서 더욱 분명하게 드러난다. 이 미청년이 눈을 내리깔고 들어오는 데 반하여, 몰려나온 여자들은 기쁨의 환호성으로 그를 맞이하는 것이다. 이러한 역할 전도의 의미는, 이 작품 전체가 '젊은이의 어른 되기' 제의처럼 구성되어 있다는 데서 찾을 수 있을 것이다. 이와 유사하게 앞에 본 〈오뒷세이아〉 결말부에서도 주인과 손님, 왕과 거지의 역할 뒤바뀜이 있었다.

다음으로 아프로디테의 역할. 이 서사시에서 영웅들이 과업을 완수하는 데 가장 중요한 것은 메데이아의 도움이다. 이아손에 대한 사랑이 그녀로 하여금 이들을 돕게 한다. 이 사랑은 헤라와 아테네의 부추김을 받아 아프로디테와 에로스가 넣어준 것이다. 그 과정은 3권에서 자세히 묘사되지만 이미 여기서 전조를 보인다. 이 영웅들은 아레스가 아니라 아프로디테의 힘을 필요로 할 것이다.

하지만 겉보기엔 호의 속에 탈 없이 끝나는 이 일화 뒤에는 음모와 살인이 숨겨져 있었다. 이 여인들은 이전에 그 섬 남자들을 모두 죽였던 것이다. 물론 아르고 호 선원들은 이 사실을 알지 못했고, 아무 해도 입지 않은 채 그곳을 떠난다. 하지만 그들에게도 닥칠 수 있었던 이 살해의 위협은 휩시퓔레가 이아손에게 준 선물에서 다른 이야기와 결합하여 새로운 모습을 드러낸다. 아리아드네가 관련된 직물이 바로 그것이다. 디오뉘소스와 아리아드네가 그 위에서 밤을 보냈던 이 귀물貴物은 나중에 메데이아를 추격하던 그녀의 형제 압쉬르토스에게 주어진다. 그는 그 선물에 현혹되어 누이를 만나러 갔다가 살해되고 만다. 남자들을 죽이는 여인 왕국의 지배자이면서, 이 작품 내에서 버림을 받는다는 의미에서 '첫 번째 아리아드네'라고 할 수 있는 휩시퓔레의 선물은, 결국 형제와 자식들을 죽이는 '두 번째 아리아드네' 메데이아의 손에서 그 숨은 힘을 드러내는 것이다.

이아손 일행은 헤라클레스가 재촉해서야 다시 길을 떠나게 된다. 남성성의 상징이라고 할 이 영웅은 다른 때와는 달리 여인들과 어울리지 않은 것으로 되어 있다. 나중에 애인인 휠라스를 찾다가 배를 놓치게 되는 이 영웅이 여기서 여자들을 멀리하는 것이 어쩌면 당연한 일이다.

문명의 변방에서 밤중에 친구를 죽이다

그 다음 사건은 이 여행 전체를 일종의 통과의례로 보는 해석에 근거를 제공한다. 그들은 돌리오네스 인들의 땅에 닿아 접대를 잘 받고 떠나지만, 실수로 이들과 전투를 하게 된다. 일단 그 땅에서 떠났다가 폭풍을 만나 다시 그곳으로 밀려왔는데, 워낙 어두워서 서로 상대가 누군지 모르고 전투를 벌였던 것이다. 그 와중에 돌리오네스 인들의 젊은 왕 퀴지코스가 죽임을 당한다. 이들은 막 성년식을 치르려는 젊은이들처럼 어두운 밤, 문명의 땅 바깥에서 전투를 치르고 살인을 저지르고 있다. 이와 유사하게 스파르타에서도 젊은이들이 자기네 '식민지' 메세니아의 유력자를 살해하는 것을 일종의 통과의례로 삼았던 듯 보인다. 이런 젊은이들은 '밤의 사냥꾼'으로 주로 그물로 사냥하는 것으로 알려져 있다. 〈오뒷세이아〉에서 텔레마코스가 자기 집안 하녀들을 처형하는 장면에 새그물 사냥 직유가 들어 있다. 이렇게 보자면, 어쩌면 이아손의 한 짝 샌들 자체가, 이제 막 경계를 넘어서는 신분 모호한 존재의 표상이었는지도 모른다.

구시대의 영웅 헤라클레스, 배에서 내리다

1권 끝부분에 헤라클레스가 배에서 내리게 된 사건도 의미심장하다. 그는 일행이 뮈시아에 내렸을 때, 그의 애인 휠라스가 샘의 요정에게 납치된 것을 모르고 찾다가 그만 배를 놓치고 만다.

이 사건은 우선 이 여행의 주인공인 이아손을 위해 필요하다. 헤라클레스는 워낙 뛰어난 존재이기 때문에, 그가 계속 함께 한다면 이아손에게는 주목 받을 기회가 별로 없다. 사실 애초에 다른 사람들은 '가장 뛰어난 자' 헤라클레스를 지도자로 원했지만, 헤라클레스가 양보하는 바람에 이아손에게 그 지위가 돌아왔던 것이다. 이제 그 일인자가 없어졌으니 이아손의 지위는 합법적인 것이 되었다.

또한 헤라클레스의 퇴장은 이 서사시가 보여주는 새로운 영웅상과도 관련이 있다. 시인은 이 서사시에서 새로운 영웅, 즉 힘이 아니라 외교력과 계략을 사용하며, 민주적인 의사 결정과 화합을 중시하고, 또 필요하다면 자신의 매력을 이용하여 여성의 도움을 받는 영웅을 소개한다. 여기는 헤라클레스 같은 전통적인 영웅이 있을 자리가 아니다. 사실 그의 퇴장은, 그가 너무 힘을 쓰다가 노를 부러뜨린 사건에서 이

아르고 호의 영웅들. 기원전 460년 경 적색상 칼릭스 크라테르. 〈니오베 자녀들의 죽음〉을 그린 화가의 작품이다. 다른 영웅들은 별 특징 없이 그려졌고, 중앙 오른쪽의 헤라클레스만 그의 지물들로 알아볼 수 있다. 그는 사자 가죽을 걸치고 곤봉을 지녔으며, 머리에는 관을 쓰고 있다. 그가 지닌 활은 중앙 부분이 거의 뾰족하다고 할 정도로 심하게 구부러져 있는데, 이는 그 활이 일반적인 C자 모양이 아니라 오메가 형의 복합궁이어서다. 왼쪽에는 아테네 여신이 와 있고, 이들 사이의 인물은 이아손으로 보인다.

미 예고된 것이었다. 이와 비슷한 모습을 우리는, 매번 위기가 닥칠 때마다 이아손과 맞서는, 그리고 다소 우스꽝스럽게 물러서는 전통적 유형의 영웅들에게서도 보게 되는데, 가령 이아손이 메데이아의 도움을 받는 것을 끝내 못마땅하게 여기던 이다스가 대표적인 예이다. 한편 영웅들은 4권에서 헤라클레스와 거의 다시 만날 뻔하지만 하루 차이로 그를 놓쳐버린다. 천리안 링케우스가 아스라한 지평선 저 멀리 헤라클레스의 모습을 본 듯 만 듯 겨우 잡은 것은, 이미 그러한 영웅들의 시대가 저물어버렸다는 의미인지도 모른다. 아르고 호 영웅들은 사실 헤라클레스와는 다른 시대, 다른 세대에 속한 자들이란 말이다.

'권투왕' 아뮈코스를 폴뤼데우케스가 제압한 것은 1, 2권의 전반적인 분위기와 어울린다. 이 작품은 전반과 후반이 대조적인데, 전반에 사실적인 항해가 묘사된다면, 후반에는 거의 환상적인 세계를 지나간다. 전반에 남성들이 힘으로 어려움을 이겨낸다면, 후반에는 거의 전적으로 여자들의 도움에 의존한다. 여기서의 권투 시합도 사실적이고 남성적이다. 그리고 폴뤼데우케스 역시 헤라클레스가 있었더라면 얻지 못했을 기회를 잡았다.

눈먼 예언자의 도움으로 부딪치는 바위를 통과하다

눈먼 예언자 피네우스 왕을 도와, 그를 괴롭히던 괴조 하르퓌이아들을 쫓아준 일은 나중에 베르길리우스의 〈아이네이스〉와 연관된다. 이탈리아를 향해 가던 아이네아스가 다시 하르퓌이아들과 마주치기 때문이다.

이들은 피네우스에게서 받은 조언에 의지하여 퀴아네아이라는 바위를, 비둘기를 날려 시험한 후 지나간다. 이것은 보통 '부딪치는 바위'라는 뜻의 쉼플레가데스로 알려진 것이다. 이 사건은, 나중에 떠다니는 바위를 통과하는 사건과 대칭을 이룬다. 두 사건에서 모두 여신들의 도움을 받게 되지만 여기서는 아직 인간 남성의 힘이 중요하다. 어떤 학자는 원래 전통적으로는 이 부분에서 아르고 호 자체의 마법적인 측면이 드러나게 이야기가 짜여 있었는데, 호메로스 서사시 전통에 충실한 아폴로니오스가 그런 마법들을 없애고 대신 신들의 개입을 넣었다고 본다.

어쩌면 이 바위는 저승의 입구였는지도 모르겠다. 그들은 저승에서 흘러나온 강을 만나고, 뒤이어 저승신에게 바치는 제물인 양 두 명의 동료를 잃고는, 저승에서 올라온 혼령이 무덤 위에서 지켜보는 길목을 지난다. 그 후 이들이 지나는 지역은 여러 이상한 관습, 영웅들이 익숙하던 세계와는 거의 반대되는 풍습을 지니고 있다. 남자처럼 싸우는 아마존의 땅, 땅을 갈지 않고 철광석을 파내서 먹고 사는 칼뤼베스 인의 땅, 남자들이 아이 낳는 시늉을 하는 지역, 드러내는 것과 숨기는 것이 보통과는 반대인 종족의 지역 등이다. 저승에서는 모든 것이 이승의 반대로 이뤄진다는 어떤 사람들의 믿음과 상통하는 대목이다. 그리고 이런 해석을 따를 경우, 멀지 않은 곳에서 신음하고 있는 프로메테우스는 저승에서 벌 받는 존재들을 대신한다고 볼 수 있겠다. 보통 학자들은 이 여행이 대체로 오뒷세우스의 항해를 본받고 있다고 보는데, 그중 유일하게 빠진 것으로 지적되는 요소가 저승 여행이다. 하지만 지금 이들이 지나는 경로와 3권 마지막 부분에 이아손이 마법의 약을 바르기 전, 밤의 의식을 치르는 과정(여기서 시인은 오뒷세우스가 저승의 입구에서 치른 의식을 암시적으로 인용하고 있다)을 보면 거의 저승 여행이라 해도 좋을 듯하다. 우리는 그런 요소들을 4권 귀향 여행에서도 많이 만나게 될 것이다.

대원 구성의 변동에 대해 몇 가지. 일행은 아레스의 섬에서, 희랍 땅을 향해 떠났다가 풍랑을 만난 프릭소스의 아들들과 마주치게 되는데, 이들은 이후 이아손과 메데이아를 이어주는 가교 역할을 한다. 한편 이들은 그 직전에는, 방금 말한 대로 두 중요한 인물, 예언자인 이드몬과 키잡이 티퓌스를 잃는다. 여기서 키잡이의 죽음은 특히 대원들을 절망케 하는데, 작품이 시작되고부터 줄곧 이 영웅들의 관심사로 강조되는 것이 '귀향의 확보'이기 때문이다. 이들 중에 가장 좌절하는 것은 이아손인데, 사실 이 작품에서 우리는 그의 이러한 모습에 익숙하다. 그는 이미 헤라클레스를 잃었을 때, 그리고 쉼플레가데스를 통과해야 한다는 말을 들었을 때도 그랬었고, 또 아이에테스 왕에게서 이룰 수 없을 듯한 과제를 부여받았을 때도 그런 모습을 보인다. 예전 학자들은 이런 '지도자답지 못한' 모습을 비난하였지만, 사실 영웅의 이런 '나약한' 모습은 서사시 전통에 흔한 것이다. 이미 〈일리아스〉에서 아가멤논이 그런 모습을 자주 보였으며, 저승을 다녀오라는 명을 받았을 때 오뒷세우스 역시 마찬가지였다. 더구나 그런 좌절의 '포즈'가 때로는 대원들을 시험하는 의미가 있기 때문에, 겉모습만 보고서 쉽게 그를 영웅답지 못하다고 나무란다면 이것은 오독일 가능성이 크다. 이 작품은 서사시 전통에 대한 고급 독자들의 지식에 의지하며 미묘하게 암시적으로 진행하기 때문이다.

메데이아, 이아손을 향한 사랑에 빠지다

대체로 3권에 들어 있는 이 부분은 예로부터 아주 유명했다. 이 작품의 가치를 별로 높이 보지 않던 사람들도 3권만큼은 상당히 평가해서 따로 이 부분만 읽기도 하고, 지금도 3권 주석만 따로 쓰는 학자들이 꽤 된다.

이 3권에서 특별히 유명한 부분은 아프로디테가, 메데이아의 가슴 속에 사랑을 넣도록 에로스를 파견하는 장면, 그리고 메데이아가 사랑에 빠져 괴로워하는 부분이다. 전자에는 특히 어린아이의 행태가 특징

이아손과 메데이아의 만남을 묘사한 기원전 350년경 시칠리아 크라테르. 오른쪽의 메데이아는 상체에 X자 형 띠를 두르고 있는데, 이는 동방 의상의 특징이다. 남녀 사이에 선 에로스는 메데이아를 사랑에 빠뜨리기 위해 활로 그녀를 겨냥하는 중이다. 메데이아의 손에 들린 것은 그녀가 전달하는 약의 사용법이 적힌 파퓌로스로 보인다.

있게 잘 그려져 있어서 '어린이의 발견'으로 꼽힌다. 가령 소년인 에로스가 친구 가뉘메데스와 주사위 놀이를 하는 장면, 아프로디테가 제우스의 공을 주겠다는 약속으로 에로스를 구슬리는 장면들이 그렇다.

메데이아가 혼자 고민하는 장면은 서사문학상 최초로 '사랑의 고뇌'를 묘사하고 있다는 점에서 유명하다. 이미 기원전 7~6세기 여성 시인 삽포가 사용했고, 나중에 로마의 시인 카툴루스에게서 발견될 '심리적 상태의 육체적 표현'들도 많이 나타나고, 이리저리 방향을 바꾸는 소녀의 생각이 그 밑에 깔린 심리적 요소들의 복합성을 보여준다. 메데이아가 처음 이아손을 보았을 때의 반응과 그 기억을 되새기는 장면은 나중에 〈아이네이스〉에서 디도가 아이네아스를 사랑하게 되는 대목에 모델로 이용되었다. 원문을 조금 인용해보자.*

> 아이손의 아들은 아름다움과 우아함에 있어서 모든 사람 가운데
> 놀랍게 두드러졌다. 처녀는 빛나는 베일을
> 옆으로 치우고서 곁눈을 그에게 고정하였고,
> 가슴은 고통으로 타들어갔다. 그녀의 마음은 꿈과 같이,
> 걸어가는 그의 발걸음을 따라 좇으며 날아갔다.
> ……
> … 하지만 마음속에, 에로스들이
> 몰두하게 하는 많은 것들을 떠올리고 있었다.
> 그녀의 눈앞엔 모든 것이 여전히 아른거렸다,
> 그가 어떠했는지, 어떤 옷들을 입고 있었는지,
> 어떤 것을 말했으며, 어떻게 의자에 앉아 있었는지, 또 어떻게 문으로
> 갔었는지. 생각하며 그녀는, 그 어떤 다른 사람도
> 그런 이는 없다고 여겼다. 귀에는 계속해서 그의 목소리와,
> 그가 했던 마음 달콤한 얘기들이 울려올라왔다.
> 그를 걱정하여, 혹시 소들이나 아이에테스 자신이 그를
> 멸할까 두려워했다. 그가 벌써 완전히 죽어버린 것처럼
> 애통하였고, 그리움에 끔찍한 동정심에
> 여린 눈물방울이 그녀의 뺨을 타고 흘러내렸다.
>
> (3권 443~462행)

---

* 강대진 역, 《아르고 호 이야기》(작은이야기, 2006)에서 인용.

그녀의 심장은 가슴속에서 세차게 고동치고 있었다.
마치 대야나 물통에 새로 부은 물에서
햇빛이 튕겨 올라 집에
어른거리듯. 그것은 이쪽저쪽
빠른 맴돌이로 뛰쳐나와 흔들린다.
꼭 그렇게 처녀의 가슴 속에서 심장이 떨렸다.
눈에서는 동정심으로 눈물이 흘러내렸다. 안에서는 계속
고통이 몸속으로 타들어가며 괴롭혔다. 섬세한 힘줄과
머리의 뒤통수 저 아래 끝부분,
거기로 가장 심한 고통이 파고들었다. 지치지 않는 에로스들이
가슴에 슬픔을 박아 넣을 때마다.
그녀는 어떤 때는 그에게 황소들을 홀릴 약을 주겠노라고
생각했다가, 어떤 때는 아니라 했다. 또 자기도 죽으리라 생각도 했다.
그러다 다시 자기도 죽지 않고, 마법의 약을 주지도 않고,
그대로 평온히 그의 재난을 견디리라고도 했다.
그러다가 일어나 앉아 갈팡질팡하였고, 이렇게 말했다.

(3권 755~770행)

한편 메데이아가 이아손을 만나러 가는 장면(3권 868행 이하)은 〈오 뒷세이아〉에서 나우시카아가 바닷가로 빨래하러 가는 장면을 모델로 삼고 있다. 메데이아가 고민하는 장면에 사용된 물무늬 직유(3권 756행 이하)도 유명한 것이고, 그녀가 꾸었던 심리적인 꿈, 이아손이 자기를 얻기 위해 콜키스에 왔고 불 뿜는 소와 싸우게 되었다는 꿈(3권 615행 이하)도 흥미롭다. 두 사람이 헤카테 신전에서 만나는 장면에는 부끄러

움과 설렘, 어찌할 수 없는 끌림이 섬세하고도 아름답게 그려져 있다. 이 작품 전체의 절정은 사실 두 사람의 이 만남이다.

이아손, 신랑감 시험을 받다

아이에테스가 순순히 양털 가죽을 내놓지 않은 것은 어쩌면 당연하다. 아마도 좀 더 오래된 판본에서는 이 황금양털 가죽에 그 나라 전체의 운명이 걸려 있었거나, 아니면 거기에 어떤 마법적인 힘이 있는 것으로 되어 있었던 듯하다. 이와 유사하게 아가멤논의 아버지인 아트레우스와 그의 형제 튀에스테스 사이의 왕권 분쟁에서도 황금양털이 왕권을 주장하는 근거로 등장하고 있다.

 왕은 이아손에게 과제를 내린다. 불 뿜는 황소 두 마리에 멍에를 지워 너른 밭을 갈고, 용 이빨을 씨처럼 뿌려 거기서 나온 자들과 싸우라는 것이다. 이 과제는, 역시 불 뿜는 괴물 키마이라와 싸웠던 벨레로폰의 경우와 마찬가지로 신랑감 시험의 의미를 갖는다. 그러니 이아손에게 '나라의 절반'에 해당되는 황금양털 가죽과 공주가 주어지는 것은 당연하다.

 3권에는 〈오뒷세이아〉의 나우시카아 일화와 비슷한 장면이 많이 나온다. 앞서 말한 대로 메데이아가 이아손을 만나러 가는 장면도 그렇고, 메데이아의 꿈도 마찬가지다. 독자께서 기억하시는 대로 나우시카아 역시 자신의 결혼과 관련된 꿈을 꾸었다. 이것은 두 사건이 모두 결혼 가능성을 배경으로 잠재적 신랑감을 소개하고 있기 때문이다. 나우시카아의 또래 젊은이들이 오뒷세우스에게 무례하고 굴고 운동경기로써 도전한 것도 그 때문이었다. 아폴로니오스는 아이에테스의 집까지도 나우시카아네 집처럼 묘사하고 있는데(3권 214행 이하), 시인은 여기서 독자들이 나우시카아 일화의 분위기를 느끼길 원했던 듯하다.

황금양털을 훔쳐 도주하다

이아손은 약초에 대한 메데이아의 지식에 힘입어 아이에테스가 부과한 과제를 무사히 수행한다. 그녀가 준 약을, 그녀가 지시한 대로 제의를 치르고 몸에 바르자, 불과 칼에 다치지 않게 되었고, 또 온몸에 힘이 솟았던 것이다. 하지만 아이에테스는 약속을 지키지 않고 이아손 일행을 기습할 계획을 세운다. 메데이아는 자기가 한 짓이 탄로 날까 두려워 이아손에게로 도망치고, 황금양털 가죽을 지키는 용을 잠재워 이아손이 그것을 얻게 한다. 그러고는 함께 희랍 땅을 향해 도주의 길에 오른다.

  아르고 호가 어느 길로 돌아왔는지는 작가마다 다른데, 가장 단순한 것은 갔던 길로 돌아왔다는 것이고, 파시스 강을 거슬러 올라가서 오케아노스로 나갔다가 다시 지중해로 들어오는 것으로 꾸민 판본도 많이 있다. 이 작품에서 아폴로니오스가 택한 행로는 당시 알려진 세계를 두루 도는 것, 즉 이스트로스(도나우 강)로 들어가서 아드리아 해로 나간 다음, 에리다노스 강(포 강)과 로다노스 강(론 강)을 통해 이탈리아 서쪽 바다로 나오고, 그 후 이탈리아 반도를 따라 남하하다가 북아프리카 해안까지 밀려가고, 크레테를 거쳐 귀환하는 것이었다. 콜키스로 가는 길도 마찬가지지만 이런 도정 구성에는 당시 사람들의 지리적

황금양털을 훔쳐내는 이아손. 기원전 4세기 초 적색상 파이스툼 크라테르. 왼쪽 동방식으로 옷을 입은 메데이아가 약으로 용을 잠재우는 사이, 이아손이 황금양털 가죽을 끌어내리고 있다.

지식과 관심이 반영되었을 것이다.

도주의 길은 아이에테스의 손자 아르고스에 의해 제시된다. 그가 자신의 정보 원천을 길게 늘어놓는 대목은, 이 서사시에서 '곁 이야기 digression'가 하는 역할 중 하나를 보여준다. 보통은 영웅들이 지체될 경우에 그런 곁 이야기들이 나온다. 가령 에테시아이라는 바람을 만나서 지체되는 대목(2권 498행 이하)이 그렇다. 영웅들이 길게 지체되는 만큼 거기서는 그 바람의 유래가 길게 설명된다. 한편 4권의 이 곁 이야기는 긴장감을 고조시키는 역할도 한다. 그 직전에 콜키스의 대군이 영웅들을 추격하러 떠나는 장면이 나왔기 때문이다. 이들이 급히 달아나야 하는 순간인데, 수다스런 아르고스가 시간을 끌고 있는 것이다.

도주의 첫 도정은 발칸반도를 동서로 통과한 것이다. 옛 사람들은 도나우 강이 내륙에서 남동쪽으로 내려오다가 둘로 나뉘어, 한 갈래는 우리가 아는 대로 동쪽으로 흘러 흑해로 들어가고, 다른 갈래는 서쪽으로 흘러 아드리아 해로 들어간다고 믿었던 모양이다. 이 두 개의 갈래가 아르고 호의 길이다. 아르고 호는 동쪽 하구로 들어가서 상류를 향해 갈림길까지 간 다음, 서쪽 길을 따라가 바다로 나간다.

태양신의 자손 압쉬르토스를 죽이다

이 단계에서 있었던 가장 중요한 사건은 메데이아의 형제인 압쉬르토스 살해 사건이다. 여기에는 보통 두 가지 판본이 있다. 어떤 판본에서는 압쉬르토스가 아직 어린아이로 되어 있어서 누이를 따라나섰다가, 아이에테스가 추격해오자 메데이아가 이 어린이를 토막 내어 바다에 던졌고, 아이에테스는 그 시신을 수습하느라 이들을 놓쳤다고 한다(아폴로도로스, 〈도서관〉 1권 9장 24절). 하지만 아폴로니오스는 압쉬르토스를 성인으로 놓았고, 앞에 말한 대로, 휩시퓔레의 직물을 선물로 받고 의심 없이 누이를 만나러 갔다가, 매복한 이아손에게 죽임을 당하는 것으로 그렸다. 메데이아는 자신이 납치된 듯 말을 지어 전했고, 함께 황금양털 가죽을 되찾을 길을 모색하자고 유혹했던 것이다.

이 태양신의 손자는 아드리아 해로 나가는 하구河口의 섬에서 죽임을 당하는데, 그의 죽음은 태양신의 아들 파에톤의 죽음과 연관 지어진다. 압쉬르토스가 이 작품에서 처음 모습을 드러낼 때 그는 아버지의 마차를 모는 중이었다(3권 1235행 이하). 마치 오비디우스가 〈변신이야기〉에 그려놓은 파에톤과 같은 모습이다. 더구나 그에게는 실제로 파에톤이라는 별칭이 부여되어 있다(3권 245행). 아이에테스가 전에 태양신의 마차를 타본 적이 있다고 말하는 대목(3권 310행), 압쉬르토스가 몰던 마차가 태양신의 선물이라는 언급(4권 220행) 등도 그런 연관을 더욱 강하게 한다. 한편 그를 모살謀殺한 후 남쪽으로 향하던 이아손 일행은, 앞에 말한 대로 아르고 호의 경고(또는 권고)를 받고, 다시 에리다노스 강을 거슬러 이탈리아 반도 북쪽을 통과하게 되는데, 그 도중에 태양신의 아들 파에톤이 떨어져 죽은 곳을 지나게 된다. 아직도 재가 떠다니고 유황 냄새 자욱한 그곳은 그들에게, 자신들이 태양신의 자손을 죽였음을 괴롭게 상기시키고, 다른 한편 이들의 여정을 저승 여행과 유사한 것으로 만든다. 두 번째 단계의 저승 여행인 것이다.

오뒷세우스가 갈 길을 먼저 지나다

이아손 일행은 이탈리아 서쪽으로 나와서는 대개 오뒷세우스가 나중에 거치게 될 곳들을 지나게 되는데, 우선 태양신의 딸인 키르케의 섬에서 살인죄를 정화 받는다. 모든 것을 꿰뚫어보는 키르케는 한편 이들의 죄에 혐오감을 느끼지만, 다른 한편 조카인 메데이아를 가련하게 여기고 정화를 베푼다. 이 부분에서는 키르케가 전날 밤에 꾸었던 끔찍한 꿈이 묘사되는데, 심리적이고도 예언적인 성격을 지닌 것이라 관심을 끈다. 그리고 태양신의 후손들이 불꽃 같은 눈을 가지고 있어서 서로 금방 알아본다는 사실도 그렇고, 콜키스 출신의 두 사람, 고모와 조카딸이 특별한 방언으로 대화하는 대목도 이색적이다.

    음악이 가진 파괴적인 힘을 보여주는 세이렌의 섬에서는 다른 음

아르고 호의 귀향 도정은 판본마다 다르게 되어 있는데, 아폴로니오스 로디오스가 택한 것은 흑해에서 강을 타고 유럽 내륙을 통과하여 서지중해로 나오는 것이다. 그는 내륙의 강들이 서로 연결되어 있었다고 믿었던 모양이다.

악, 오르페우스의 연주가 대항하는 무기가 되어 부테스 한 사람만을 잃게 된다. 물론 그도 아프로디테의 도움으로 구원을 받게 되지만. 이것은 이 영웅들이 겪는 비일상적인 위험의 유일한 희생이다. 반면에 앞에서 두 사람을 희생시킨 질병이나 멧돼지, 앞으로 나올 약탈 중의 피살이나 독사 따위는 이와 다르게 좀 일상적인 위험이라 하겠다.

한편 이들은 오뒷세우스와는 달리 카륍디스와 스퀼라를 피하여, 떠도는 바위인 '플랑크타이'를 지나게 되는데, 거기서는 펠레우스의 부인인 테티스와 그녀의 자매들이 도움을 준다. 이들이 배를 들어 옮기는 모습에는 나우시카아가 오뒷세우스를 만나기 전, 하녀들과 공놀이하는 모습이 반영되어 있다. 여기서 영웅들은 완전히 수동적인 존재가 되어 있다. 그들이 드레파네(《오뒷세이아》에 나오는 스케리아, 또는 파이아키아와 같은 곳)에서 콜키스 인 추적자들과 마주쳤을 때도 여성의 도움이 결정적인 역할을 한다. 이아손과 메데이아를 측은히 여기던 그곳 왕비 아레테가, 자기 남편의 판결 원칙을 미리 알고서 급히 두 사람을 결혼시킨 것이다.

북아프리카에서 죽음을 체험하다

여기까지는 고향으로 돌아가려는 의지와 그들을 다시 콜키스로 데려가려는 힘이 서로 반대 방향으로 작용하고 있었다. 처음 이올코스를 떠날 때, 황금양털이라는 목표와 귀향의 희망이 서로 반대 방향으로 작용했던 것과 마찬가지다. 이제 그들을 콜키스로 되밀어가는 힘이 없어졌으므로 그들의 항해에는 장애물이 없다. 그 후의 여행은 말하자면 그들의 통과의례를 완결한다.

이후 이들이 겪게 되는 사건 중 특히 두 가지가 이제 막 경계를 넘어서는 젊은이의 상황에 걸맞다. 그들은 펠로폰네소스 서쪽까지 왔다가, 폭풍에 휘말려 북아프리카의 해안으로 떠밀려 가는데, 거기서 우선 모든 소리와 움직임이 그친 모래톱 여울을 겪는다. 얼마 후에는 아나페 부근에서 모든 빛이 사라진 암흑을 통과한다. 이 모든 과정에서 세계를 이루는 기본 원소들의 역할이 두드러진다. 오뒷세우스가 '아무것도 아닌 자Outis'의 단계까지 갔다가 돌아오는 것처럼 이 젊은이들도 원소의 수준까지, 어쩌면 그것마저 차단된 상태까지 돌아가야 했는지도 모르겠다.

이 과정 앞부분에서는 여전히 여성들의 도움이 결정적이다. 끝도 없고 방향도 모를 얕은 여울에서 이들은 요정들의 지시와 도움으로 자신들의 '어머니' 아르고 호를 들고 바닷가 호수까지 걷게 된다. 그 후에는 헤스페리데스의 충고에 따라 물을 얻는다. 이 대목에서 중요한 것은 이들이 죽은 자의 단계와 저급한 동물의 단계를 거치게 된다는 점이다. 모래톱에서 이들은 먼지에 뒤덮인 시신과 같은 모습이 된다. 그들은 자신들의 죽음을 기정사실로 여겨 함께 슬피 울고는 저마다 무덤을 찾듯 흙구덩이로 흩어지고, 이아손이 그들을 다시 불러 모았을 때는 마치 무덤에서 일어난, 아니면 전장에서 쓰러진 시신인 양 흙투성이 모습으로 나타난다. 〈일리아스〉에서 헥토르의 시신을 찾기 위해 일종의 저승 여행을 했던 프리아모스가 그 직전에 먼지 속을 구르면서 시신의 모습을 보였던 것이나, 그와 비슷하게 그 자신 곧 죽을 운명이면서, 파트로클로스의 죽음을 애곡하는 중에 마치 먼지 속의 시신 같은 모습을 보였던 아킬레우스를 기억하자. 한편 열이틀을 배를 들고 걸은 후 물을 찾을 때, 이들은 미친개들에 비유된다. 또 샘에 엎드렸을 때는 개미나 파리에 비유된다. 환상계를 방황할 때 혹은 고향에 처음 돌아왔을 때의 오뒷세우스처럼, 그들이 처음에 방향을 알지 못했다는 사실은 저 밑바닥까지 내려간 그들의 정신적 수준을 드러내준다.

아프리카의 이 모래톱에서 다시 두 사람이 희생된다. 마치 저승에서 벗어나기 위한 제물인 양. 특히 예언자 몹소스는 더위에 지쳐 모래 속에 늘어져 있던 뱀을 밟은 후, 공격 받아 죽게 되는데, 그를 공격한 뱀의 모습은 곧 이 영웅들에게로 전이된다. 트리톤의 호수에서 길을 찾는 이들의 움직임이 뱀의 움직임에 비유된 것이다. 모래 속에서 죽은 듯 묻혀있던 이들은 이제 껍질 벗은 뱀처럼 새로운 단계의 삶을 향해 나아간다. 뱀에는 항상 두 가지 이미지, 파괴적인 사악한 면모와 껍질 벗고 새 젊음을 찾는 재생의 이미지가 있는데, 여기서는 두 가지 이미지가 모두 이용되고 있으며 이것은 나중에 〈아이네이스〉 2권에서 더욱 발전된 모습으로 나타날 것이다.

이 부근과 그다음 사건들은 앞에서 간간히 언급했었다. 일행이 헤라클레스를 아슬아슬하게 놓친 것, 트리톤에게 아폴론의 세발솥을 바친 일 등. 거기 덧붙여 칸토스의 죽음도 있다. 그는 헤라클레스가 어제 그곳을 지나쳤다는 것을 알고는, 이 영웅에게 자기 친구 폴뤼페모스가 어떻게 되었는지 묻고자 찾아 나섰다가, 목적은 이루지 못하고 돌아오는 길에 죽었다. 그의 죽음은 콜키스 가는 길에 있었던 두 번의 사고를 요약하는 것이다. 하나는 휠라스 납치 사건으로 헤라클레스와 폴뤼페모스가 배를 놓친 사건이고, 다른 것은 이드몬과 티퓌스가 잇달아 죽은 일이다. 그는 이드몬과 마찬가지로 예언자인 몹소스가 죽을 때(죽은 직후에) 죽으며, 헤라클레스와 함께 사라진 폴뤼페모스의 친우이기 때문이다. 티퓌스가 죽었을 때는 희망을 북돋웠던 키잡이 앙카이오스가 배가 좌초되었을 때 절망을 표현한 데서도 보이듯(4권 1258행), 이들 모험의 전반부에 일어난 사건은 후반부에 상응하는 짝을 갖는 경향이 있다.

도식으로 정리하면 이렇다.

⎡ 전반부: 예언자 이드몬이 죽고 폴뤼페모스가 배를 놓친다.
⎣ 후반부: 예언자 몹소스가 죽을 때 폴뤼페모스의 친우 칸토스가 죽는다.

⎡ 전반부: 키잡이 티퓌스가 죽자, 앙카이오스가 희망을 북돋운다.
⎣ 후반부: 키잡이 앙카이오스가 절망을 표현한다.

두 단계의 저승 여행과 반대들의 결합

나는 앞에서 이들의 항해를 저승 여행과 유사한 것으로 보았는데, 저승 여행들은 흔히 두 가지 방향, 즉 수평적인 것과 수직적인 것으로 이루어진다. 가령 근동 신화에서 길가메쉬가 홍수 영웅 우트나피쉬팀을 찾아가는 대목이 그렇다. 처음에 그는 강을 건너 수평적인 여행을 한다. 다음으로 젊음을 주는 풀을 찾으러 강물 속으로 들어간다. 죽음의 색깔인 검은색 돛을 달고 크레테로 떠났던 테세우스도 마찬가지다. 어떤 판본에 따르면 그는 미노스와 혈통에 대한 시비가 붙어서 바닷속으로 뛰어들었고, 암피트리테에게서 빛나는 관을 받아 자신이 포세이돈의 자식임을 입증했다고 한다. 이 아르고 호의 모험에서는 수직적인 여행은 보이지 않으나, 돌아오는 길이 또 하나의 저승 여행 역할을 함으로써 두 가지 단계를 보이는 것이 아닌가 하는 것이 나의 해석이다. 아울러 돌아오는 길도 두 단계로 나눌 수 있는데, 파에톤이 떨어졌던 곳이 첫 단계로 저승의 분위기를 조성했었다. 이런 점에서 영웅들이 배를 들고 걸었다는 것도 의미심장하다. 배가 공중에 들려 옮겨졌다는 것은 이 부분에서 많이 나타나는 반대들의 결합 중 하나가 아닌가! 영화 〈지옥의 묵시록〉에서는 공중을 날아온(헬기로 공수한) 배가 쓰이고, 〈센과 치히로의 행방불명〉에서는 수평적인 여행이 물 위를 달리는 열차를 통해 이뤄진 것을 기억하자.

그 반대들의 결합의 절정은 크레테를 지나고 나서 에우페모스가 꾼 꿈이다. 이 젊은이는 트리톤이 선물로 준 흙덩이를 손에 쥐고 있었는데, 그것이 자신의 젖을 빨아 여자로 변하고, 그 여자와 결합하는 꿈을 꾼다. 꿈의 뒷부분이야 젊은이의 성적 성장을 보여주는 것이라 해도, 그 앞부분, 아기를 젖먹이는 남자라니! 이것은 많은 남성 영웅들이 적어도 인생의 한 시기에 여성의 단계를 지나는 것과 상응한다. 여자 옷을 입고 자랐다는 디오뉘소스, 여자 옷을 입고 뤼코메데스의 궁정에 숨어 있었던 아킬레우스, 여왕 옴팔레에게 팔려가 여자 옷을 입고 실 잣는 일을 했다는 헤라클레스, 거기 덧붙여 여성을 자기 속에 간직하게 된 제우스까지. 솜털이 막 자라나고 있는 이 젊은이들은 신분 모호하게도 한 쪽 신발만 신은 지도자를 따라 변방을 돌며 밤중에 살인을 저지르고, 이 세계를 구성하는 기본 요소들인 소리, 빛, 운동, 방향의 상실을 겪고, 시체와 벌레, 짐승들이 되었다가, 반대들의 결합을 본 후에 마침내 성인이 되어 원래의 사회로 귀환하는 것이다.

그 마지막 대목에서 젊은이들의 신 아폴론이 직접 현신하여 빛을 보내고 구원을 준다. 그 직후에 이들이 아폴론에게 드리는 제사에도 서로 반대되는 것, 그것도 요소적인 것들의 결합이 일어난다. 아무것도 지닌 게 없는 젊은이들은 '불 위에 물을' 부어 제사를 드렸던 것이다.

이들이 거의 마지막으로 겪는 청동 인간 탈로스 사건은 이 귀향 여행의 특성을 다시 한 번 강조한다. 하루에 세 번 크레테를 돌며 다가오는 자들을 막던 이 청동 거인은 메데이아가 보내는 저주에 미쳐서 발버둥 치다가 급소를 다쳐서 절명한다. 이제 젊은 영웅들의 모험이 행복한 결말을 이루려는 순간에, 그 업적에 가장 큰 몫을 가진 여성이 자신의 파괴적인 힘을 보인 것이다. 그녀가 저승 신에 들린 듯 이를 갈며 증오의 눈빛을 이 '남자'에게 보낼 때, 우리는 이 서사시가 언급하기를 피하는 그 뒷얘기를 예감할 수 있다. 메데이아가 펠리아스를 속여서 토막 내 죽인 것, 메데이아가 이아손의 새 아내를 타 죽게 하고 자기 자식들마저 죽이고 도망친 것 등.

탈로스의 죽음. 기원전 440년경 적색상 크라테르 세부. 왼쪽 끝에는 동방식으로 옷을 입고 약합을 든 메데이아가 보이고, 중앙에는 쓰러지는 탈로스를 붙잡고 있는 디오스쿠로이가 그려져 있다. 오른쪽에 삼지창을 든 포세이돈과 그의 아내 암피트리테로 보이는 여성이 등장하는 것은 이 사건이 바다로 둘러싸인 크레테에서 일어났기 때문인 듯하다. 아폴로니오스 로디오스의 판본에는 메데이아가 (약을 쓰지 않고) 멀리서 저주를 보내서 탈로스를 죽게 하는 것으로 되어 있어서, 이 그림에 그려진 것과는 사건 내용이 조금 다르다.

그들은 진정 서로 사랑했을까?

아폴로니오스는 고전기 이후의 사람이니, 에우리피데스의 〈메데이아〉를 알고 있었을 것이다. 따라서 나중에 파멸로 끝나는 두 사람의 사랑 이야기가 그의 작품에 영향을 미쳤기 쉬운데, 그래서 그런지 이 작품에 나타난 두 사람의 사랑을 의심하는 학자들이 많다. 그 이유는 대부분 4권에서 비롯된다. 우선 거기 나타난 메데이아의 성격 묘사 때문이고, 다른 한편 이아손의 태도 때문이다.

발단은 4권 시작 부분이다. 시인은 그녀가 도망치는 이유가 사랑 때문인지, 아니면 아버지에 대한 두려움 때문인지 모르겠다고 했던 것이다. '의혹법dubitatio'이라는 수사법인데, 이것이 두 사람 사이에 사랑이 사라졌다는 해석의 출발점이다. 이렇게 해석하는 학자들은 또 4권에 나타난 메데이아의 모습이, 3권에 나온 것같이, 처음 느낀 사랑의 감정에 어쩔 줄 몰라 하는 소녀가 아니라 냉혹한 마녀의 모습이라고 해서, 성격의 일관성이 없다고 평가한다. 하지만 좀 더 균형 있게 보자면, 메데이아에게는 항상 순수한 소녀의 모습과 무서운 마녀의 모습이 혼재해 있는데, 3권에서는 전자가 좀 더 강조를 받았고, 4권에는 후자가 더 많이 드러났다고 해야 할 것이다.

이아손이 메데이아를 대하는 방식 역시 항상 의심을 받아왔는데, 아닌 게 아니라 그가 정말 그녀를 사랑했는지 분명치 않은 점이 있다. 그는 처음에 메데이아에게 도움을 부탁하면서 큰 명성을 약속한다. 마치 명예를 위해 죽음을 택하던 〈일리아스〉의 남성 전사들을 대하는 듯한 태도다. 그다음에 나온 것은 조건부 결혼 약속이다. 메데이아가 '이올코스에 가게 되면' 결혼을 하겠다는 것이다. 하지만 마지막에 아이에테스가 곧 닥쳐오려 하고, 황금양털 가죽을 훔치는 수밖에 없게 되자, 그녀의 요구에 따라 어쩔 수 없이 결혼을 맹세한다.

그 후에도 두 번이나 위기가 닥치는데, 그때마다 이아손은 메데이아의 위협을 받고서야 좀 더 적극적으로 그녀를 지키려는 조치를 취하거나, 아니면 그가 침묵하는 가운데 다른 사람이 일을 처리해주는 식이다. 한 번은 압쉬르토스에게 따라잡혀서 협상을 했을 때고, 또 한 번은 알키노오스의 섬에서 다른 길로 온 콜키스 인들을 만났을 때다. 앞의 위기는 압쉬르토스를 속여서 죽임으로써 해결되고, 뒤의 위기는 왕비 아레테가 둘을 황급히 결혼시킴으로써 해소된다. 이런 과정을 보자면,

이아손은 결혼 약속을 가능한 데까지 미루려 했고, 그것의 실행도 피치 못할 때까지 미루다가 상황에 밀려서 마지못해 했다고 볼 수도 있겠다. 하지만 시인이 분명하게 말하지 않은 것을 그냥 '침묵으로부터' 추정하는 것은 무리라는 입장도 있으며, 이아손과 메데이아가 처음 만나는 장면의 묘사나, 결혼식 장면('이들도 달콤한 사랑에 가슴 벅차 있었지만', 4권 1167행)을 보면 이아손도 아무 감정 없이 그냥 상대를 정략적으로 이용했다고 보기는 사실 어렵다.

사실 아폴로니오스가 감정을 전달하는 방식은 미묘하다. 가령 4권 초반에 메데이아가 집에서 도망쳐 이아손을 찾아갔을 때, 그녀는 강변에서 아르고 호 쪽으로 소리치는데, 자신에게 사랑을 약속한 이아손을 직접 부르지 않고, 자기 조카 중 막내의 이름을 부른다. 얼핏 보면 아무 것도 아닌 듯하지만, 처녀의 부끄러움, 그리고 어린 조카에 대해 느끼는 가까우면서도 의지하는 감정이 드러나는 대목이다.

두 사람이 처음 따로 만나던 날, 이아손을 동행하는 몹소스를 까마귀가 꾸짖는 우스운 장면도 여성의 심리에 대한 시인의 통찰을 보여준다.

> 이 삼류 예언자야! 어린애들도 아는 것을
> 생각할 줄 모르다니! 다른 낯선 이가 따라오면,
> 처녀는 총각에게 달콤한 말도
> 사랑의 속삭임도 건네지 않으리라는 것을!
> 꺼져버려, 이 엉터리 예언자, 생각 없는 것아!
>
> (3권 932~936행)

기원전 8세기 후기 기하학 문양 시대 앗티케 크라테르. 노 젓는 사람들이 두 줄로 가득 탄 배가 막 떠나려 하고 있다. 왼쪽 끝에는 두 남녀가 보이는데, 남자는 여자의 손목을 잡고 있으며, 여인은 다리를 모은 채 다소 뻣뻣한 자세로 서 있어서 별로 떠나고 싶지 않은 듯도 하다. 이들은 파리스와 헬레네일 수도 있고, 테세우스와 아리아드네, 또는 이아손과 메데이아일 수도 있다. 마지막의 경우라면 이 배는 아르고 호가 될 것이다. 다양한 해석이 가능한 그림이다.

    그렇지만 이렇게 '미묘하게' 읽는다면, 처음 이아손이 메데이아에게 도움을 청하면서 정작 테세우스에게 결국 버림받은 아리아드네를 모델로 제시한 것(3권 996행 이하)은 그녀를 원치 않는다는 속마음을 보여주는 게 아닐까? 그가 압쉬르토스와 협상하여 메데이아의 운명을 다른 왕들의 판결에 맡기기로 했을 때, 그는 정말로 그녀를 떼어버리고 싶었던 것이 아닐까? 그는 메데이아가 자기를 지켜달라고 동료들에게 눈물로 탄원할 때, 왜 한마디도 위로의 말을 건네지 않았을까? 그들은 진정 '서로' 사랑했던 것일까?

    이 서사시는 내가 직접 번역한 것이기 때문에 조금 깊이 다뤘다.

그래도 너무 깊은 논의가 될까봐 몇몇 긴요한 내용을 생략하며 다하지 못한 얘기들이 있다. 가령, 역시나 아르고 호의 모험을 다뤘던 핀다로스의 〈퓌티아 경기 우승 축가〉 4번과의 연관이나, 칼리마코스 작품들과의 연관 따위들이다. 그래도 혹시 너무 어렵다고 하실 분이 있을지도 모르겠는데, 사실 어려운 글을 읽어내는 방법이 있다. 어려운 부분은 적당히 무시하고 잘 들어오는 부분만 기억하는 것이다. 모든 내용을 하나도 빠뜨리지 않고 모두 기억하려 할 때 글 읽기가 힘들어진다. 그냥 전체적인 흐름을 파악하면서 〈아르고 호 이야기〉에 관한 부분만 집중해서 보시면 읽기가 훨씬 나을 것이다. 그리고 독자께서도 나름대로 각 부분의 역할을 생각하고, 의미를 부여해보시기 바란다. 누구든지 제 나름의 해석을 제시할 권리가 있다!

VI

베르길리우스의 〈아이네이스〉
신화에서 역사로, 과거에서 미래로

이제까지는 희랍 문화권에서 나온 서사시들을 다뤘었는데, 이번에 얘기할 것은 로마의 서사시다. 하지만 로마의 것이라고 해서 형식이나 내용이 완전히 달라지는 것은 아니고, 이 역시 희랍 문화의 전통에 서 있으니 이전에 공부한 것이 이 작품을 이해하는 데 긴요할 것이다.

〈아이네이스〉는 기원전 1세기 로마의 시인인 베르길리우스● 가 쓴 서사시이다. 이 작품은 서양 사람들이 자기들 문화의 뿌리로 생각하는 로마의 문학 작품 중에서도 가장 유명한 것이니, 동양으로 치면 〈삼국지〉 정도가 그만큼의 인기를 누렸다고 하겠다. 그 내용은 트로이아 전쟁에서 살아남은 아이네아스라는 영웅이 여러 곳을 방랑하다가 이탈리아 땅에 닿아 거기 정착하게 된다는 것이다. 이 아이네아스는 여신 베누스와 인간인 앙키세스 사이에서 태어난 아들로서, 이미 〈일리아스〉에 앞으로 트로이아 인들을 다스릴 사람이라고 예언되어 있던 인물이다.

● 영어권에서는 이 시인의 이름을 '버질Virgil'로 잘못 적는 것이 전통으로 굳어졌다. 이것은 4세기에 이 시인의 전기를 쓴 도나투스가 시인의 태몽을 소개한 데서 비롯된 것이다. 베르길리우스의 어머니가 월계수 나뭇가지virga를 낳는 꿈을 꾸었다는 것이다. 하지만 고전 발음으로 그의 이름은 베르길리우스이니 앞으로 그렇게 적고 읽는 것이 옳을 것이다. 그리고 그의 서사시 제목은, 여러 우스운 표기가 국내에 난무하고 있으나, 고전 라틴어 발음으로 정확히 읽으면 '아이네이스'이니 혹시 잘못 알고 계신 분들은 이 기회에 바로잡으시기 바란다.

베르길리우스는 글을 매우 공들여 쓰는 사람이었다. 그는 이 작품을 10년 동안 다듬었으면서도 3년 정도 더 고칠 생각이었다고 한다. 그는 이 작품 앞부분의 배경인 희랍 현지를 직접 확인하겠노라고 답사에 나섰다가 도중에 죽음을 맞았다. 완벽주의자인 그는 완성되지 않은 이 작품을 태워버리라고 유언했지만 아우구스투스 황제가 바리우스와 툭카에게 마저 다듬게 명하여 지금의 형태로 남게 되었다고 한다. 하지만 이대로도 완성작이 아니란 느낌은 들지 않고, 그저 몇 군데 행이 완전히 채워지지 않은 채 남아 있다는 점에서 미완성이라면 미완성이라 하겠다. 이는 베르길리우스가 처음에 산문으로 내용을 다 만들어놓고 조금씩 운문으로 바꿔나갔으며, 나중에 고칠 곳이라도 일단 임시 시행을 만들어 채워 넣어두었기 때문이다. 그래서 뒷정리를 맡았던 편집자들 역시 이 대시인의 문장에 거의 손을 대지 않았다고 한다.

그의 작품은 겨우 세 편으로, 현대의 책 한 권 안에 모두 들어갈 분량이다. 첫 작품은 〈목가牧歌, Bucolica〉라고도 하는 〈선집選集, Eclogae〉이고(기원전 37년), 두 번째 것은 농경에 대해 가르치는 시didactic poem인 〈농경시Georgica〉로서(기원전 29년), 〈아이네이스〉(기원전 19년)까지 합쳐서 이 세 작품이, 목자-농부-전사라는 인류의 발전 단계를 보여준다는 해석도 있다. 또 시인이 처음에는 개인적이고 몽상적인 수준에 자신을 한정하다가 점차 더 넓은 공적 영역으로 나간다고 보는 이도 있다.

〈아이네이스〉는 〈일리아스〉와 〈오뒷세이아〉를 본받았다

이 작품은 전체가 열두 권으로 이루어져 있는데, 보통 말하기를 앞의 여섯 권은 방랑이라는 점에서 〈오뒷세이아〉를 본받고, 뒤의 여섯 권은 전쟁이라는 점에서 〈일리아스〉를 본받았다고들 한다. 또 흔히 이러한 전체 계획은 작품의 첫 두 단어에서 드러난다고들 한다. 즉, '무구武具와 한 사내에 대해 나는 노래하노라arma virumque cano'라는 첫 구절에서, '한 사내virum'는 〈오뒷세이아〉의 첫 단어인 '한 남자를andra'을 의식한 것이고, '무구'는 〈일리아스〉의 내용을 염두에 둔 것이라는 말이다.

물론 이와는 다른 주장들도 있다. 그 하나는 이 작품이 구성에 있어서 〈오뒷세이아〉를 본받고 있다는 것이다. 이런 주장은 〈오뒷세이아〉가 전반부에서는 바다에서의 방랑을 그리고, 후반부에서는 고향에서의 투쟁을 그리고 있다는 점을 강조한 것이다.

또 좀 더 세부적으로 보자면, 앞에서부터 네 권씩 초반(탐색)-중반(도착)-후반(정착)의 세 부분으로 나눠볼 수도 있겠는데, 논의가 너무 복잡해지는 것을 피하여 일단 전반-후반의 양분 구성 틀을 따라서 전체를 살펴보면서 세 부분 구성은 부차적으로 생각해보기로 하자.

우선 앞의 여섯 권 중에서 다시 맨 앞의 네 권 이야기는 카르타고를 배경으로 삼고 있다. 그중 1권과 4권은 카르타고에서 실제로 일어나는 사건으로 되어 있고, 중간의 2권과 3권은 아이네아스가 들려주는 이야기로 되어 있다. 또 회상 내용도 2권은 전쟁, 3권은 방랑이어서, 아이네아스 자신이 시인이 되어 먼저 나름대로의 〈일리아스〉를, 다음으로 그 자신의 〈오뒷세이아〉를 들려주는 것처럼 되어 있다. 이 네 개의 권은 '아이네아스의 카르타고 도착-아이네아스의 떠나감'이라는 틀로 묶여 있고, 앞뒤에 메르쿠리우스(헤르메스)의 등장(1권 297행, 4권 238행 이하)이라는 공통 요소를 지니고 있다.

1권은 트로이아의 영웅인 아이네아스가 폭풍에 떠밀려 카르타고

영국 남서부 로 햄 지역의 로만 영국식 빌라에서 발견된 모자이크. 4세기 중반의 것으로 추정되며 〈아이네이스〉의 장면들을 보여준다. 고대 신화, 특히 〈아이네이스〉의 장면을 묘사함으로써 지역의 고위관리들은 로마 제국의 가장자리에 살았음에도 불구하고 로마인으로서의 정체성을 확고히 할 수 있었다. 이 모자이크는 〈아이네이스〉 1권과 4권에 나오는 여러 장면들을 한데 모아 놓았다. 오른쪽에는 카르타고에 있는 디도 왕국에 도착한 배들이 보인다. 꼭대기에는 베누스와 쿠피도가 함께 있다. 베누스는 쿠피도를 아이네아스의 아들 아스카니우스로 변장시켰는데, 이는 아이네아스와 디도 사이에 '살아있는 사랑'을 불러일으키기 위함이었다. 그리고 정말로 아이네아스와 디도는 서로를 갈망의 눈길로 바라보게 되었다. 다음, 왼편에는 사냥을 하기 위해 말에서 내리는 아스카니우스 뒤에 디도와 아이네아스가 있는 것을 볼 수 있다. 아랫부분에서 둘이 껴안음으로써 이야기는 절정으로 치닫게 된다. 가운데 부분은 이야기의 결말을 암시해준다. 베누스는 두 명의 쿠피도 사이에 서 있다. 둘 중 더 활기찬 쿠피도는 위를 향하는 횃불을 들고 있으며 보다 침울한 쿠피도는 바닥을 향해 횃불을 들고 있는데, 이는 임박한 죽음을 상징한다. 왜냐하면 아이네아스가 디도를 버린 후 디도는 장작더미 위에서 자살하기 때문이다.

에 도착하고 거기서 여왕 디도의 영접을 받는다는 내용이다. 2권은 트로이아가 어떻게 함락되었는지를 다룬다. 희랍군이 목마를 남겨두고 떠난 것, 라오코온이 목마를 성 안으로 들이는 데 반대하다가 거대한 바다뱀에게 죽은 것, 아이네아스가 밤중에 동료들을 모아 적과 맞선 것, 결국 가족을 이끌고 도망쳐 나오다가 아내를 잃은 일 등이 주요 내용이다. 3권은 트로이아에서 살아남은 사람들이 어떤 곳을 떠돌았는지를 다룬다. 그들은 트라키아, 델로스, 크레테를 떠돌았고, 이탈리아를 찾아 가는 길에 희랍 서북쪽 에피루스에 들러 안드로마케와 헬레누스를 만난다. 시킬리아(시칠리아)에 들러서는 오뒷세우스의 버려진 부하 하나를 구출한다. 얼마 안 있어 아버지 앙키세스가 세상을 떠난다. 4권은 예부터 많은 사랑을 받던 부분으로, 아이네아스와 디도의 사랑, 그리고 그것의 파멸적인 결말을 그린다. 디도와 사랑에 빠져 카르타고에서 지체하던 아이네아스는 신들의 경고를 들은 후 이탈리아로 떠나고, 디도는 절망에 사로잡혀 스스로 가슴을 찔러 죽는다.

    5권에서 아이네아스 일행은 시킬리아에 머물며, 앙키세스를 기념하는 운동경기를 치른다. 여기 등장하는 인물들은 나중에 전투에서도 두각을 나타내는데, 특히 에우뤼알루스와 니수스는 9권에서 적진을 뚫고 가다 장렬한 죽음을 맞는 것으로 유명하다. 여자들이 유노가 보낸 광기에 사로잡혀, 시킬리아에 그냥 주저앉고자 배들 중 일부를 불태운 것도 여기서 있었던 꽤 중요한 사건이다. 6권은 아마도 이 작품 전체에서 가장 유명한 부분으로서, 아이네아스의 저승 여행을 다룬다. 그는 여자 예언자인 쿠마이 시뷜라의 안내를 받아 황금가지를 꺾어 들고 저승길로 들어선다. 거기서, 돌아가신 아버지를 만나고, 여러 죽은 이들을 보며, 미래에 태어날 인물들도 보게 된다.

후반부 여섯 권에서, 맨 앞의 두 권은 전쟁의 준비를 다루고, 뒤의 네 권은 좀 더 본격화된 전쟁을 다룬다.

후반부의 첫째 권인 7권은 여러 면에서, 전반부의 첫째 권인 1권과 유사한 것으로 알려져 있다. 시인은 다시 한 번 무사 여신을 부르면서 새로운 시작을 알리고, 유노 여신은 다시 분주하게 새로운 계략을 준비한다. 7권의 주된 내용은 라티움 사람들과의 협상과 그것의 결렬이다. 라티움의 왕인 라티누스는 아이네아스를 맞아, 예언된 사윗감이 도착했음을 알고 자신의 딸 라비니아와 결합시키고자 하지만, 유노의 계략에 따라 왕비인 아마타가 그것을 반대하고 나선다. 한편 아스카니우스는 실수로 라티움 사람들이 아끼는 사슴을 죽이고 그것 때문에 싸움이 벌어진다. 둘째 권인 8권은, 아이네아스가 동맹군을 얻으러 나중에 로마가 자리 잡게 되는 지역을 방문해서 에우안드루스 왕의 영접을 받고, 또 어머니 베누스에게서 놀라운 방패를 얻는다는 내용이다. 9권에서는 아이네아스가 없는 사이, 포위당한 트로이아 진영으로부터 두 젊은이가 나와서 활약하다가 희생되는 이야기가 펼쳐진다. 10권은 가장 치열한 전투가 벌어지는 부분으로 여기서 에우안드루스의 아들인 팔라스가 쓰러지고, 라티움 쪽에서는 라우수스라는 젊은이가 희생된다. 11권은 라티움 쪽을 도우러 온 카밀라라는 여성 전사를 주로 보여준다. 그녀는 마치 트로이아에 참전했었던 아마존 여전사 펜테실레이아처럼 용맹스레 싸우다가 쓰러진다. 12권은 양 진영의 대표 전사인 아이네아스와 투르누스의 마지막 대결을 주로 보여준다.

앞에서 헤시오도스의 〈신들의 계보〉가 마치 〈여인들의 목록〉의 앞부분처럼 보인다는 점을 지적했었는데, 우리는 〈아이네이스〉에 대해서도 비슷한 느낌을 가지게 된다. 이야기가 완결되었다기보다는 갑자기

로마의 에스퀼리누스 언덕에 있는 무덤의 제4벽화로 기원전 40~30년경의 것이다. 로마의 건국 이야기가 연속적인 서사 형식으로 나타나 있다. 이 장면은 아이네아스의 아들 아스카니우스가 알바롱가를 재건하는 모습을 보여주고 있다. 도시의 성벽은 아직 건설 중에 있으며, 작은 탑 모양의 왕관을 쓰고 앉아서 건축을 감독하고 있는 인물은 헬레니즘 시기의 운명의 여신 튀케를 떠오르게 한다. 그녀는 도시의 화신이기도 했다. 베스타 여신을 섬기던 처녀 중의 하나인 레아 실비아가 군신 마르스에 의해 임신을 하고 쌍둥이 로물루스와 레무스를 낳은 곳이 바로 알바롱가이다. 로물루스와 레무스는 티베리스(테베레) 강 유역에 버려졌으나 해안가에서 휩쓸려가 늑대의 젖을 먹고 자랐다. 그리고 이후에 한 목동에 의해 발견된다. 그들은 로물루스의 이름을 따 로마라는 새로운 정착지를 건설하게 된다.

중간에 끊어졌다는 인상을 주어서다. 이제까지 감정을 자제해온 주인공이 갑자기 분노를 폭발시켜, 상대편 영웅 투르누스을 죽이는 데서 작품이 그냥 끝나기 때문이다. 라비니아와 아이네아스의 결혼은 어떻게 되는지, 두 민족의 화해와 통합은 어떻게 되는지, 적어도 약간의 정리는 있을 법한데 그냥 거기서 끝을 맺는다.

물론 시인이 더 살아서 좀 더 정리했더라면 다른 결말이 있었을 수도 있지만, 어쩌면 이런 단절이 더 어울리는 것일 수도 있다. 이 서사시가 다루는 부분은 역사의 완결이 아니라, 앞으로 계속 이어질 로마 역사의 시작 부분이기 때문이다. 서사시가 이렇게 한 나라를 주제로 다룬 것은 이 작품이 처음인데, 사실 이는 로마인들의 특징이라고도 할 수 있는 것으로, 희랍 사람들에게는 이런 사례가 없다. 반면 로마에서는 이미 나이비우스와 엔니우스가 로마의 역사를 트로이아에서 시작하는 연대기 형식으로 기록했었다. 이런 연대기도 희랍에는 없던 현상이다. 어떤 사람은 이것을 로마에 자체적인 신화가 없었던 이유로 꼽는다. 즉 역사에 대한 관심과 신화에 대한 관심은 서로 대체 관계에 있어서, 한쪽이 발전하면 다른 쪽은 약하기 마련이라는 것이다. 그러니까 희랍에서는 신화가, 로마에서는 역사 기록이 각각 더 발전했다는 것이다.

〈아이네이스〉는 호메로스를 모방하면서도 그 내용을 변형한다

〈일리아스〉와 〈오뒷세이아〉, 그리고 〈아르고 호 이야기〉까지 잘 알고 있는 독자라면 위의 내용 요약을 보면서 조금 싱겁다고 생각했을지도 모르겠다. 여러 부분에서, 그것이 어떤 작품의 어느 장면을 따온 것인지 너무나 분명하기 때문이다. 가령 1권의 폭풍 장면은 〈오뒷세이아〉 5권에서 오뒷세우스의 뗏목이 파선되는 장면을 모방한 것이고, 2, 3권의 아이네아스의 회상 장면은 〈오뒷세이아〉에서 오뒷세우스가 자신의 모험담을 들려주는 것을 따온 것이고, 5권의 운동경기는 〈일리아스〉 23권의 파트로클로스 장례식 경기를 본받았다는 것이 한눈에 드러난다. 6권의 저승 여행은 〈오뒷세이아〉 11권의 저승 여행에 그 모델이 있으며, 8권에 나오는 아이네아스의 방패는 〈일리아스〉 18권에 나오는 아킬레우스의 방패를, 그리고 9권의 야간 정찰은 〈일리아스〉 10권 내용을 본뜬 것이다. 10권에서 12권에 이르는 전투들은 〈일리아스〉에서 익히 보던 것들이고, 아이네아스가 팔라스의 죽음을 복수하기 위해 투르누스와 대결하는 것은 아킬레우스가 파트로클로스의 죽음을 복수하고자 헥토르와 대결하는 것과 같다. 또 1권과 4권에서 펼쳐지는 디도의 사랑은 〈아르고 호 이야기〉에 나오는 메데이아의 사랑을 모델로 한 것이다.

당시에는 이러한 인용과 모방이 시인의 독창성의 중요한 부분으로 여겨졌으며, 모방이라는 사실이 분명하게 드러날수록 시인은 그 모델을 뛰어넘기 위해 더 큰 노력을 경주했으니, 독자들은 모방이 원본을 어떤 식으로 변용하는지 눈여겨보아야 할 것이다. 좀 더 정확히 말하자면, 시인은 전체의 틀을 미리 짜놓고, 그것을 효과적으로 전달하기 위해 호메로스의 두 작품을 끌어다 썼다고 할 수 있다.

베르길리우스가 자신의 모델을 어떻게 변형시켰는지 몇 가지만 살펴보자.

작품의 전반부는 영웅의 방랑을 다룬다. 하지만 그것은 오뒷세우스의 경우처럼 고향으로 돌아가는 길이 아니다. 오히려 고향을 등지고 떠나는 길이다. 그의 고향은 사라졌다. 더 이상 트로이아는 존재하지 않으며 남은 것이라고는 '이전에 트로이아였던 곳'뿐이다. 그는 이제 새로운 땅을 찾아야 한다. 그에게는 아내도 없다. 가정의 평화를 상징한다 할 아내는 탈출 도중에 실종되고 말았다. 그래서 이 여행은 '뒤집힌 귀향inverted nostos'이다. 그런 만큼 전반부의 진행도 오뒷세우스의 귀향 방식을 따르지 않는다.

우리가 처음 주인공 아이네아스를 만나는 순간에 그는 북아프리카 해안에서 폭풍으로 고생하고 있다. 잠시 후 그는 방랑의 중간 기착지라고 할 수 있는 카르타고에 닿는데, 그곳은 디도라는 여왕이 다스리는 땅이다. 거기서 아이네아스는 그녀에게 자신의 지난 이야기를 들려준다. 지나간 몇 년 동안의 일을 짧은 며칠 사이에 끼워 넣는 이 기법은 이미 〈오뒷세이아〉에서 쓰였던 것이다. 하지만 '폭풍-여성-회고'로 이어지는 이 순서는 〈오뒷세이아〉의 것과는 거의 반대이다. 호메로스의 작품에서, 주인공은 자신을 이제까지 붙잡아 두었던 칼륍소라는 여성을 떠난 다음에 폭풍을 만나고, 그래서 그의 모험 이야기는 스케리아 사람들에게 들려주는 것으로 되어 있다. 하지만 〈아이네이스〉에서 시인은 호메로스와 같은 기법을 쓰면서도, 지난 이야기를 한 여인에게 들려주는 것으로 바꾸어 놓았다. 그 여인은 새로운 아내가 될 수도 있는 존재였다. 신들의 개입으로 좌절되기는 했지만, 실제로 아이네아스가 그만 정착하고 싶었던 것도 이 여인의 땅이었다. 과거에 큰 고통을 겪었던 그 여인은 아이네아스의 지난 고통을 들으며 공감하고, 그를 사랑하게 된다. 그렇게 해서 그녀는 그가 가야 할 길에 놓인 가장 큰 장애물이 된다. 〈오뒷세이아〉에 나오는 여성들이 영웅의 '돌아감'을 가로막았던 것과는 반대로 여기서는 여성이 '집 떠남'을 가로막는다.

이번에는 5권의 운동경기를 보자. 이 부분은 작품 후반부의 전쟁에서 활약할 트로이아 쪽 인물들을 소개하는 역할을 한다. 〈일리아스〉 23권의 운동경기가 희랍군 영웅들을 다시 한 번 돌아보는 것과는 반대이다. 더구나 거기서 벌어진 경기, 일어난 사건들은 시인이 살던 시대의 것들이어서, 이 부분에는 전통과 당대를 연결하는 역할이 있다. 예를 들면 아이네아스의 아들 아스카니우스가 이끄는 기마단 같은 것은 베르길리우스가 살던 시대에 '트로이아 놀이Lusus Troiae'라는 이름으로 행해지던 것이었고, 활쏘기 시합에서 화살이 혜성처럼 날아간 사건은 카이사르 사후에 혜성이 나타난 사건(기원전 44년)을 상기시킨다.

모방이 원본과 달라지기는 6권도 마찬가지다. 오뒷세우스는 저승의 입구에서 자신에게 다가오는 영혼들, 과거의 인물들을 만나거나 구경하는 데서 그치지만, 아이네아스는 저승의 문턱을 넘어 저 깊은 곳까지 들어가고, 거기서 장래에 로마를 이끌어갈 인물들을 본다. 이 '죽음'의 체험 후에 그는 더 이상 흔들리지 않는, 사명을 온전하게 떠맡은 인물로 변한다. 귀향과 가정의 회복이라는 개인적인 목표를 가졌던 오뒷세우스와 개인적 행복을 버리고 한 민족을 세워야 했던 아이네아스 사이의 차이가 드러나는 대목이다.

8권에 나오는 아이네아스의 방패도 마찬가지다. 〈일리아스〉에 나오는 아킬레우스의 방패에는 온 세상의 축도縮圖가 들어 있었지만, 아이네아스의 것에는 앞으로 있게 될 로마의 역사가 들어 있었다. 그가 그 방패를 들어 메는 순간, 그는 전 로마의 역사를, 그 기초를 닦을 사명을 짊어진 것이다.

아이네아스는 공적 목표를 지닌 영웅이다

이 작품은 이전과 다른 새로운 영웅상을 보여준다. 아이네아스는, 자신의 명예를 지키기 위해 죽음도 불사하겠다는 아킬레우스나, 어떤 고난을 겪더라도 고향으로 돌아가서 옛 가정을 회복하겠다는 오뒷세우스같이 개인적 목표를 좇는 것이 아니라, 새로운 나라를 건설하고 후손들이 대제국을 세울 기반을 마련하겠다는 공적 목표를 가진 영웅이다.

그런 만큼 개인적 목표를 지닌 영웅들이 등장하던 희랍의 서사시와는 그 시야부터가 다르다. 가령 1권 시작에 카르타고를 소개하면서 '저 멀리' 티베리스 강의 맞은편에 있는 '오랜' 도시라고 소개하는 데(11~12행)서 벌써, 시간적 공간적 확장이 일어나고 있으며, 지나간 트로이아 전쟁과 앞으로 먼 후일에 있을 포에니 전쟁까지 언급하는 대목에서는 과거만이 아니라 미래까지도 고려의 대상이 되고 있다. 그뿐이 아니다. 아이네아스가 옛이야기를 시작하기 전, 카르타고의 궁중 가객은, 해와 달, 하늘의 별자리들, 비와 불의 기원을 노래하고(1권 740행 이하), 그로써 이 작품의 배경을 우주로, 태초로까지 확장한다. 헤시오도스를 연상시키는 이런 설정은 이 작품이 소개하는 영웅의 새로운 성격에 걸맞다. 이제 '지금, 여기'에만 관심을 한정하는 영웅들로 충분하던 시대는 지나간 것이다.

하지만 아이네아스라고 해서 처음부터 그런 사명을 흔쾌히 짊어진 '완성된' 영웅은 아니었다. 〈아이네이스〉의 전반부는 그의 육체적 방랑뿐 아니라, 그의 정신적인 흔들림과 성장도 보여준다. 그가 디도에게 들려주는 이야기의 내용들은 그의 경력 초기의 오류들을 보여준다. 그런 잘못의 가장 뚜렷한 예는 트로이아 함락 때 적군을 현혹시키기 위해 적군의 무장을 걸쳤다가 트로이아군끼리 전투를 벌인 것이다(2권 386행 이하). 그는 그때 자신이 아니고자 했다. 이러한 정체성 위기에 뒤이은 것은 완전한 수동성이다. 그는 그 직후에 한 귀퉁이에 숨어서(2권 453행 이하) 프리아모스 왕이 살해되는 것을 무력하게 바라보기만 한다. 3권에서 동족을 이끌고 새 땅을 찾아 나선 후에도 실수는 계속된다. 디도에게 당도하기까지 이미 7년을 엉뚱한 곳만 돌았으니 말이다.

작품 전반부의 아이네아스는 사실 과거에 붙잡힌 사람이었다. 서사시의 영웅들 중에서 아이네아스만큼 과거를 돌이켜보고 그리워하는 예는 달리 없다. 독자들이 그를 처음 마주치는 순간(1권 94행 이하)에도 그는 트로이아에서 죽지 못한 것을 탄식하고 있었다. 그의 가장 큰 소망은 트로이아가 함락될 때 거기서 죽는 것이었으며, 그 다음은 디도와 함께 카르타고에 정착하여 작은 행복을 누리는 것이었다. 하지만 신들과 운명은 그것을 허락지 않았고, 그는 최종적으로 저승 여행에서 그 모든 것을 포기하고 만다.

사명을 향해 그를 내몬 것은 우선 신들이었고, 또 그의 아버지 앙키세스였다. 그가 고향을 떠나며 아버지를 어깨에 짊어지는 순간, 그는 역사의 무거운 짐을 짊어진 것이다. 처음에 그는 어디로 가야 하는지조차 몰랐다. 그의 목적지는 방랑이 진행됨에 따라 점차 분명해지고, 개인적 행복을 포기하고 사명을 받아들이겠다는 그의 의지도 차차 굳어지게 된다. 저승 여행에서 그는 중요한 인물 셋을 만나게 되는데, 방랑하는 동안 키잡이 역할을 했던 팔리누루스, 그가 떠나자 자결해버린 디도, 트로이아 함락 때 죽은 데이포부스다. 물론 이들도 〈오뒷세이아〉에 모델이 없는 것은 아니다. 오뒷세우스가 저승에서 만나는 인물 중 세 명, 그러니까 저승 여행 직전에 죽은 청년 엘페노르, 아킬레우스의 무

아이네아스와 앙키세스, 아스카니우스. 기원전 510년경 앗티케 흑색상 암포라. 아이네아스는 그의 아들 아스카니우스를 손으로 인도하고 아버지 앙키세스를 등에 맨 채 트로이아를 탈출하고 있다. 앙키세스는 트로이아를 마지막으로 눈에 담기 위해 고개를 뒤로 돌리고 있다.

아이네아스와 앙키세스. 기원전 48~46년경 율리우스 카이사르 시절에 주조된 은화 데나리온. 아이네아스는 아무것도 입지 않은 채 매우 영웅적으로 그려졌다. 부모를 존경하고 종교적인 로마인으로서의 면모를 모두 보여주면서, 아이네아스는 자신의 아버지를 모시고, 손에는 팔라디움(그가 트로이아에서 건져낸 미네르바의 신성한 조각상이자 당시 로마의 베스타 신전에서 볼 수 있던 것)을 들고 있다. 아이네아스의 이미지는 카이사르의 혈통을 자랑하는 것이기도 했다. 왜냐하면 카이사르가 주장하기를, 그의 조상은 베누스와 그의 아들인 아이네아스에게로 거슬러 올라간다고 했기 때문이다.

구를 얻으려 다투다가 자결한 아이아스, 그리고 트로이아 전쟁 최고의 영웅 아킬레우스가 말하자면 원본이다. 하지만 아이네아스가 만난 이들은 의미 깊은 상징성을 지니고 있다. 조금 도식적이긴 하지만 이들은 각각 아이네아스의 방랑(팔리누루스)과 사랑(디도), 고향(데이포부스)을 상징하는 것으로, 전반부의 마지막 부분에서 아이네아스는 이 모든 것들과 다시 한 번, 확실하게 작별한다. 거기서 그는 드디어 처음으로 '로마인Romane'(6권 851행)으로 불린다. 중심 영웅이 자신 속의 트로이아를 죽여가는 이 과정은, 작품 마지막에 유노의 요구에 따라 이들이 트로이아 인이라는 이름을 버리고(12권 828행) 라틴 사람Latinos으로 불리게 되는 데(12권 838행)서 완결될 것이다.

전투 장면에는 라티움의 자연이 보여준 저항이 들어 있다

작품의 후반부는 다소 맥이 빠진 것으로 보일 수도 있다. 승리가 예정된 인물이 승승장구하는 과정이라고 할 수도 있기 때문이다. 일반적으로 독자들은 전반부의 아이네아스에게 관심을 집중하는 경향이 있다. 그가 어떻게 변화할 것인지 아직 확정되지 않았기 때문이다. 후반부에 그는 이미 완성된 인물로 등장하기 때문에 아무런 내적 갈등도 보이지 않고, 그의 심리에 대한 묘사들도 없다. 오히려 그의 상대들이 내적으로 흔들리는 모습을 보이기 때문에 독자들의 관심과 동정도 그쪽으로 쏠린다. 이미 〈일리아스〉에서 사용된 것과 비슷한 '균형'으로, 주인공인 영웅은 승리를, 패자들은 시인과 독자의 동정과 관심을 받는다. 하지만 그렇다고 해서 후반부의 전쟁 장면들이 무의미한 것은 아니다. 이

제 우리는 한 인간의 변화가 어떤 효과를 나타내는지 확인할 차례인 것이다.

사실 베르길리우스는 전쟁을 그리는 데 별로 흥이 나지 않았던 모양이다. 하지만 그는 오랜 내전으로 신음하는 시기를 살았던 사람으로서, 평화를 이루기 위해서는 전쟁을 피할 수 없다는 사실을 알았고, 그것의 고통을 표현하는 노역을 떠맡았다. 여기서 시인이 해결해야 했던 문제 중 하나는 '인물의 창조'이다. 우리가 〈아이네이스〉의 전쟁 장면들을 볼 때 약간 허전하게 느끼는 것은 거기 등장한 인물들이 모두 만들어진 존재라는 점 때문이다. 〈일리아스〉의 인물들은 다르다. 거기 나오는 많은 사람이 다른 이야기에도 등장하고, 그 배경에는 풍부한 신화 세계가 버티고 있는 것이다.

이러한 문제를 해결하기 위해 시인이 사용한 방법 중 하나는 이탈리아 땅의 자연을 활용하는 것이었다. 가령 어떤 이가 쓰러지는 장면에서 그 출신지의 강과 시내, 호수가 슬퍼한다. 가령 이런 식이다.

> 그대(움브로)를 위해 앙기티아 여신의 숲도, 그대를 위해 유리 같은 수면의 푸키누스도
> 그대를 위해 맑은 호수들도 울었도다!
>
> (7권 759~760행)●

그 효과는 무엇인가? 결국 하나의 민족으로 통합될 트로이아 인들

● 이 구절과 뒤에 나오는 브루투스에 대한 구절의 번역은 강대진의 것이다. 원전 전체를 확인하시려면 천병희 역, 〈아이네이스〉(숲, 2004)를 보시기 바란다.

과 라티움 인들의 전쟁에서, 라티움 쪽은 패해서 어떤 고유한 성질을 잃게 된다. 그것은 트로이아의 문명이 들어오기 전에 지녔던 원시적 순수함('유리 같은 투명함')과 건강성이다. 협상이 결렬되고 전쟁으로 돌입하는 계기가 되었던 사슴의 죽음도 비슷한 의미를 지닌다. 그것은 자연 속에서 순수하고 소박하게 영위되던 삶이, 하나의 문명 단계가 외적인 충격에 의해 끝났음을 의미하는 것이다. 그래서 산과 들, 강들은 이 패배와 상실을 슬퍼하는 것이다. 그리고 약하긴 하지만 저항도 있다. 밑동에 박힌 아이네아스의 창을 돌려주지 않으려 했던 나무 둥치도 그렇고, 시뷜라의 예언과는 달리 쉽게 꺾이지 않고 저항하던 황금가지도 그런 예이다.

경건한 아이네아스의 상대들은 격렬하나 순수하다

아이네아스의 특징은 그의 경건함pietas이다. 사실 '경건'이라고는 했지만 종교적인 의미보다는 가족과 자기 집단 구성원을 충실하게 돌본다는 뜻이 강하다. 이 경건함은 운명에 거역하지 않는 것이다. 반대로 운명에 맞서는 이들의 특징은 광기furor로 되어 있다. 이 특성을 지닌 두 인물이 디도와 투르누스다. 이들은 아이네아스가 가는 길에서 각각 전후반의 가장 큰 걸림돌 역할을 하는데, 사실 '광기'라는 말은 조금 심한 번역이고, '격렬함' 정도가 좋을 법하다. 이들은 격렬한 감정을 보이는데, 이것은 사실 지나친 집착에서 나온 것이다. 디도의 경우에는 아이네아스에 대한 지나친 애착, 버림받은 것에 대한 수치심, 죽은 남편과의 약속을 저버렸다는 죄책감 등이 모두 지나치게 격하다. 투르누스의

아이네아스의 여정을 보여주는 항해 지도. 〈아이네이스〉의 전반부는 〈오뒷세이아〉를 본받아 영웅의 방랑을 그리는 것으로 보통 알려져 있다. 처음에 트로이아 유민들은 정착할 곳을 몰라 트라키아와 델로스를 거쳐 크레테에 머문다. 이후 이탈리아로 향하나 이들은 시칠리아 앞에서 카르타고까지 밀려갔다가, 다시 시칠리아를 거쳐 마침내 이탈리아 땅에 당도한다.

경우에는 약혼녀를 잃게 된 것에 대한 분노, 명예 손상에 대한 수치심, 그리고 무모한 살육에 대한 집착 등이 그 격렬함의 내용이다.

한데 이들이 '광란'하게 된 데는 신들의 작용이 있다. 디도의 경우에는 베누스가, 투르누스의 경우에는 유노가 그렇게 만들었던 것이다. 이 중에 특히 유노 여신은 정해진 운명을 인정하지 않으려 고집을 부린다는 특징을 보이는데, 이런 점은 '광란'하는 인물들이 운명을 모른다는 것과 유사하다 하겠다.

운명을 몰라서 그 희생이 되는 이들은 기본적으로 순수한 자들이다. 유노가 보낸 악령이 들어가기 전의 투르누스도 그렇고, 포악한 아버지보다 훨씬 나은 아들이었던 라우수스도, 보는 이들의 넋을 나가게 했던 아름다운 여성 전사 카밀라도 마찬가지다. 이들은 말하자면 도시 문명 이전 시대에 속한 이들로서, 어찌 보면 새 시대가 요구하는 것에는 맞지 않는 〈일리아스〉적 인물들이다. 인류의 유년기, 혹은 청년기에 속하는, 자체적인 매력이 있으나, 어딘지 성인에 이르지 못한 인상을 주는 아킬레우스 같은 인물들이다. 이들이 새로운 단계에 더 잘 맞는 아이네아스 같은 성년의 영웅에게 쓰러지는 것은 안타깝지만, 한편으론 역사의 필연인지도 모른다. 이제 좀 더 고뇌하며 운명을 받아 견디고, 더 높고 먼 공적 목표를 앞세우는 영웅의 시대가 도래했으니 말이다.

〈아이네이스〉에는 기원전 1세기 로마의 정치 상황이 반영되어 있다

사실 이 서사시는 매우 정치적인 작품이다. 오늘날 일반적인 독자들은 기원전 1세기 로마의 상황을 잘 모르니까 그냥 지나치기 쉽지만, 학자들은 많은 부분에서 정치적 암시들을 찾아낸다. 가령 많은 사람의 가슴을 아프게 하는 디도의 모습에 클레오파트라의 모습이 투영되어 있다면 놀랄 것인가? 디도는, 클레오파트라가 안토니우스를 상대로 그랬듯이, 동방의 여왕으로서 로마인 지도자를 사치와 향락에 빠뜨려 책임을 방기하도록 만들었다. 4권에서 자결을 준비하는 디도("다가올 죽음에 창백해진 pallida morte futura", 4권 644행)가, 8권 방패 속에 묘사된, 악티움 해전 끝자락의 클레오파트라와 같은 구절(8권 709행)로 그려진 것은 아마도 우연이 아닐 것이다. 호메로스와 달리 문자로 창작했던 베르길리우스에게 반복은 의도적인 것이니 말이다.

디도는 미래의 인물 클레오파트라와 연결되는 한편, 과거의 인물 헬레네와도 연결된다. 아이네아스는 그녀에게 트로이아에서 가져온 헬레네의 의상을 선물하였고(1권 650행), 그 자신은 '제2의 파리스'로 불린다(4권 198행). 아이네아스는 두 번째 헤르쿨레스가 되기도 전에 여기서 두 번째 파리스가 될 위기에 처했었다. 그 디도의 흔적은 아이네아스가 팔라스를 매장하며, 그녀의 직물을 땅에 묻을 때(11권 72행)에야 사라진다.

정치적 해석의 가능성을 주기는 아이네아스의 방패도 마찬가지다. 물론 당시의 독자들은 〈일리아스〉에 나오는 아킬레우스의 방패, 헤시오도스의 작품으로 전해지는 〈헤라클레스의 방패〉를 알았을 터이고, 이것이 이 방패 묘사에서 떠오르는 일차적인 상이었을 것이다. 하지만 다른 한편, 당시 로마인들에게 이 방패는 기원전 27년 아우구스투스에게 바쳐진 이른바 '덕목 방패'를 상기시켰을 가능성이 크다. 아우구스투스가 로마의 인민에게 모든 권리를 돌려주겠다고 선언하여, 마치 공화정으로 돌아가는 듯한 외양을 취했을 때, 그에 대한 보답으로 원로원이 그에게 바친 기념 방패이다. 아이네아스의 방패가 참나무 아래 놓여 있었다는 구절(8권 616행) 역시, 아우구스투스의 집에 참나무 잎으로 짠 관이 항상 장식되어 있었다는 사실을 상기시켰을 것이다. 방패 묘사에서 좀 떨어져서 뒤에 나오기는 하지만, 아우구스투스가 덕목 방패를 받게 된 계기를 상기시키는 구절도 등장한다. 12권에서 아이네아스는 최후의 대결에 대해 협상하면서, 자신이 승자가 되더라도 라티누스가 군대와 통치권을 계속 유지하게 되리라고 미리 선언하는데(192~193행), 이는 바로 기원전 27년 아우구스투스의 선언과 같은 내용이다.

사실 아이네아스가 라티누스 왕을 처음 찾아갔을 때 그 궁전의 모습(7권)이나, 그가 에우안드루스를 찾아갈 때 티베리스 강이 범람하는 모습을 보인 것(8권), 심지어 아이네아스 일행이 처음으로 시킬리아에 기착했을 때 화산의 위협을 받은 것(3권)까지도 모두 베르길리우스 당시의 풍습이나 아우구스투스의 행적과 연관 지을 수 있다. 그리고 이런 연관들은 작품 속의 아이네아스가 적어도 부분적으로, 시인이 살았던 당대의 인물, 아우구스투스를 상징한다는 느낌을 주기에 충분하다.

이런 느낌은 아우구스투스가 그러하듯 아이네아스도 세상에 평화를 가져온 인물과 동일시됨으로써 강화되는데, 그 인물은 바로 헤르쿨레스이다. 아이네아스와 이 영웅의 동일시가 가장 강하게 나타나는 것은 나중에 로마가 되는 지역을 방문했을 때이다. 그가 도착했을 때 에우안드루스의 도시는 그 영웅을 기리는 제사를 드리고 있었는데, 이 제의는 나중에 로마에서도 이뤄졌던 것이고, 그 장소도 같은 '대제단Ara Maxima'(8권 271행)이다. 거기서 그 제의의 유래가 설명되면서, 헤르쿨레스가 불을 뿜는 괴물 카쿠스와 대결했다는 일화가 자세히 소개된다. 한편 아이네아스의 적수인 투르누스는 그 투구에 불을 뿜는 괴수 키마이라 장식을 갖고 있었으며(7권 786행), 이 괴물은 아이네아스의 저승 여행에 소개되어(6권 288행) 이미 한 번 강조를 받은 바 있다. 이 키마이라-카쿠스-투르누스를 이김으로 해서 아이네아스는 두 번째 헤르쿨레스가 되고, 아우구스투스는 세 번째 헤르쿨레스가 된다.

너무 자세히 들어가는 논의이긴 하지만, 아우구스투스가 기원전 29년 개선식을 치른 것은 헤르쿨레스 제일祭日 다음날이었고, 이때 헤르쿨레스 숭배를 담당한 제관들은 포티티이Potitii라 불렸는데, 그와 비슷한 이름을 가진 인물 포티티우스가 이 로마 방문 장면에 두 번(8권 269행, 282행) 등장한다는 점도 주목된다. 이 또한 우연이 아닐 것이다.

한편 이런 '현실 정치'를 떠나서라도 이 작품은 정치적 성격을 띠

트로이아의 약탈 장면. 기원전 500~490년경 앗티케 적색상 퀼릭스의 세부. 중앙에 그리스 전사이자 아킬레우스의 아들인 네오프톨레모스가 프리아모스의 증손자인 아스튀아낙스의 시체를 무기삼아 하얀 수염을 한 늙은 트로이아 왕 프리아모스를 치고 있다. 프리아모스는 자신의 딸 폴뤽세네를 지키기 위한 헛된 시도를 하고 있다. 그 위로는 카산드라가 머리카락이 붙들려 있다. 그녀는 아테나의 조각상을 붙잡고 신성한 장소임을 호소하고 있다. 그러나 그녀의 알몸은 그녀가 성적 욕망의 대상이라는 사실과 그녀의 취약함을 보여주며, 결국 그녀가 작은 아이아스에게 겁탈당할 것을 암시한다.

고 있다. 로마의 평화를 찬양하고 그 패권을 정당화하고 있기 때문이다. 하지만 이 작품이 정치 선전물에 그치지 않는 것은, 그것이 로마 성립 과정에서 스러져간 많은 희생자들과 개인적 상실을 무시하지 않기 때문이다. 물론 시인은 이런 점을 너무 과장해서 강조하지도 않는다. 이 작품의 미덕 중 하나는 감상에 빠지지 않는다는 점이다.

많은 개인이 많은 희생을 치렀지만 가장 많은 것을 잃은 이는 아마도 주인공 아이네아스일 것이다. 그는 고향과 아내를, 다음 차례로 연인을 잃었으며, 결국 모든 개인적인 인간관계를 잃었다. 끝까지 그와 연결된 것은 아들뿐이었지만, 과묵한 그가 아들에게 보이는 애정 표현이라곤 자신에게서 '덕과 수고를 배우라'(12권 435행)는 말뿐이었다.

그는 자신이 이해할 수도 없는 내용의 방패를 짊어졌고, 자신이 소유할 수도 없는 미래, 즉 후손의 영광을 위해 개인적 행복을 포기했다. 그 과정에서 그는 '죽음'까지 겪었다. 그가 저승에 들고 갔던 황금가지, 빛나면서도 혼탁한, 산 나무에서 자랐으면서 금속과 같은 그 반대들의 결합. 그것은 살아있으면서도 죽은 자요, 죽은 자 가운데서 살아 돌아온 이 영웅의 모습을 보여주는 듯하다. 역사나 국가 같은 큰 개념들보다는 사소한 일상에 묻혀 사는 우리 현대의 독자들은 대체로 그를 불행했다고 평가할 것이다. 앙키세스가 저승에서 미래의 인물들을 보면서, 특히 막 출범한 공화정을 지키기 위해, 그것에 저항한 자식들을 처형했던 첫 집정관 브루투스를 평가한 말은 그대로 아이네아스에게 들어맞는다. '불행한 이, 후대가 그의 행동을 뭐라고 전하든지 간에!infelix, utcumque ferent ea facta minores!'(6권 822행)

약간의 보충: 크고 작은 신들과 뱀의 이미지

이제까지 대체로 이 작품을 새로운 인간형, 새로운 서사시, 정치성 등에 초점을 두어 살펴보았다. 그런 흐름을 따라가다 보니 거기 끼지 못하는 세부들은 모두 그냥 지나치고 말았는데, 상당히 눈에 띄는데도 살펴보지 못한 것 약간만 보충하기로 하자.

우선 신들이 등장하는 부분이다. 아이네아스는 경건한 사람으로서 신들의 도움을 많이 받는다. 큰 신들 중에 가장 두드러지는 것은 윱피테르, 유노, 베누스이다. 윱피테르는 운명을, 유노는 트로이아 유민들에 적대하는 신들을, 베누스는 도와주는 신들을 대표한다. 이런 중심적인 신들이 나오는 장면은 대체로 서사시 전통에 따른 것으로, 사실 이들은 종교적인 존재라기보다는 문학적 존재로서 새로운 이 서사시를 옛 트로이아 전쟁을 노래한 서사시 전통에 연결시킨다. 이들이 올륌포스에서 서로 다투는 장면들은 〈일리아스〉의 여러 부분에 나오는, 그리고 〈오뒷세이아〉 1권과 5권 첫머리에 나오는 신들의 회의 장면을 상기시킨다.

아이네아스의 어머니인 베누스가 그를 돕는 것은, 작품 전반부에서는 〈오뒷세이아〉에서 아테네 여신이 오뒷세우스를 돕는 것 같은 모습(카르타고에서 아들을 안개로 가려주는 따위)을 보이고, 후반부에서는 〈일리아스〉에서 테티스가 아킬레우스를 돕는 것(방패 만들기) 같다. 유노가 아이네아스를 괴롭히는 것은 파리스의 판정에 대한 해묵은 앙심과 카르타고에 대한 사랑 때문이지만, 실제로 드러나는 행태는 대체로 헤라클레스를 괴롭힐 때의 헤라와 유사하다. 특히 이 여신이, 아이네아스의 저승 여행 전후에 광기를 동원하는 장면들(5권 604행 이하에서 트로이아 여자들에게 광기를 보내 배를 불태우게 하고, 7권에서는 아마타와 투르누스를 미치게 한다)은 에우리피데스의 〈헤라클레스〉에서 헤라가 주인공 영웅을 광기에 빠지게 하는 장면들과 유사성을 보인다. 사실상 아이네아스 역시 헤라클레스처럼 고난을 이기고 마침내 신과 같은 명예를 얻으니, 이런 점에서도 그는 두 번째 헤라클레스라고 할 수 있겠다.

한편, 이렇게 이름 높은 큰 신들이 문학적 장치로 이용된 것에 비해, 좀 더 작은 신들과 신적인 장면들은 실제 로마인들의 종교 생활을 반영한 것으로 보인다. 아이네아스는 수많은 징조들, 계시들과 마주치는데, 2권에서 트로이아 탈출을 결정하는 과정에만도 세 번의 계시가 주어진다. 먼저 헥토르의 혼령이 나타나고, 다음으로 어머니 베누스가 나타나고, 마지막으로 탈출 도중 실종된 아내의 혼령이 나타난다. 특히 이 마지막 장면은 새로운 결혼과, 자신은 누리지 못할 아이네아스의 행복한 미래를 예언하고 있어서 읽는 이의 가슴을 울린다.

계시가 계속되기는 3권에서도 마찬가지인데, 처음 정착을 시도했던 트라키아에서는 피살된 폴뤼도루스의 혼령이 떠나기를 명하고, 델로스에서는 조상의 땅을 찾아가라는 아폴론의 신탁이 내린다. 크레테에서는 고향에서 구해낸 페나테스 신들이 꿈에 나타나 이탈리아로 향할 것을 명하고, 방랑 중에 마주친 괴물 새 하르퓌이아들은 그들이 나중에 식탁을 뜯어먹을 정도로 굶주리리라고 저주한다. 이 예언은 이후 그들이 접시 대용으로 삼았던 빵을 뜯어먹는 것으로 약하게 성취된다. 한편 에피루스에서 마주친 트로이아의 예언자 헬레누스는 앞으로의 도정을 신이 허락하는 데까지 가르쳐주면서, 앞으로 만날 또 하나의 전조, 강가에서 흰 암퇘지가 서른 마리의 흰 새끼에게 젖 먹이는 것을 보게 되면 그곳에 정착하라는 것을 일러준다. 이 표징은 8권 초반에서 만나게 된다.

그밖에도 카르타고에서는 메르쿠리우스가 윱피테르의 뜻을 전하고(4권), 시킬리아에서는 아버지가 꿈에 나타나 저승 여행을 권하며(5권), 저승에서도 아버지가 모든 것을 설명한다(6권). 하지만 신들이 직접 나타나 도움을 주는 경우는 거의 보이지 않는데, 이는 오뒷세우스의 모험 중에 아테네 여신이 모습을 보이지 않았던 것과 유사하게 영웅이 자기 힘으로 모든 역경을 헤치고 스스로 이룰 것을 이뤄야 하기 때문일 것이다.

이런 식의 세부까지 모두 다루려면 글이 한없이 길어질 테니, 신들의 개입과 연관해서, 반복적으로 사용되는 이미지 하나만 더 소개하고 글을 마무리하기로 하자.

이 작품이 트로이아의 파괴라는, 일종의 죽음의 단계로부터 시작해서 다시 일어서는 영웅을 보여주고 있어서 그런지, 〈아르고 호 이야기〉의 후반에서 중요하게 쓰였던 뱀의 이미지가 여기서도 빈번하게 쓰인다. 특히 2권 트로이아 함락 장면에서 그렇다. 라오코온을 죽인 바다뱀의 모습은 트로이아 성안으로 들어간 목마를 그리는 데, 또 그 성을 파괴한 불길을 묘사하는 데 다시 사용된다. 우리가 쉽게 알 수 있는 뱀의 파괴적인 면모이다. 하지만 마지막 단계에는 재생, 영원한 생명과 연관된 뱀의 이미지가 나타난다. 아이네아스가 탈출을 결심한 것은 그의 어린 아들에게 나타난 경이로운 기적 때문이었다. 이울루스의 정수리에서 관자놀이로 어떤 신성한 불길이 번져 어른거렸던 것이다. 부모는 놀라 불을 끄려 하지만 현명한 노인 앙키세스는 이 전조의 의미를 알아채고 탈출을 재촉한다. 한데 그 불길은 '혀로$_{apex}$' 아이의 부드러운 머리털을 '핥고$_{lambere}$', 거기 '노닌다$_{pasci}$'(2권 683~684행). 이 모든

라오코온과 그의 두 아들이 신이 보낸 두 마리 뱀에게 뒤얽혀 꼬여 있다. 이 뱀은 희랍에 대항한 것에 대한 경고로 트로이아 사제를 벌주기 위해 보내진 것이다.

이 대리석 군상은 매우 유명하지만 만들어진 시기는 불분명하다. 현재는 대체로 기원전 2세기 초반에 로도스 섬이나 페르가몬에서 만들어진 청동 원작을 1세기의 거장이 다시 제작한 것으로 여겨지고 있다. 페르가몬은 트로이아에 지리적으로 가까웠고, 이 도시의 신화적 건국자인 텔레포스는 트로이아 공주인 라오디케와 결혼했다는 이야기도 있으며, 한 지역 신화에 따르면, 심지어 희랍인들은 트로이아의 도시라고 착각하여 텔레포스의 왕국까지 공격했다고 한다. 점차 강해지는 로마의 군사적 위협 속에서, 자신들이 희랍의 공격을 받는 트로이아와 비슷한 처지에 있다고 생각했던 도시에게 라오코온 이야기보다 더 중요한 비유가 있었겠는가?

마지막으로, 우리는 이 군상이 고대에도 널리 알려졌던 것이며 로마 세계에서 〈아이네이스〉와 많은 연관성을 가지고 있었음을 확실히 알 수 있다. 5세기 초에 베르길리우스의 시들을 필사한 작가가 〈아이네이스〉에 나오는 라오코온 이야기에 곁들일 그림이 필요했을 때, 그는 고통 받는 사제의 모습을 환기시키기 위해 정확히 이 군상의 윤곽을 사용했다.

표현들이 앞에서 파괴적인 뱀-불을 묘사하는 데 사용된 것들이다.

아이네아스와 관련해서 신들의 도움과 전조가 등장하는 것은 주로 작품 전반부인데 반해, 작품 후반부에서는 그를 적대하는 자들에게 신적 존재들이 자주 나타난다. 이들의 등장은 장기적으로 별로 도움이 된다 할 수 없는데, 라티움의 왕비 아마타에게 나타난 저승신 알렉토가 그녀의 가슴에 뱀을 넣는 장면(7권 346행)이라든지, 같은 신이 투르누스의 꿈에 나타나 그의 가슴에 횃불을 집어넣는 장면(7권 456행) 등이 그렇다. 이 경우에도 앞에서 강조한 뱀-불의 이미지가 쓰이고 있으나, 이번에는 파괴적인 면모뿐이다. 전투 중에는 유노와, 투르누스의 누이인 요정 유투르나가 투르누스를 지키고 그의 죽음을 뒤로 미루기 위해 개입하지만, 이 역시 영웅의 기백에도 맞지 않고, 사태의 필연성에도 역행하는 덧없는 시도일 뿐이다. 어쩌면 신들의 도움은 새로운 모색의 과정에서만 도움이 되는 것인지도 모르겠다.

전체적으로 보아, 이 서사시는 신화와 역사를 연결 짓는 의미가 있다. 영웅시대의 사건을 로마의 역사로 연결하고 있기 때문이다. 그 과정에서 새로운 세계관, 새로운 영웅상이 두드러졌다. 하지만 이 새로움은 오래된 것들에 기초한 것이다. 이 작품은 당시에 이미 자리 잡고 있었던 고전의 바탕 위에 서 있으며, 한 구절 한 구절이 특정 작품의 특정 구절을 암시하고 상기시키기 때문이다. 전체적인 구도는 대충 안다 해도 그 바탕이 되는 이전 작품들을 알지 못하면 그 세부까지 즐길 수가 없다. 독자께서는 이 작품도, 그리고 그 기초가 되는 다른 작품들도 직접 대하여 고전의 깊은 맛을 제대로 즐기시기 바란다.

VII

오비디우스의 〈변신이야기〉

엄숙주의를 벗어난 경쾌한 신화 모음

〈변신이야기〉는 기원전 1세기 후반부터 서기 1세기 초까지 살았던 로마 시인 오비디우스의 이야기 시이다. 전체 행수가 1만 2천 행 정도이니 매우 긴 작품이라 하겠다. 참고로 베르길리우스의 〈아이네이스〉는 9천 9백 행에 약간 못 미친다. 호메로스의 〈일리아스〉가 1만 5천 행, 〈오뒷세이아〉가 1만 2천 행 정도이니 그것들과 비교해서 특별히 길진 않다고 생각할 수도 있겠지만, 라틴어는 희랍어에 비해 표현이 함축적이기 때문에 행수가 같다고 해도 라틴어 쪽이 훨씬 길게 느껴진다.

이 작품은, 사실은 서로 간에 관련이 없는 이야기들을 '변신'이라는 주제를 이용해서 함께 모으고 서로 이어붙인 것이다. 전체의 2/3 정도까지는 거의 전적으로 희랍 지역의 이야기로 되어 있고, 뒤의 1/3은 희랍과 로마의 이야기를 섞어놓았다. 중간에는 이따금 근동 지역의 이야기도 들어가 있다. 이 작품에서 일어나는 변신은 250개 정도인데, 50개 정도는 상당한 길이로 서술되어 있고, 나머지는 그냥 지나가면서 슬쩍 언급되는 정도이다.

이 50개 정도의 이야기들도 모두 비교적 짧고 독립된 이야기들로서 헬레니즘 시대의 소小서사시epyllion에 가까운 것이다. 사실 오비디우스는 헬레니즘기 시인들의 영향을 많이 받은 사람으로서, 그의 서시에서부터 칼리마코스의 중요 개념 두 개를 모순적으로 사용하고 있다. 1권 4행에 신들께 드리는 기원, '이 노래가 막힘없이 이어지도록 인도

해주소서'가 그것인데, 여기서 '막힘없이 이어지도록'에 해당되는 라틴어 단어는 'perpetuum'이고, '인도해주소서'는 'deducite'이다. 한데 이 둘은 칼리마코스가 〈사연들Aitiai〉*의 서문에서 사용했던 두 가지 개념을 라틴어로 옮긴 것이다. 이 헬레니즘기 시인은 줄줄이 이어진 긴 시들을 피하고 날렵한 시를 지어야 한다고 주장했었는데, 그가 반대하는 '줄줄이 이어진dienekes'에 해당되는 것이 'perpetuum'이고, 그가 선호하는바 '날씬한leptaleen'을 라틴어로 옮긴 것이 'deductum'이다. 그러니 오비디우스의 기원은 '길고 긴 시를 날씬하게 하소서'라고 옮겨도 되는 것이다.

하지만 그가 새로운 이야기를 한 권이 끝나는 곳에 즐겨 배치하는 것을 보면 이야기를 서로 연결하려는 의지는 분명하다. 이것은 권의 구분이 단지 파퓌로스 두루말이가 물리적으로 더 이상 굵어지면 곤란해서 나누는 것이라는 뜻이기도 하고, 동시에 독자의 관심을 계속 이어가려는 전통적인 방법이기도 하다. 지금도 TV 드라마 같은 데서 흔히 사용하는 방법이다. 이런 방식에 의해 낱낱으로 흩어진 이야기들이 서로 연결되어 전체 세계를 이룬다. 혹시 권이 한 이야기 끝에서 나뉘게 되면, 이미 아폴로니오스가 〈아르고 호 이야기〉 2권에서 사용했던 방식이 동원된다. 앞 권에 나온 것을 다음 권에서 가리키면서 시작하는 것이다. 가령 10권은 9권 끝에 나온 장소를 가리키는 '그곳으로부터'라는 말로 시작한다.

● 사물들의 원인을 설명해주는 일화들을 소개한 작품인데, 천병희 교수께서는 그 제목을 '기원 설명'이라 하셨고, 나는 이전에 '원인들'이라고 불렀었다. '사연들'은 김진식 선생께서 마틴 호제의 〈희랍문학사〉(작은이야기, 2005)를 번역하면서 제안한 것인데, 이것이 가장 적절한 제목이다 싶어 채택했다. 앞으로 좀 더 논의가 있어야겠지만, 나는 이 제목을 지지한다.

우리나라에 이 책을 직접 읽은 사람은 그리 많지 않겠지만, 그 내용을 알고 있는 사람은 꽤 많을 것이다. 시중에 흔히 돌아다니는 신화집들이 대부분 이 작품에 의지하고 있기 때문이다. 특히 어떤 이야기의 묘사가 길고 장황하면 대체로 이 신화집의 내용을 번안한 것이라고 보면 거의 맞다. 사실은 토마스 불핀치의 신화집이 오비디우스를 요약했고, 국내의 신화집들은 대개 그 불핀치를 번안한 것이다. 그 사실을 확인하려면, 근동을 배경으로 하는 '퓌라무스와 티스베' 이야기가 들어 있는지, 그렇지 않은지를 보면 된다. 그 이야기가 들어 있으면 모두 오비디우스의 번안이다. 그리고 이렇게 서양 신화 입문용으로 자주 쓰이는 이유는, 이 작품이 대체로 시간적 순서를 따라 이야기들을 짜 놓았기 때문이다.

이야기들이 나오는 순서는 사실은 시간순이 아니다

이 작품은 세상이 시작되는 데서부터 아우구스투스가 신이 되는 데까지를 죽 이어서 이야기한다. 그리고 이런 배열 원칙은 작품의 첫머리에 선언되어 있다. 1권 첫머리를 보면 이런 원칙이 잘 지켜지는 듯 보인다.

맨 먼저 혼돈으로부터 세계가 정돈되면서 생겨나는 과정이 그려진다. 앞에서도 말했듯, 원래 카오스는 어원상 '혼돈'이 아니고 '큰 틈'인데, 엠페도클레스식으로 세계 생성을 그리고 싶었던 오비디우스가 그렇게 만들었다. 국내의 거의 모든 신화 책이 태초에 혼돈*이 있었다고 하는 것도 다 오비디우스 탓이다.

그 다음엔 인간의 네 시대가 소개된다. 여기에 〈일들과 날들〉에 소개된 영웅시대는 빠져 있다. 황금시대부터 철 시대에 이르기까지 점차 세상이 살기 안 좋은 곳으로 변해가더니, 드디어는 하늘까지도 위험을 느끼는 시대가 되는데 거인들이 하늘로 쳐들어가려 했기 때문이다. 윱피테르**는 이들을 제압하고는 세상을 둘러보러 나가는데, 거기서 다시 뤼카온이라는 악한에게 죽음을 당할 뻔하고 사람 고기를 공양 받기에 이른다. 격노한 윱피테르는 신들을 모아놓고 인간들에게 대홍수를 보내겠다고 선포한다. 그 홍수로 모든 인간이 죽고 신실한 노부부 데우칼리온과 퓌르라만 살아남아, 이들이 던진 돌에서 인간들이 다시 생겨나게 된다.

여기까지는 별 문제가 없다. 하지만 계속 이런 식으로는 나아갈 수는 없다. 많은 신화들이 사실은 어느 것이 먼저고 어느 것이 나중이라고 말할 수 없기 때문이다. 오비디우스는 그런 경우 자신이 임의적으로 순서를 부여한다. 그러니까 이 작품은 시간적으로 선후가 있는 이야기들 사이에, 어디 넣어도 좋을 이야기들을 끼워 넣어 놓고 시간 순서에 따라 나가는 듯 가장하고 있는 셈이다. 가령 오비디우스의 장기라고 할 수 있는 사랑 이야기 중 맨 앞에 놓인 두 가지, 다프네와 이오의 이야기를 보자.

아폴로와 다프네의 이야기는, 젊은 미남 신이 사랑을 전혀 모르는 처녀를 쫓다가 놓치고, 그녀가 변신해서 생긴 월계수를 자신의 상징수

● 사실 우리말 표현 '혼돈'도 근원이 있는 말이다. 이것은 〈산해경山海經〉과 〈장자莊子〉에 나오는, 이목구비가 없고 다리 여섯, 날개 넷이 달린 새를 가리키는 말이다.
●● 고유명사들은 모두 오비디우스가 쓴 대로 라틴어식으로 표기했다.

베르니니, 〈다프네를 쫓는 아폴론〉(1622~1625)
사랑을 모르는 소녀 다프네가 아폴론에게 잡히게 된 순간, 월계수로 변하고 있다. 그녀의 하반신은 이제 막 나무 껍질로 덮이기 시작했고, 손가락 끝에는 가지가 돋아나고 있다. 경악에 찬 소녀의 표정과는 대조적으로 청년신의 얼굴에는 만족스런 여유로움이 비친다. 〈변신이야기〉에서 이 일화는 단순하게 직선적으로 그려져 있다.

로 삼는 이야기다. 이 이야기는 분량에 비해 줄거리가 단순한 편인데, 그다음에 나오는 윱피테르와 이오 사이의 사건은 좀 더 복잡하게 되어 있다. 윱피테르가 아름다운 처녀 이오를 차지하다가 유노에게 발각되는 순간 얼른 처녀를 소로 변신시킨다. 유노는 그 소를 수상히 여기고 선물로 요구해서는 눈이 백 개 있는 괴물 아르구스에게 그것을 지키게 한다. 윱피테르는 메르쿠리우스를 보내 아르구스를 죽이도록 하지만 이오는 그 후에도 소의 모습을 벗어나지 못하고 온 세상을 방랑한다. 그녀가 이집트에 닿아 윱피테르에게 탄원하자, 윱피테르는 할 수 없이 유노에게 용서를 빈 후, 이오를 다시 사람으로 변신시킨다.

1권 첫 머리에서 위엄 있게 등장했던 신들의 체면을 여지없이 망가뜨리는 두 가지 이야기는, 사실은 어느 일이 먼저라고 할 수 없는 것들이다. 오비디우스는 이오 이야기를 먼저 넣고, 잇달아 다프네 이야기를 할 수도 있었단 말이다. 그렇지만 일단 그가 이야기를 지금대로 짜 놓고 나자 이제는 두 이야기의 순서를 바꾸기가 곤란하게 되었다. 비슷한 내용의 이야기를 하나는 단순하게 다른 것은 복잡하게 꾸몄기 때문이다. 복잡한 얘기를 단순하게 만들어 반복할 때 그것이 얼마나 재미없게 되는지는, 이오 이야기 속에서 메르쿠리우스가 아르구스에게 들려주는 이야기에서 드러난다. 판이 쉬링크스를 쫓다가 놓치고, 대신 그녀가 변신해서 생긴 갈대로 목동 피리를 만드는 이야기인데, 앞서 나온 다프네 이야기와 너무나 비슷하면서 줄거리만 남은 그것에 아르구스는 듣다 그만 잠이 들고 만다. 결국 이 경계심 많은 지킴이는 재미없는 얘기 때문에 죽은 셈이니, 누가 재미없는 얘기를 들려주면 우리를 죽이려는 의도로 알고 조심해야 할 것이다.

여기서 잇달아 나온 이 두 이야기는 서로 비슷하면서도 대조되는

아르구스를 죽이는 메르쿠리우스. 고전기 적색상 스탐노스. 온몸에 눈을 지닌 아르구스가, 소로 변한 이오를 지키다가 메르쿠리우스(헤르메스)에게 죽임을 당하고 있다. 〈변신이야기〉에는 메르쿠리우스가 우선 이야기를 들려주어 상대를 잠들게 한 후 살해하는 것으로 되어 있지만, 여기서는 별 계략 쓸 것 없이 다짜고짜 죽이는 것으로 그려졌다. 이오 이야기는 다프네 이야기를 훨씬 복잡하게 발전시킨 것이라 할 수 있다.

점들을 가지고 있다. 다프네 이야기는 청년 신과 아직 경험 없는 처녀의 이야기이며, 실패한 연애담이다. 반면 이오 이야기는 원숙한 신과 애정에 관심이 있는(그녀의 아버지는 결혼을 준비하고 있었다) 처녀의 이야기로, 우여곡절을 겪지만 결국에는 어떤 성과를 낳는 이야기이다. 이런 식으로 서로 비슷하면서도 대조적인 이야기들을 모아놓는 것이 오비디우스가 자주 쓰는 방법이다. 그리고 이 두 사건은 서로 멀지 않은 지역에서 일어나는 것으로 되어 있는데, 지리적으로 인접 지역들의 이야기를 함께 엮어가는 것도 오비디우스의 방법 중 하나이다. 그래서 대체로 앞에서부터 차례로 테바이 지역, 아테나이 지역, 그리고 트로이아

지역 이야기들이 등장한다.

더구나 이오의 이야기에는 시간적 순서에 상관없이 다른 이야기를 끼워 넣는 방법이 하나 쓰였다. 즉 등장인물에게 또 이야기를 하도록 만드는 것이다. 메르쿠리우스는 아르구스에게 들려준 것 같은 식의 이야기 방식은 이 작품 전체에 아주 많이 사용되는데, 사실 그런 방식의 원조는 윱피테르이다. 1권 첫머리에서 신들의 회의를 소집한 그가, 자신이 지상으로 시찰 나갔다가 뤼카온이란 흉악한 인물을 만난 이야기를 전해주기 때문이다.

이런 끼워 넣기 방식이 가장 강하게 쓰인 경우는 5권(250행 이하)인데, 우리는 거기서 4단계의 이야기 겹침을 확인할 수 있다. 시인이 전해주는 이야기(1)는 이렇다. 미네르바가 무사 여신들을 방문한다. 무사 여신 중 하나가 칼리오페의 노래 경연 이야기(2)를 해준다. 그 이야기 속에서 칼리오페는 케레스가 프로세르피나를 잃었다가 찾는 내용을 노래한다(3). 그 노래 가운데서 아레투사는 케레스에게 자신의 이야기를 들려준다(4). 말하자면 액자 안에 액자가 있고, 그 액자 안에 또 액자가 있고, 또 있는 식이다. 다른 판본에 따르면 하늘의 눈인 태양신이 프로세르피나의 납치를 증언하는 것으로 되어 있으나, 오비디우스는 이 이야기를 아레투사 자신의 변신 이야기와 연결시키고자, 희대의 그 납치 사건을 목격하고 증언하는 이를 이 샘의 요정으로 바꿔버렸다.

하지만 이런 식으로 이야기를 넣는 데는 한 가지 단점이 있다. 매 순간 그 맥락에 맞는 이야기만 할 수 있기 때문에 한 사람의 생애가 여기 저기 나뉘어 소개되면 자칫 뒷이야기가 먼저 나올 수도 있다는 것이다. 그래서 이미 죽어서 신이 되었다고 소개된(9권) 헤르쿨레스가 트로이아를 공격하기 위해 다시 등장하는(11권 212행 이하) 사태도 일어나게 된다.

한편 다프네 이야기와 이오 이야기를 이어 붙인 방식도 주목할 만하다. 다프네의 아버지인 페네오스를 위로하기 위해 모든 강의 신들이 모여들었다. 한데 그 자리에 유독 이나쿠스만 빠져 있었다. 그의 딸인 이오가 실종되었기 때문이다. 그렇게 해서 이야기가 자연스럽게 이오에게로 흘러간다. 그러니까 한 이야기를 하는 동안 누가 곁에 있으면 그 사람 또는 그 신이 이야기를 한 자락하고, 또 누가 거기 없으면 시인이 그 이유를 설명하느라 다른 이야기를 꺼낼 수 있는 것이다.

이런 이야기 연결 방식은, 명색이 신화집이라 빼놓을 수는 없지만 시인이 자세히 다루고 싶지 않은 주제들을 회피하는 방편도 된다. 가령 헤르쿨레스나 테세우스의 모험은 워낙 널리 알려진 것이니 피하고 싶은데, 그래도 아주 빼먹을 수는 없으니 다른 방식으로 이용한다. 그래서 테세우스는 칼뤼돈의 멧돼지 사냥에 다녀오다가 홍수로 물이 불어 강을 건너지 못하고, 아켈로오스 강 신의 대접을 받으며 그의 집에 머물러 여러 이야기를 듣는 역할로 나온다(8~9권). 곁에 있기로는 한참이지만 주인공 역할은 하지 못하는 셈이다. 그의 업적들은 그가 처음 아테나이에 도착했을 때, 환영하는 합창단의 노래 속에(7권) 조금, 그리고 미노타우로스를 죽일 때(8권) 한 10행 정도로 소개될 뿐이다. 헤르쿨레스의 경우는 생략이 더 심해서 마지막 죽는 장면에 자신의 위업들을 열거하며 때 이른 죽음을 억울해하는 것(9권 134행 이하)으로 전 생애가 소개되고 만다.

사실 이런 점 때문에 이 작품을 신화 교과서로 사용하는 것이 위험하기도 한데, 가령 울릭세스(오뒷세우스)의 모험은 그의 선원이 회고하는 것으로 짧게 대신하고, 아이네아스의 저승 여행은 베르길리우스가 한 권을 다 써서 묘사한 것을 겨우 10행 정도로 지나간다. 자신이 다른 작품에서 자세히 다룬 내용도 그냥 지나친다. 가령 자기가 이미 〈헤로이데스〉에서 자세히 다룬 여인들 이야기는 그냥 지나가는 식이다. 동시대 시인이 자세히 쓴 것도 피해 가는데, 오르페우스가 아내를 두 번 잃게 된 이야기는 베르길리우스가 이미 〈농경시〉에서 썼으므로, 자신은 그 대신 그의 죽음에 대해 자세히 그린다(11권). 어쩌면 오비디우스는, 〈일리아스〉의 내용을 한사코 피해간 〈오뒷세이아〉 시인의 태도를 본받은 것인지도 모르겠다.

오비디우스는 다양한 문체를 사용하며, 때로 모순적 내용을 나란히 놓기도 한다

이상에서 오비디우스의 이야기 연결 방식을 주로 살펴보았는데, 이런 방식은 사실상 앞으로 이야기가 어디로 갈지 예측을 불허한다. 앞에 나온 이야기와 공통점도 차이점도 있는 이야기를 뒤에 잇기는 하지만, 그것은 이야기가 완결된 다음에야 느낄 수 있는 것이지 앞으로 다시 같은 것이 반복되지는 않을 터이니 어찌 될지는 알 수가 없다. 그러니까 그의 구성 원리는 '마음이 이끄는 대로 animus fert'(1권 1행)이다. 이런 과정에서 그가 보여주는 것은 무엇보다도 다양한 문체이다. 처음에 세계가 생성되는 데서 우리는 루크레티우스식의 철학시를 본다. 그다음 네 개의 시대 이야기는 헤시오도스식의 도덕적 신화이다. 거인과의 전쟁 부분에는 신화적 서사시의 면모가, '신들의 회의'에서는 호메로스식 영웅 서사시의 모습이 보인다. 태양신의 마차를 몰다가 떨어져 죽은 파에톤의 무덤이나, 여자이면서 남자로 키워졌다가 나중에 정말 남자로 변하는 이피스가 신께 바친 기념물에서는 재치 있는 묘비명을 보게 된다. 아킬레우스의 무구를 얻기 위해 아이악스(아이아스)와 울릭세스가 논쟁을 벌이는 장면에서는 웅변술의 예를 확인한다.

이런 식의 연결은 때로 서로 모순되는 내용을 나란히 보여주기도 하는데, 가령 첫 이야기 세계 생성 부분에서 인간은 이 세계 최고의 존재인 듯 그려진다. 인간은 신의 씨앗에서 비롯되었을 수도 있는 존재로서, 신적 모습을 지니며 생명체 중 유일하게 고개를 들어 하늘의 별을 보는 존재고, 사물을 다스릴 존재이며, 그때까지 형체 없던 세계에 새로운 형태를 부여하는 존재이다. 하지만 곧이어 나오는 네 개의 시대 이야기를 보면, 시인과 우리가 살고 있는 이 시대는 인간들이 매우 타락한 시대로 되어 있다. 물론 인간이 처음에는 좋은 존재였지만 차츰 타락해서 아주 악한 존재가 되었다고 하면 넘어갈 수도 있겠지만, 설사 그렇다 해도 애당초 그럴 만한 씨앗이 인간 속에 있었기 때문에 결국 그렇게 발전하지 않았나 하는 것이다. 그러니까 인간은 애당초 '신적인 존재'는 아니었다는 말이다.

사실 오비디우스는 학자가 아니기 때문에 인간의 기원에 대해서도 일관된 답을 주지는 않는다. 처음에는 두 가지 가능성, 그러니까 창조의 신이 신들의 씨앗으로 만들었거나(1권 78~79행), 아니면 프로메테우스가 아직 하늘의 씨앗을 간직하고 있는 흙으로 빚었으리라고(1권 80행 이하) 얘기했다가, 잠시 후에는 대지의 여신이 거인들의 피에 생명을 불어넣어 사람의 형상으로 바꾸었다고(1권 157~158행) 이야기한다. 하지만 이들은 모두 홍수로 멸망하고, 데우칼리온과 퓌르라가 어깨 너머로 던진 돌에서 다시 사람이 생겼다니, 모두 해서 네 가지 인간 기원

설이 제시된 셈이다. 그에 더해 뒤에는 인간이 버섯에서 나왔다는 설도 슬쩍 비치고 지나간다(7권 392~393행).

그 후로는 다시 인간의 멸망이 언급되지 않으니 결국 지금 우리는 돌에서 나온 자들인데, 이 '돌 기원설'이 제시되는 방식도 어떤 모순적 성격을 보여준다. 홍수 후 인간들이 다시 생겨나는 과정은 신화적으로 설명하면서도, 곧이어 동물들은 진흙 속에서 생겨난 것으로, 우리 주변의 유사 예까지 동원하면서, 말하자면 '과학적' 설명을 하고 있기 때문이다.

오비디우스는 다양한 사랑의 이야기들을 변주해서 들려준다

다양한 문체 얘기와 관련된 현상으로 다양한 짝지음이 있다. 오비디우스가 들려주는 이야기 중에서 가장 중요한 것은 아마도 사랑 이야기들일 텐데, 앞에 언급한 다프네 이야기와 이오 이야기의 관계도 그렇지만, 특히 '퓌라무스와 티스베' 주변에 모여 있는 사랑 이야기들이 이 시인의 변주 능력을 보여준다. 4권의 내용으로, 이 이야기는 시인 자신이 직접 들려주는 것이 아니라, 다른 이야기들과 함께, 미뉘아스의 딸들이 니오뉘소스 축제에 가지 않고 자기들끼리 서로 들려주는 이야기 중에 끼여 있다.

첫 이야기는 퓌라무스와 티스베의 것으로, 바뷜론을 배경으로 순진한 젊은 남녀가 마음과 눈짓, 편지로만 사랑을 전하다가, 처음 밖에서 만나기로 한 날, 사소한 착오로 둘 다 자살에 이르는 내용이다. 이어지는 이야기는 〈오뒷세이아〉 8권에 소개되어 잘 알려진 마르스와 베누

퓌라무스와 티스베. 퀴프로스의 파포스Paphos 소재 로마 시대 모자이크. 왼쪽에는 티스베가 달아나고 있으며, 중앙 위쪽에는 사자(표범같이 그려졌다)가 그녀의 베일을 갈기갈기 찢고 있다. 그 아래 오른쪽에 그려진 퓌라무스는 강물의 신으로 그려졌다. 오른손에는 풍요의 뿔을 들고, 왼손 쪽에는 갈대와 물이 쏟아지는 동이가 그려졌다. 티스베 역시 원래는 강물과 관련된 신격이 아니었을까, 하는 것이 학자들의 추정이다. 맨 왼쪽에 있는 나무는 두 연인의 피를 머금어 검붉은 열매를 갖게 될 뽕나무이다.

스의 연애담이다(이 판본에서는 오쟁이 진 남편 불카누스의 반응이 잘 그려져 있다). 한데 얘기는 거기서 끝나지 않고, 베누스가 '고자질쟁이' 태양신의 사랑을 방해하는 것으로 이어진다. 태양신이 레우코토에라는 여인에게 반해서, 그녀의 어머니 모습으로 접근한 다음, 마지막 단계에 본 모습을 보이고 여인과 결합하는 이야기다. 여기서 윱피테르가 칼리스토를 농락하던 방법이 다시 이용되는데, 그래도 마지막까지 속임수를 쓰지는 않고 끝에 가서는 윱피테르가 이오에게 그랬던 것처럼 본모습을 보이는 것으로 되어 있다.

한데 여기서 얘기가 약간 꼬이게 된다. 클뤼티에라는, 태양신을 사랑해온 요정이 샘이 나서 레우코토에의 아버지에게 이 일을 알렸고, 그 결과 레우코토에가 분노한 아버지에 의해 생매장되어 죽게 된 것이다. '고자질쟁이'가 고자질에 당한 셈이다. 태양신은 그녀의 죽음을 안타까워하며 그녀를 유향乳香, tus 덤불로 만들어준다. 한편 그 후에 클뤼티에는 태양신의 외면을 당하면서도 그를 바라보다가 해바라기로 변한다.

세 번째 이야기는 메르쿠리우스와 베누스 사이에 난 아들, 헤름아프로디투스의 사연이다. 이 소년은 살마키스라는 요정의 유혹을 거부하다가 그 요정과 합체되어, 양성兩性을 지닌 존재가 된다. 이 세 덩이의 이야기 후에는 우리에게 이 이야기를 들려준 미뉘아스의 딸들이 신을 모독한 것에 대한 벌로서, 박쥐로 변했다는 보고가 나온다.

여기 등장한 짝들을 다시 정리해보면, 아직 성性에 대해 순진한 젊은 인간 남녀(퓌라무스와 티스베), 농염한 사랑을 나누는 남녀 신(마르스와 베누스), 남성 신과 성숙한 인간 여성(태양신과 레우코토에), 남성 신과 한결같은 사랑을 보내는 여성 요정(태양신과 클뤼티에), 미성숙의 인간 소년과 성숙한 여성 요정(헤름아프로디투스와 살마키스) 등이다. 성적인 사랑에 관심이 있는 이와 그렇지 않은 이, 인간과 신, 요정들을 교체해가며 이야기를 달리 꾸몄다. 결과는 대체로 행복하다고 할 수 없지만, 그래도 등장인물들이 그냥 스러지지 않고 다른 존재로 다시 태어나니 완전히 불행하단 느낌은 들지 않는다.

어쩌면 이렇게 상관없을 모든 이야기들을 자매들이 서로 들려주는 것으로 묶고, 맨 바깥쪽 틀로서 미뉘아스의 딸들의 불경과 그 징벌을 둘러놓았다. 그리고 이 전체 이야기 덩어리는 테바이를 배경으로 디오뉘소스와 그의 인간 혈족들의 이야기에 넣었다. 사랑 이야기, 특히 거기서 자손이 생기지 않는 이야기들은 시간적 배경이 없기 때문에 사실상 아무 데나 넣어도 상관없다. 그럴 경우 이와 같이 서로 들려주는 이야기 속에 넣는 것이 가장 좋은 방법이겠다.

비정상적인 사랑에 관한 이야기들도 있다

위의 예는 주로 정상적인 사랑의 범위 안에서 등장인물이 신인지 인간인지, 성적으로 성숙한지 그렇지 않은지를 대비하여 보여주는데, 이와는 조금 다르게 한 가지 뚜렷한 특성을 가진 사랑 이야기들을 모아놓은 곳도 있다. 비정상적인, 또는 예외적인 사랑들이다. 이런 이야기들은 9권 끝부분부터 나타난다. 우선 두 가지. 하나는 자기 오라비에 대한 뷔블리스의 이룰 수 없는 사랑이고, 다른 하나는 여자이면서도 남자로 키워져서 여자와 결혼해야 하는 곤경에 처한 이피스의 이야기이다. 앞의 것은 뷔블리스가 달아나는 오라비를 쫓다가 샘으로 변하는 서글픈 결말을, 뒤의 것은 이피스가 남자로 변하면서 행복에 이르는 결말을 보여준다.

그다음에는 남성 간의 사랑이 나온다. 사실 동성애는 오비디우스 작품에 그다지 뚜렷하게 드러나지 않아서, 어떤 학자들은 헬레니즘기의 한 특성이 이렇게 약하게 그려진 것을 의아하게 생각하기도 한다. 자기 사슴을 죽게 한 것에 대한 죄책감으로 삼나무가 된 퀴파릿소스(아폴로의 사랑을 받던 소년인데 동성애적 요소가 약화된 것으로 보인다), 윱피테르의 술 따르는 시동이 된 가뉘메데스, 아폴로의 원반에 죽는 휘아킨토스 등이 그런 대로 동성애의 흔적을 보여주는 주인공들이다.

남매간, 여성 간, 남성 간의 사랑을 거쳐 드디어 비정상적 사랑의 극한이라고 할, 제 아버지를 사랑한 뮈르라 이야기가 나온다(10권 298행). 이 사랑들은 대부분 오르페우스의 노래 내용으로 등장하는데, 이 부분에서 그 가인은 여러 가지 방식으로 경고한다. 되도록 듣지 말기를, 믿지 말기를, 믿는다면 그 징벌까지 같이 믿기를. 장소도 희랍 땅이 아니라, 멀리 아라비아 지역인 것으로 설정했다.

때로는 반대되는 것들이 대조되어 나란히 연결된다

위에서 우리는 대조점을 갖는 사랑 이야기들이 잇달아 나오는 경우를 보았다. 한데 이렇게 주제가 통하면서 대비되는 사례를 나란히 배치하는 것은 사랑 이야기의 경우만이 아니다. 가령 신들이 만나는 인간들이 서로 대비되어 나오는 경우를 보자. 8권 후반에 나오는 바우키스와 필레몬은 매우 경건한 사람들이고, 에뤼식톤은 그와 반대로 신을 존경치 않는 인물이다. 이러한 대조점은 나무와 음식이라는 공통의 요소를 이용하여 보여진다. 신들을 존경하고, 가난 중에도 그들을 접대한 노부부는 두 그루 나무로 변하여 신전을 지키게 된다. 반면 데메테르 여신의 성역에서 함부로 나무를 베어낸 에뤼식톤은 영원히 사라지지 않는 허기에 시달리게 된다.

한편 대비되는 점을 더욱 강조하는 연결 방식이 있으니, '하지만 at' 또는 '반면에 tamen'하면서 시작하는 이야기 연결 방식이다. 예를 들면 휘아킨토스가 죽은 후 그를 기리는 축제가 생겼다는 데서, 그의 고향이 그를 부끄러워하지 않으리라는 데로 이야기가 넘어가고, '하지만' 아마투스라는 도시는 프로포이티데스라는 여인들을 낳은 것을 부끄러워하리라는 데로 이어진다. 별로 유명하지 않은 이 여인들은 베누스가 여신이라는 것을 부인하다가 매춘부가 되었고, 점차 부끄럼을 잃어 돌로 변했다고 한다(10권 238행). 그런데 대조적인 이야기들의 연결은 그 다음엔 전체 흐름의 대조에 의해 이뤄진다. 여자들이 돌로 된 이야기에 이어, 돌에서 아름다운 여인을 얻는 퓌그말리온 이야기가 나오기 때문이다.

'변신'은 이야기를 들려주기 위한 핑계일 뿐인가?

이상에서 우리는 오비디우스가 전체 작품을 한편으로 이어가면서 다른 한편으론 그 흐름을 끊기도 한다는 사실, 또 유사한 점들과 더불어 거의 반대되는 것들을 나란히 놓기도 한다는 사실을 보았다. 이런 여러 성향, 다양한 문체의 이야기들을 연결시켜주는 것은 '변신'이라는 주제인데, 사실은 이것도 어떤 경우에는 거의 핑계로 쓰이지 않나 의심이 든다. 유명한 이야기들이 길게 이어진 끝에 다소 엉뚱한 변신이 덧붙어 있기 때문이다.

가령 태양 마차를 잘못 몰아 온 세상을 불태운 파에톤의 무모한 시도는 변신이 아니라 그의 죽음으로 끝난다. 이 이야기 끝에 변신하는 것은 그의 죽음을 슬퍼하던 누이들(포플러로 변한다, 2권 340행)과 그의 친구 퀴그누스(백조로 변한다, 2권 367행)이다. 칼뤼돈 멧돼지 사냥에 뒤이은 멜레아그로스 이야기도 마찬가지이다. 그의 죽음 뒤에 변신하는 것은 역시 슬퍼하던 누이들이다(새로 변한다, 8권 526행). 박쿠스(디오뉘소스)를 신으로 인정하지 않다가 자기 어머니와 이모들에게 죽임 당하는 펜테우스의 이야기에는 아예 변신이 나오지 않는다. 그나마 이 부분에 변신이라는 요소를 제공해주는 것이, 중간에 인간으로 변장한 박쿠스가 들려주는 이야기, 즉 그 신을 납치하려던 뱃사람들이 돌고래로 변했다는 이야기(3권 670행) 정도이다. 그러니 이 경우 변신이라는 주제는 그저 명분을 유지하기 위해 끼워 넣은 꼴이다.

하지만 이런 부분들에서도 더 깊은 의미에서 변신이 일어나고 있다는 분석도 있다. 가령 위에 든 예 중에서 펜테우스의 경우, 그는 박쿠스 신도들을 염탐하다가 들켜 죽게 되는데, 이 과정에서 자기 어머니와 이모들의 눈에 짐승으로 보이게 된다. 이것만 해도 '변신'이라고 할 수 있는데, 다른 판본에 따르면 그는 염탐하러 나설 때 여자 옷을 입고 갔다니 그의 변신은 사실 두 단계로 이루어졌다고 해도 좋을 것이다. 비슷한 예로, 남편 케팔루스의 바람기를 의심해서 사냥터에 숨어 그를 지켜보던 프로크리스는, 바스락거리는 소리를 짐승이 내는 것으로 착각한 남편의 창에 죽게 되는데(7권), 그녀 역시 이런 과정에서 '결과적으로' 짐승으로 변신했다고 볼 수 있겠다.

좀 더 미묘한 변신도 있으니, 가령 날개를 만들어 달고 크레테를 탈출하던 다이달루스가 아들 이카루스를 찾는 장면을 보면 그는 '더 이상 아버지가 아닌 아버지'로 소개된다(8권 230~231행). 이 문장에서 같은 '아버지'라는 말이 서로 다른 뜻으로, 그러니까 우선은 '살아있는 자식을 가진 남자'란 뜻으로, 그리고 다음으로 '자식을 낳은 적이 있는 남자'란 뜻으로 쓰였다. 그러니까 이 일화에서는 '아버지'라는 단어가 '변신'의 주체인 셈이다. 한편 거기 이어지는 페르딕스 이야기는, 방금 자애로운 아버지로 소개되어 독자들의 동정을 모은 다이달루스가, 사실은 재주 많은 조카 페르딕스를 질시하여 죽게 한 어두운 과거를 지니고 있으며, 그가 자식을 잃은 사건도 어떤 이에게는 복수심을 만족시키는 즐거운 일이 될 수 있음을 보여준다. 그래서 이 연결된 일화들은 독자의 마음속에서 '의미상의' 변신을 일으키게 된다.

이런 식의, 어찌 보면 연결이요, 어찌 보면 명목상의 연결뿐인 장치를 이용하고, 또 한편 모든 곳에서 변화를 발견한다 할 수도 있는 그의 이야기 진행 방식은 어쩌면 그가 역사를 대하는 태도의 다른 표현인지도 모른다. 이제 작품 마지막 부분을 보자.

시인은 로마 역사를 찬양하지 않는다

많은 학자들이 이 작품 전체를 내용에 따라 세 부분으로 나누는 데 동의한다. 대체로 앞에서부터 신들의 시대, 영웅들의 시대, 그리고 '역사 시대'로 보는 것이다. (어떤 이는 각각 원시시대, 헤르쿨레스 시대, 시인의 동시대로 나누기도 한다.) 앞의 분류법에서 특히 마지막 부분인 '역사 시대'는 트로이아에서 로마로 이어지는 부분인데, 이 부분이 시작되는 12권부터 이야기가 뻣뻣하고 재미없어진다는 학자가 많다. 오비디우스가 자신의 성향과 맞지 않게 고상한 서사시를 만들어내려다 실패했다는 것이다. 하지만 근래에는, 오비디우스에게는 애당초 베르길리우스식으로 아우구스투스의 체제를 미화하고 찬양할 생각이 없었으며, 단지 겉으로만 그런 척하고 있다는 해석이 점차 더 많아지는 듯하다. 그래서 마지막 부분에서는 희랍에서 로마로 지리적 배경을 바꾸면서, 그것이 혼란에서 질서로 가는 과정인 듯 방향을 잡아놓고도 중간 중간 엉뚱한 이야기들을 끼워 넣어 일부러 그런 흐름을 방해하고 있다는 것이다. 예를 들면, 아이네아스가 트로이아를 떠나 이탈리아를 향해 가는 장면(13권)과 그의 도착 사이에 여러 사랑과 변신의 사례들을 끼워 넣은 것이다. 외눈박이 폴뤼페무스가 갈라테아에게 구애하는 이야기, 글라우쿠스가 신비한 풀을 맛보고는 바다 신으로 변한 이야기(이상 13권), 그 글라우쿠스의 사랑을 받던 스퀼라가 괴물로 변한 이야기(14권) 등이다.

더구나 마지막에 카이사르가 신이 된 것을 언급하면서 아우구스투스 역시 같은 몫을 받으리라는 예언으로 끝맺으면서도, 그 직전에 퓌타고라스(15권)를 동원하여 윤회 사상을 설파하여 김을 빼놓는다. 모든 영혼이 여러 존재로 '옷을 바꿔 입으면서' 고귀한 존재도 되었다가 낮은 존재도 되었다가 한다면, 아무리 황제가 별이 되고 신이 된다 한들 무슨 가치가 있겠는가? 더구나 예전에 융성하다가 지금은 폐허가 되어 버린 여러 도시들을 언급하여, 지금 세계를 제패하고 있는 로마 역시 같은 운명을 겪으리라는 암시를 느끼도록 만들어 놓았다. 이전 세대가 노래했던 '영원한 로마'와는 완전히 다른 생각이다.

사실 이런 성향은 그가 신들과 영웅들을 다루는 방식에도 나타나 있다. 윱피테르는 여자를 차지하기 위해 온갖 동물로 변한다. 하지만 동물로 변하는 것은 인간들이 벌로 받는 것이 아니던가? 뤼카온이 윱피테르에 의해 늑대로 변하듯, 윱피테르의 애인이 된 칼리스토가 유노에 의해 곰으로 변하듯(2권). 한편 신들의 사례는 인간들이 관습에 어긋난 일을 시도할 때 변명거리로 쓰인다. 오라비를 좋아했던 뷔블리스(9권)는 신들도 남매간에 결혼한다는 것을 핑계로 내세웠다. 이것은 자기 아버지를 사랑했던 뮈르라(10권)가 동물들을 모범으로 내세웠던 것과 다르지 않다. 결국 동물이나 신이나 어떤 면에서 같다는 것 아닌가?

오비디우스가 영웅들을 다루는 방식은 또 어떤가? 가령 유명한 칼뤼돈의 멧돼지 사냥(8권)을 보자. 멧돼지가 닥쳐오자 네스토르는 창을 지렛대 삼아 나무 위로 뛰어올라 피한다. 다른 동료는 도망치다가 무릎 관절이 잘려 움직이지 못한다. 텔라몬은 그 짐승을 추격하다가 나무뿌리에 걸려 넘어진다. 아르고 호의 대영웅 이아손은 창을 잘못 던져 죄 없는 사냥개를 땅에 고정시킨다. 이야기가 너무 쉽게 끝나지 않도록 만들어야 했겠지만 너무 지리멸렬하지 않은가?

지나치게 영웅적인 묘사들: 예술적 실패인가, 암시적인 조롱인가?

이와는 달리 영웅들이 '지나치게 영웅적으로' 그려진 부분도 있는데, 가령 페르세우스가 자신의 연적戀敵 피네우스 일당과 싸우는 장면(5권 1행 이하)이 그렇다. 메두사의 머리를 베어 돌아오는 길에, 바다 괴물에게 먹이로 바쳐진 처녀 안드로메다를 구원한 페르세우스는 그녀의 남편이 되어 궁전에 앉아 자신의 모험을 이야기해주고 있다. 거기에 처녀의 숙부인 피네우스가 들이닥친다. 안드로메다는 진작 그와 정혼定婚한 사이였기 때문이다. 그래서 궁중에서 싸움이 벌어지는데, 그 묘사가 자못 과장되다. 〈일리아스〉의 한 장면을 따온 듯, 누가 어떤 무기로 상대의 어디를 가격해서 그가 어떻게 쓰러졌는지, 비슷한 장면을 몇 번이고 반복해서 보여주고, 기이한 죽음과 인물 소개도 등장한다. 가령 로이투스라는 이는 쓰러지며 발꿈치로 바닥을 쳐서 차려놓은 식탁에 피를 뿌린다(5권 40행). 고령의 에마티온이라는 이는 싸움을 말리다가 목을 베이는데, 그의 머리는 제단 위에 떨어져서도 반쯤 살아 있는 입으로 저주의 말을 쏟아내며 마지막 숨을 내쉰다(5권 99행 이하). 아티스라는 인디아 출신의 젊은이는 요정의 아들로서, 빼어난 미남에 세련된 옷차림, 아름다운 장신구들을 갖췄고, 창던지기와 활쏘기에 능하지만, 페르세우스는 횃불로 그를 쳐서 박살난 뼈들 속으로 그의 얼굴을 함몰시킨다(5권 47행 이하).

호메로스가 그랬던 것처럼, 희생자를 부르는 대목도 있다.

람페티데스여, 그대도 이런 싸움에 휩쓸릴 것이 아니라,
노래하며 키타라를 연주하는 평화로운 일에나 어울릴 것이오.

(5권 111~112행)

안드로메다 공주를 구출한 페르세우스의 위업. 기원전 340~330년경의 아풀리아 적색상 루트로포로스(신부가 결혼식 전에 목욕할 물을 나를 때 쓰였고, 무덤 표시로도 쓰였음). 안드로메다는 아이티오피아 왕 케페우스와 그의 아내 카시오페이아 사이에서 태어났다. 카시오페이아는 그녀의 딸이(또는 자신이) 네레이스(바다 요정)들보다 더 아름답다고 뽐냈고, 포세이돈은 그 벌로 아이티오피아를 파괴할 괴물을 보냈다. 케페우스는 괴물을 달랠 방법은 그의 딸을 제물로 바치는 것뿐임을 알게 되었다. 그러나 페르세우스가 결정적인 순간에 끼어들었다. 그림 위쪽에는 바위에 묶인 안드로메다가 보이고, 그 아래쪽에서는 페르세우스가 괴물과 싸우고 있다. 그는 날개 달린 샌들과 날개 달린 모자를 착용하고 있으며, 그의 특징적인 무기인 낫을 사용하고 있다. (낫이 구부러져 있고, 며느리발톱 비슷하게 보조적인 날이 하나 더 있다.) 괴물의 등 위에 무릎을 꿇고 있는 에로스는 우리에게 이 영웅이 여인을 얻기 위해 싸우고 있음을 상기시켜 준다.

페르세우스는 안드로메다를 구출한 이후 결혼하게 되나, 그녀의 약혼자인 피네우스 일당이 공격해 와 싸움이 벌어지게 된다. 《변신이야기》에 지나치게 영웅적으로 묘사된 그 전투 장면에서 오비디우스는 영웅들의 행적을 거의 우스개로 만들고 있다.

그는 왼쪽 관자놀이를 칼로 찔려 쓰러지는데, 죽어가는 손가락들로 뤼라의 현을 다시 뜯으려 했고, 우연히 울려나온 것은 애절한 곡조였다(117~118행). 끔찍한 부상 역시 빠질 수 없다. 멜라네우스라는 이는 "던져진 무쇠가 그의 샅에 비스듬히 꽂혀 있었는데,/그곳은 급소다"(132~133행). 할퀴오네우스라는 이는 "창이 코를 맞히며/목덜미를 뚫고 나와 앞뒤 양쪽으로 돌출해 있었다"(138~139행). 긴 직유도 있다. 두 명의 적이 양쪽에서 달려들자, 페르세우스는 "마치 허기에 시달리던 호랑이가 서로 다른 골짜기에서 두 무리의 소 떼가 울어대는 소리를 듣고는 어느 쪽을 공격해야/할지 몰라 양쪽을 동시에 공격하기를 열망하듯이"(164~167행) 망설인다.

이런 전투 묘사가 2백 행 가까이 진행되고, 시인의 주장에 따르면 천여 명의 적들 중에서 팔백 정도가 죽고 나머지는 돌이 되었을 때에야 이 과장된 전쟁 소小서사시가 끝난다. 그 효과는 〈일리아스〉의 경우와는 달리 거의 희극적이다. 가능하지도 않고 절박한 이유도 없는 싸움에 대한 허풍스런 보고라는 인상을 준다.

이와 유사한 전투 묘사는 작품의 마지막 1/3 부분, 그러니까 '역사'로 간주되는 부분에도 나온다. 오비디우스는 다른 시인이 벌써 자세히 노래한 것을 다시 반복할 위인이 아니므로, 트로이아 전쟁도 아킬레우스와 퀴그누스의 다소간 희극적인 대결 장면 하나만 직접 보여주고, 나머지는 건성건성 지나간다. 그래도 10년은 채워야 하니 방법이 필요한데, 평소 그가 잘 쓰는 방식, 등장인물끼리 이야기를 들려주는 것이 다시 한몫한다. 〈일리아스〉에서부터 기나긴 옛 이야기를 늘어놓기로 소문난 네스토르가 당연히 빠질 수 없다. 이 노전사가 들려주는 이야기 중 가장 긴 것이 켄타우로스들과 라피타이 인들의 싸움(12권 210행 이하)이다. 테세우스의 친구인 페이리토오스(피리토우스)의 결혼식장에서 벌어진 신부 납치 사건과 거기 뒤이은 전투이다. 반쯤 야수라고 할 수 있는 켄타우로스들이 등장해서 그런지 끔찍한 부상 묘사가 많다. 가령 테세우스가 한 켄타우로스의 머리를 술 섞는 동이로 내리치자, 그는 "상처와 입에서 핏덩이와 골과 술을/동시에 토하며" 뒤로 자빠진다(237~238행). 엑사디우스라는 자는 사슴뿔을 무기로 사용했는데, 그뤼네우스라는 이가 그것의 양끝에 눈을 찔린다. "그중 한쪽 눈알은 뿔에 박혀 있었고, 다른 눈알은/수염 위로 굴러 떨어져 피투성이가 된 채 거기 매달려" 있었다(269~270행). 〈오뒷세이아〉에서 폴뤼페모스가 눈을 찔릴 때 나왔던 것과 비슷한 직유도 나온다. 한 사람이 다른 이를 불타는 장작으로 후려치자, "상처 안에서 그슬린 피는 무시무시하게 지글지글/끓는 소리를" 냈고, "그 모습은 마치 발갛게 단 쇠막대를/대장장이가 구부정한 집게로 끄집어내 물통에 담그면/그것이 물에 잠기며 데워지는 물속에서/부글부글 끓으며 쉿쉿 소리를 낼 때와도 같았"(12권 275~279행)다. 이 부분에도 인물 소개가 나오는데, 가장 길고 자세한 것은 퀼라루스라는 켄타우로스의 것(393행 이하)이다. 그가 얼마나 아름다웠는지, 또 그가 휠로노메라는 여성 켄타우로스를 얼마나 사랑하고 서로 아꼈는지가 무려 30행 정도나 이어진다. 이 역시 끔찍한 장면 속에 끼어 있는데다가, 야수의 사랑이라는 기이한 내용 때문에 어떤 슬픔이나 파토스라기보다는 거의 희극적인 효과를 일으킨다.

이렇게 전통적으로 영웅 서사시의 내용인 것을 우스운 것으로 만들어버렸기 때문에 학자들 사이에 이 두 부분, 특히 켄타우로스 전쟁에 대한 묘사가 많은 비난을 받았다. 하지만 시인의 의도는 애당초 이것을 고상한 시로 만들려는 것이 아니라, 거의 조롱하려 했던 것인 듯하다.

이것이 너무 강한 해석이라면, 적어도 오비디우스의 독자들 가운데는 이런 것을 좋아할 사람도 있었으리라는 정도까지는 인정할 수 있겠다. 아마도 그는 여러 취향을 가진 사람을 모두 만족시키려 했던 것 같다.

이와 비슷한 과장의 사례는 아이스쿨라피우스(아스클레피오스)가 뱀의 모습으로 로마로 배 타고 떠나가는 장면에서도 보인다. 로마가 희랍을 대신하여 새로운 문명의 중심이 된다는 설정이지만, 엄숙을 가장하면서도 상상하기에 따라서는 아주 우스운 장면이 되게끔 그려놓았다. 이 뱀은 마치 사람처럼 고물에 머리를 기대고 바다를 내려다보다가, 스스로 배를 운전하는 것처럼 노를 젓기도 하고(15권 703행), 바다가 거칠어지면 배를 세우고 내렸다가(720행), 바다가 잔잔해지자 다시 모래밭을 사각대며 기어가서 키를 타고 기어올라간다(725행). 로마에 도착해서는 일어서서 돛대 위에 머리를 기대고 이리저리 둘러보며 알맞은 거처를 물색한다(736행). 뱀이 어렵게 어렵게, 어쩌면 위태롭게 배를 운전하는 모습을 떠올려보라. 행동의 동기와 결과는 엄숙한 것일지 몰라도 묘사는 거의 희극적이다.

오비디우스에게 예술은 그 자체가 목적이다

오비디우스는 아직까지 밝혀지지 않은 어떤 이유로 해서 아우구스투스의 미움을 받았고, 흑해 연안의 토미스(현대의 콘스탄차)에 유배되었다가 거기서 죽었다. 그가 미움을 받은 이유는 대체로 사랑에 대한 시들 때문이었다는 것이 중론이지만, 〈변신이야기〉를 자세히 들여다보면 이 작품 하나만으로도 그런 미움을 받기에 충분하다는 생각이 든다. 아우구스투스에게는 오비디우스가 원했던 것 이상의 문학적 감식안이 있었던 모양이다.

앞에서 그냥 지나왔는데, 사실 이 작품은 첫머리부터 아우구스투스가 높이 보던 전 시대 시인들을 거의 빈정거린다. 가령 1권의 홍수 장면에서는 베르길리우스의 〈아이네이스〉 1권 첫머리를 자기식으로 바꿔서 사용했다. 베르길리우스는 아이네아스가 풍랑을 만나 고생하는 장면에 넵투누스가 나타나 아이올루스를 꾸짖고 바람들을 다시 가두게 하는 것으로 표현했지만, 오비디우스는 반대로 넵투누스가 아이올루스의 동굴에 다른 바람들을 가두고 비를 가져오는 남풍만 불게 하는 것으로 만들었다. 더구나 호라티우스가 이미 〈시학〉에서 '호랑이와 어린 양'을 짝짓는 것(13행)과, '숲에다 돌고래를 그려 넣고 파도에다 멧돼지를' 그려 넣는 일에 대해 경고했건만(30행), 오비디우스는 이를 정면으로 거슬러 바로 홍수 장면에서 이런 일을 감행했다

> 늑대가 양 떼 사이에서 헤엄치는가 하면, 황갈색 사자들과 호랑이들도 물결에 떠다니고 있었다. 멧돼지에게 벼락 같은 힘은 쓸모없어졌고
>
> (1권 304~305행)

자기가 아끼던 시인들을 앞서 보낸 늙은 황제 아우구스투스로서는, 그 옛날 장중하던 시인들은 다 어디 가고 저런 망나니가 나타나 재주를 뽐내나 했을 수도 있겠다. 더구나 윱피테르가 자신이 겪은 위험을 밝히고, 사악한 인간들에게 홍수를 보낼 것을 선언하는 장면에는 마치 로마 시내같이 그려진 배경에 굽실대는 신하들을 배치해 넣었으니, 황제가 앙심을 품는 것도 이해 못할 바가 아니다.

오비디우스가 이런 자세를 취하게 된 것은 개인적인 성향 탓이기도 했겠지만, 그의 시대가 더 이상 이룰 것이 없는 시대, 오랜 내전 끝에 찾아온 평화를 해방으로 생각하기보다는 당연하게 여기는 시대였기 때문일 것이다. 베르길리우스나 호라티우스보다 거의 한 세대 뒤에 살았던 이 시인은 베르길리우스처럼 평화를 가져온 새 체제를 찬양하는 데도, 호라티우스처럼 윤리 의식을 고양하는 데도 관심이 없었다. 빠르게 나아가는 운율●로, 온갖 문체를 모방하며, 모든 사람이 자신의 취향에 맞는 부분을 찾아낼 수 있도록 온갖 방식으로 이야기를 전개하는 것, 더러는 엄숙함을 가장하고 더러는 은근히 전통을 비웃으며 온 세상의 온갖 개인을 그려 보이는 것, 그것이 이 시인의 목표였던 것이다.

하지만 그가 들려주는 이야기들은 매혹적이고, 그가 보여주는 정경들은 재치가 넘친다. 가령 대홍수를 맞아 사람들이 피난처를 찾는 장면을 보라. 사람들이 언덕 위로 피하고, 엊그제 갈던 밭 위로, 자기 별장 지붕 위로 노를 저어 지나가는데, 그 혼란의 한 귀퉁이에 거의 만화 같은 모습이 있다. "다른 사람은 느릅나무 우듬지에서 물고기를/잡았다"(1권 296~297행). 세상에 그 와중에 물고기를 잡고 있을 사람이 어디 있겠는가? 하지만 시인은 기회를 놓치지 않고, 역시 기회를 놓치지 않는 우스운 인물을 하나 그려놓았다. 불경스런 에뤼식톤을 끝없는 허기로 혼내주라는 케레스(데메테르)의 명을 받고, 스퀴티아로 허기의 집을 찾아간 요정이 배가 고파져 돌아서는 모습(8권)은 또 어떤가? 배고픈 요정이라니! 바다에서 죽은 케윅스의 모습을 아내의 꿈속에 보내기

● 그는 무거운 장음-장음spondeus보다는 장음-단음-단음dactylos 운율을 많이 사용하는 것으로 알려져 있다

위해, 이리스가 잠의 신의 동굴에 찾아갔다가, 자신도 눈꺼풀이 무거워진 채 간신히 떠나는 장면(11권)은 또 얼마나 우스운가! 항상 진지한 자세로만 살아갈 수 없는 우리 보통 사람들로서는 이러한 시인이 하나쯤 있었다는 것이 무척 다행스런 일이다.

한편, 이 작품의 마지막 부분은 시인에 대한 또 다른 평가를 불러 일으킨다. 아마도 유배지에서 다시 고쳐 쓴 것으로 보이는 이 부분은 자신이 윱피테르의 분노와 불길에도 살아남으리라고 선언한다. 아마도 아우구스투스의 분노를 염두에 둔 표현이리라. 작품 전체의 마지막 단어는 1인칭이다. "나는 살아남으리vivam"(15권 879행). 자신을 더러는 드러내고 더러는 숨겨오던 헬레니즘식 시인의 놀라운 자기 선언이며 (현대에는 별로 놀랍지도 않지만), 거의 처음으로 드러난 예술가의 자부심이다. 아우구스투스의 로마는 약 400년 뒤에 스러졌지만, 오비디우스의 작품은 지금도 살아 있으니 두 인물의 자존심 싸움에서는 시인이 황제를 이긴 셈이다.

〈변신이야기〉는 예술가들의 아이디어 창고였다

이 작품은 화가들의 성서로 여겨졌는데, 가령 피터 브뤼겔이 그린 〈이카루스의 추락〉을 보면 여기 묘사된 장면이 그대로 나온다. 떨리는 낚싯대로 고기를 잡는 낚시꾼, 지팡이에 기대선 목자, 쟁기의 손잡이에 기대선 농부가(8권 217~218) 그의 그림에 그대로 나온다. 하지만 그림 속의 인물들은 오비디우스가 묘사한 대로 이카루스의 추락을 놀라워하기는커녕, 전혀 신경 쓰지도 않고 제 할 일에만 열중하고 있다. 그 와중

피터 브뤼겔, 〈이카루스의 추락〉(1558년경)
〈변신이야기〉에 나오는 요소들을 모두 동원하였으나, 오비디우스의 원문과는 반대로, 인물들이 불행한 소년의 재난에 아무 관심도 보이지 않는 것으로 그려놓았다. 양치기는 엉뚱한 방향을 올려다보고 있으며, 쟁기꾼도 보는 이의 시선을 바깥쪽으로 끌어간다. 무심한 낚시꾼 옆의 나무에는 자고새가 한 마리 그려져 있는데, 다 이달루스에게 죽임 당한 페르딕스의 후신後身이다. 소년의 추락 사건 직후에 서술되는 이 새의 변신 사연은, 이카루스 사건에 대한 독자들의 감정을 다른 것으로 '변신'시키는 역할을 한다.

에 이카루스는 저 혼자 바다에 처박혀 겨우 깃털 몇 개만 주위에 떨군 채 발만 물 밖으로 내보이고 있다. 이 얼마나 짓궂은 그림인가! 브뤼겔은 오비디우스의 묘사를 거스름으로써 오히려 그 시인의 성향을 제대로 보여준 셈이다.

로마의 나보나 광장에는 세계의 4대 강을 묘사해놓은 베르니니의 분수대 장식 조각군이 있다. 그중 나일강은 눈을 가리고 있는데, 이는 베르니니가 경쟁자였던 보로미니가 조성한 건물 전면이 보기 싫어서 그랬다고들 설명한다. 하지만 베르니니에게도 핑계가 필요했을 텐데 그것을 제공하는 것이 오비디우스이다. 태양신의 아들 파에톤이 태양

마차를 잘못 몰아서 세상에 불이 났을 때, 나일강은 너무 뜨거워서 세상 끝에 머리를 감췄고(2권 254행), 땅은 한 손으로 이마를 가리고서(2권 276행) 윱피테르에게 항의했기 때문이다. 그러니까 땅이 취한 동작을, 같은 계기에 비슷한 의도를 보였던 나일강에 갖다 붙인 것이 베르니니의 조각인 셈이다.

오비디우스가 미술품에 미친 영향 중 다른 사례로 르동의 〈갈라테아를 사모하는 폴뤼페모스〉를 보자. 눈 하나인 괴물이 거의 귀여운 표정으로 초원에 누운 처녀를 훔쳐보고 있는 그림. 이것은 갈라테아와 사랑에 빠진 외눈박이 거인의 모습(13권 755행 이하)이다. 오비디우스가 아니었다면 우리는 그를 그저 식인귀의 하나로만 기억했을 것이다. 하지만 르동이 그려낸 그 거인은 그저 괴물에 그치지 않는다. 그것은, 갈퀴로 센 머리털을 빗고, 낫으로 뻣뻣한 수염을 베고, 물에 비친 제 모습을 보면서 표정을 연습하며(765행 이하), 자신이 예쁘다고 생각하는 거친 자연의 산물들, 가령 "털북숭이 어미 곰의 새끼 두 마리" 같은 것을 애인에게 추천하는, 순박하면서 귀여운, 나름의 매력을 갖춘 존재이다. 오비디우스가 없었다면 이 그림은 있을 수 없었다.

이상에서 희랍과 로마의 문학작품들 중 가장 중요한 것 몇을 간략히 소개하면서, 마지막으로 오비디우스의 〈변신이야기〉를 살펴보았다. 앞의 글들에서도, 한 작품을 이해하려면 그것의 바탕이 되는 이전 작품들을 잘 알아야 한다고 주장한 바 있지만, 오비디우스의 이 작품은 생략이 심하기 때문에 그런 지식이 더욱 절실하다. 가령 헤르쿨레스가, "이러려고 내가 사나운 안타이우스에게서 부모님의 양식을 빼앗았던가"(9권 183~184)라는 짧은 구절로 이 거인과의 대결을 요약했을 때, 안타이우스가 땅의 자식으로서 땅에 닿을 때마다 힘을 얻기 때문에 헤

오딜롱 르동, 〈갈라테아를 사모하는 폴뤼페모스〉(1914)
외눈박이 괴물이 사랑에 빠져, 이전의 잔인한 습성을 버리고 일시적으로 온화하게 행동하는 모습을 보인다. 〈오뒷세이아〉에서는 볼 수 없던, 〈변신이야기〉만이 보여주는 특이한 면모이다.

르쿨레스가 그를 공중에 들어 올린 후 졸라 죽였다는 것을 모르는 사람은 곤란을 겪게 된다. 물론 각주의 도움을 받을 수 있겠지만, 남의 농담을 듣고 다시 설명을 듣는 것처럼, 각주로 얻은 지식은 거의 문학작품을 김빠지게 하는 장치이다. 가능하면 이 책이 소개하는 모든 작품들을 직접 읽으시어, 그 영향을 받은 후대의 작품들의 참맛을 마음껏 누리시기 바란다.

***

다시 전체를 돌아보자면, 〈일리아스〉는 선이 굵고 힘찬 느낌을 준다. 인물들의 감정과 행동 모두 격한 감이 있지만, 인류의 소년기 또는 청년기의 단순하면서도 솔직한 정신세계를 보여주는 듯하다. 그에 비해 〈오뒷세이아〉가 보여주는 세계는 좀 더 다채롭고 또 미묘하다. 인물들은 모든 것을 조심스레 관찰하고 의미를 되새긴다. 여러 일화 속에는 오밀조밀 민담의 세계가 숨어 있다. 〈신들의 계보〉는 다시 태초의 광대한 공간과 우주적인 규모의 사건들을 보여준다. 앞 작품에 이어 점차로 개인적이고 사소한 일상으로 관심의 범위를 좁혀가는 〈일들과 날들〉은 우리의 일상을 돌아보게 하는 한편, 우리가 정의라는 질서에 따라 살아야 함을 역설한다. 〈아르고 호 이야기〉는 세련된 도시 문화의 산물로, 전 시대 고전에 튼튼하게 기초를 두고 있으면서도 새로운 영웅상을 제시하고 개인의 내면을 들여다본다. 〈아이네이스〉는 로마 제국과 그 평화라는 공적 주제를 제시하면서도, 그 도정에 희생되는, 또는 희생을 떠맡는 개인들을 잊지 않는다. 〈변신이야기〉는 진지하고 엄숙하던 전 세대의 분위기를 떨쳐내고, 자재로이 경쾌한 이야기들을 엮어나가며 개인적 재능을 과시한다. 모두가 제 나름의 성취와 개성이 있다.

한데, 많은 형용사들을 동원하여 특징을 잡아보려 했지만, 독자께서 직접 읽고 비슷한 느낌을 갖지 않는다면 이 말들은 수많은 '주례사' 중 하나에 그치고 말 것이다. 하여, 내가 마지막으로 독자들께 드리는 충고는 아우구스티누스 성인에게 내렸던 계시의 말씀과 같다.

"들어서 읽어라!"

〈보충: 고대 서사시들의 이야기 방식〉

앞의 본문에서 내가 설명했던 서사시들의 이야기 방식을 다음과 같이 도식화할 수 있을 듯하다.

〈일리아스〉는 이야기를 중간(M)에 시작하여 끝(Ω)을 향해 가지만, 동시에 우리는 사건의 시작 부분에 어떤 일이 있었는지도 점차 자세히 알게 된다. 따라서 어떤 의미에서 이야기는 시작(A)을 향해 가고 있다고 할 수도 있다. 이것은 M→Ω이면서 동시에 M→A 꼴인데, 이야기가 A에서 Ω로 진행하는 게 정상이라면 전체는 다시

$M \rightrightarrows {\Omega \atop A}$

$M \supset {\Omega \atop A}$ 로 그릴 수 있다.

〈오뒷세이아〉는 중간에 과거로 돌아가는 부분이 있기 때문에, $M \rightarrow A \rightarrow M' \rightarrow \Omega$ 꼴이 된다.

〈신들의 계보〉는 처음(A)에서 시작해서 중간(M)에 이야기가 끝난다. 하지만 첫 부분에 이미 끝(Ω)에 나올 내용이 나와 있다. 따라서 〈일리아스〉와는 반대꼴이 된다. A→M이면서 동시에 Ω→M이다. 이것을 A에서 Ω로 진행하도록 다시 그리면,

${A \atop \Omega} \rightrightarrows M$

${A \atop \Omega} \supset M$ 이 된다.

헤시오도스가 이런 이야기 진행 방식을 취한 것은 〈일리아스〉의 방식을 의식하고, 그와는 달리하고 싶어 했기 때문이었던 듯하다. 헤시오도스는 〈일리아스〉에 나오는 다른 이야기 수법도 반대로 사용한 것 같다. 〈일리아스〉에서 반복되면서 점점 커가는 요소들이 사용되는 데 반해, 헤시오도스는 〈신들의 계보〉와 〈일들과 날들〉에서 반복되면서 점

점 작아지는 이미지들을 사용하고 있기 때문에 하는 말이다.

악상 기호로 표시하자면 호메로스는 크레센도crescendo 기법을 쓰고 있다. 가장 뚜렷한 예는 아킬레우스의 죽음을 향해가는 전사들의 희생 교환의 연쇄이다. 이런 식으로 진행된다. 'A의 말이 죽는다-B의 말이 죽는다-A의 마부가 죽는다-B의 마부가 죽는다-A가 죽는다-B가 죽는다(또는 B의 죽음이 예고된다)'

한편 헤시오도스는 데크레센도decrescendo를 사용하고 있다. 〈신들의 계보〉에서는 우주의 광대한 공간을 배경으로 온 세상의 운명이 달린 사건들이 벌어진다. 〈일들과 날들〉로 가면 처음에는 인간 사회의 행동 준칙을 다루다가, 뒤로 가면 개인적인 금기들이 다뤄진다. 시간적 단위로 우주적 규모에서 점차 작아져 나중에는 1년 단위, 그러다가 한 달 단위, 마지막에는 오전, 오후 단위로 좁혀진다.

〈일리아스〉
헤시오도스
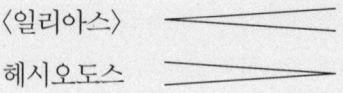

〈아르고 호 이야기〉는 대담하게 호메로스가 버린 옛 방식을 다시 채용했다. A→Ω 꼴의 직진형이다. 이것은 아마도 인류가 처음으로 생각해낸 이야기 방식이었을 것이다. 아마 그 이전까지는 아무렇게나 되는 대로 이야기했을 것이고, 서로 상대가 무슨 말을 하려는 것인지 알아내기 위해 여러 차례 질문 대답을 주고받아야 했을 것이다. 그러다가 '옛날 옛날에~'로 시작해서 '행복하게 살았다'로 끝나는 이야기 방식을 발견하고는, 그 효과에 감탄하며 수만 년 그 이야기 방식을 유지했을 것이다. 이 오래되고 익숙한 이야기 방식에 혁신을 가져온 것이 호메로스이다. 그러니까 문학이 탄생하는 순간부터 인간들은 어떻게 하면 이야기를 효과적으로 전달할 수 있을지 고심하기 시작했던 것이다. 그 결과가 호메로스의 방법이고, 그것을 뒤집은 헤시오도스의 방식이었다. 한데 헬레니즘 시대에 이르러 아폴로니오스 로디오스는 돌연 옛 방식으로 돌아간 것이다. 이것은 퇴행일까? 그렇지 않다. 그는 겉보기로는 옛 방식으로 돌아가면서, 거기에 다른 의미를 부여한 것이다. 자신이 영웅들과 함께 배를 타고 출발하여 목적지까지 간다는 것이다. 그는 등장인물 중 하나와 자신을 동일시한다. 그뿐이 아니다. 그는 이미 글자로 창작하는 시대에 살고 있었지만, 자신을 호메로스 시대의 가객으로 놓고 자신의 창작을 일종의 공연으로, 일종의 항해로 의미 부여한 것이다.

〈아이네이스〉의 이야기 방식은 〈오뒷세이아〉와 거의 같다. 중간에 과거로 돌아가기 때문이다. 다만 그 '과거'가 좀 일찍 나오는 게 다른 점이다. 한편 이 서사시는 어떤 점에서는 〈신들의 계보〉와도 닮은 데가 있다. 헤시오도스가 길게 이어지는 역사의 앞부분만 쓰고 나머지는 다른 작품에 맡겨놓았듯이, 〈아이네이스〉도 유구한 로마 역사의 앞부분만 쓰고 나머지는 후대 작가들에게 맡겨놓았다.

〈변신이야기〉는 얼핏 보기에 A→Ω의 꼴을 취한 것 같다. 하지만 애당초 신화의 내용이란 것이 선후 관계가 없는데다가, 선후 관계가 생길 만하면 시인 자신이 자꾸 이상한 방향으로 끌고 가서 맥락을 흩어버린다. A〜〜〜→Ω

그의 방식은 현대의 이야기 방식과 비슷한 데가 있다. 순서대로 하자면 '대과거(A)-과거(B)-현재(C)'로 진행될 것을 A1-B1-C1-A2-B2-A3-B3-C2 하는 식으로 시간대별로 여러 조각을 내서 조금씩 보여주며 뒤섞어 제시하는 방식이다. (물론 그가 이야기하는 내용들은 서로 시간적 연관이 없는 경우도 많으므로 이 방식에 딱 맞아 들어가는 것은 아니다.)

그 연결에는 다소간 헤시오도스적인 면도 있다. 연상association에 의한 연결이 그것이다. 그래서 그의 이야기들은 지리적, 주제적으로 유사하거나 대조되는 것들이 묶여서 제시된다.

〈변신이야기〉의 마지막 부분 이른바 '역사시대'의 이야기 방식은 헬레니즘기의 특징을 담고 있다. 자신이 다루겠노라고 내세운 주제를 실제로는 피해가면서, 중심은 비워놓고 그 주변에 더 큰 비중을 부여하는 방식이다. 이런 방식의 예로 헬레니즘기의 대표적 문예이론가인 칼리마코스의 작품 〈헤칼레〉를 들 수 있다. 그 작품은 테세우스가 마라톤의 황소를 퇴치하러 가는 이야기를 다룬다. 하지만 독자들의 기대와는 달리 영웅의 멋진 싸움에 집중하지 않고, 그가 도중에 만난 헤칼레라는 노파와의 사건이 훨씬 자세히 다뤄진다. 영웅은 노파의 접대를 받고 과업을 향해 떠난다. 금방 과업을 수행하고 돌아오지만 노파는 그 사이에 세상을 떠났다. 다시 그것을 아쉬워하는 내용으로 나머지가 채워진다. 사정은 〈변신이야기〉 마지막 부분에서도 마찬가지다. 희랍에서 로마로 주도권이 넘어가고, 로마가 영원한 번영과 명성을 누리며, 그 지도자들이 하늘의 별이 된다는 것이 이 부분의 중심 주제여야 하는데, 시인은 계속 다른 이야기를 끼워넣어 독자의 집중을 방해하고, 자기가 하겠다는 이야기가 뚜렷이 드러나지 않게 한다. 언제나 유행이 급격히 뜨겁게 팽창하고는 곧 식어버리는 것이 특징인 우리 사회에서 이미 포스트모던 논의는 지나간 지 오래지만, 헬레니즘기 문학 작품들과 그것의 후예인 오비디우스의 〈변신이야기〉는 어떤 점에서 '포스트모던적'이라 할 만하다. 포스트모던의 특징 중 하나로 탈脫중심성을 잡는다면 말이다. 이 작품은 하나의 규준, 하나의 중심을 인정하지 않는다. 공식적으로 내세우는 주제가 있지만, 사실 그것은 그저 명목뿐이고 시인이 몰두하는 것은 엉뚱한 세부 묘사이다. (⟨⟨아르고 호 이야기⟩⟩에도 이런 특징이 보이는데, 시인이 이야기 진행과 상관없는 어떤 지명의 유래라든지, 어떤 지역의 풍습에 너무 많은 지면을 할애하는 경우가 그것이다. 이 역시 전에는 학자들이 잘 이해하지 못해서 많이 비난했었지만, 요즘은 점차로 왜 이런 특징이 나타났는지 이해해가는 경향이다.)

이상에서 고대 서사시들의 이야기 방식을 도식화하면서, 고대의 약 800년 사이에 이야기 기법에 어떤 발전, 또는 변화가 있었는지 생각해보았다. 물론 여기 도식화한 것은 큰 흐름이고 자세히 따지자면 여러 반론이 나올 수 있을 것이다. (예를 들어 ⟨일리아스⟩에서 보이는 M→A의 흐름이, 중간 단계까지 모두 역순으로 구성된 M-Δ-Γ-B-A의 꼴이라고는 말할 수 없겠다. ⟨신들의 계보⟩에서도 Ω← M 부분에서 괴물을 죽이는 영웅들이 꼭 시간적 역순으로 '테세우스-헤라클레스-페르세우스' 꼴로 나오는 건 아니다.) 나로서는 그저 학생들과 함께 여러 차례 작품을 읽으면서, 고대의 천재들 사이에서 이런 창안과 전복, 계승과 변형의 흐름이 나타나는 듯 보여서 여기에 한 번 정리, 소개한 것뿐이다. 혹시 어떤 독자가 이런 논의에 착안해서, 자신의 방식으로 작품들을 분석하고 그것으로 근사한 이론이라도 세운다면 나로서는 섣부른 도식화로 그래도 상당한 보람을 얻은 셈이 될 것이다. 작품을 읽는 데, 또 그것을 분석하는 데 조금이라도 도움이 되었기를 희망한다. (또 한 번 판도라의 단지 뚜껑을 열어보았다.)

덧붙임: 근래에 나와 비슷하게 그림으로 이야기의 어떤 측면을 도식화한 책을 발견하였다. 미국 현대 작가 커트 보네거트Kurt Vonnegut Jr.의 《나라 없는 사람A Man without a Country》이라는 책이다. 보네거트는 이 책에서, 어떤 이야기의 진행 중에 등장인물의 행운, 불운이 어떤 식으로 변화하는지를 그래프로 보여주고 있다. 신데렐라, 카프카, 햄릿의 행불행이 시간에 따라 어떻게 변화하는지 재미있게 그려놓았다. '문학을 도식화'하겠다는 나의 발상이 엉뚱하다면, 적어도 나는 비슷한 친구 한 명 정도는 발견한 셈이다.

그리스 로마 서사시
일리아스에서 변신이야기까지

초판 1쇄 _ 2007년 2월 20일(안티쿠스)
개정증보판 1쇄 _ 2012년 9월 1일
　　　　 4쇄 _ 2020년 3월 1일

지은이 _ 강대진
펴낸이 _ 배경완
펴낸곳 _ 북길드 I 등록번호_제406-2010-000044호
주소 _ 제주특별자치도 서귀포시 신중로 55(법환동) 서귀포시청2청사 창업스튜디오
전화 _ 031-955-0360 I 팩스 _ 031-955-0361

ⓒ 강대진, 2012
이 책의 무단전재와 무단복제를 금합니다.

ISBN 978-89-969374-0-1 03890

이 도서의 국립중앙도서관 출판시도서목록(CIP)은 e-CIP홈페이지(http://www.nl.go.kr/ecip)와
국가자료공동목록시스템(http://www.nl.go.kr/kolisnet)에서 이용하실 수 있습니다. (CIP제어번호 :
CIP2012003891)

책값은 뒤표지에 있습니다.
잘못된 책은 구입하신 곳에서 바꿔 드립니다.